Gerhard Steininger
DAS DRITTE LAGER

EDITION **STEINBAUER**

Gerhard Steininger

DAS DRITTE LAGER

Aufstieg nach dem Fall?

EDITION **STEINBAUER**
Wien 2007

Bibliografische Information der Deutschen Bibliothek
Die Deutsche Bibliothek verzeichnet diese Publikation in der Deutschen Nationalbibliografie;
detaillierte bibliografische Daten sind im Internet über http://dnb.ddb.de abrufbar.

Edition Steinbauer
Alle Rechte vorbehalten
© Edition Steinbauer GmbH
Wien 2007
Redaktion und Lektorat: Mag. Birgit Hauck
Druckerei Theiss GmbH
Printed in Austria

978-3-902494-20-7

Inhaltsverzeichnis

Vorwort

Dieses Buch beschreibt die Geschichte der Parteien des Dritten Lagers in der Zweiten Republik. Als sich Verlag und Autor zu dem Projekt entschlossen, bereiteten sie sich auf einen Nachruf vor. Es ist, wie wir wissen, anders gekommen. Wer sich mit der Geschichte der „Freiheitlichen Partei Österreichs" (und schon ihres Vorgängers, dem „Verband der Unabhängigen") beschäftigt, begibt sich auf eine abenteuerliche Reise, die nach der Trennung des „Bündnisses Zukunft Österreich" von der „Freiheitlichen Partei" noch zusätzlich erschwert wurde. Die Archive waren durch Übersiedlungen ungeordnet und kaum benützbar; ein Rückgriff auf Primärquellen nicht oder kaum möglich. Dass das Buch dennoch geschrieben werden konnte, verdankt der Autor in allererster Linie Dr. Kurt Piringer, dem langjährigen Chefredakteur der „Neuen Freien Zeitung", der mit Rat und Tat geholfen hat. Piringers „Die Geschichte der Freiheitlichen" ist heute noch *das* Standardwerk, das allerdings mit dem Jahr 1982 endet. Piringer hat dazu aber auch eine 14-bändige Chronologie der FPÖ – von der Gründung bis zum Jahr 2002 – geschrieben, die dem Autor die nötigen Anhaltspunkte gab. Nicht minder dankbar ist der Autor dem Historiker Univ.-Prof. Dr. Lothar Höbelt, der viele Stunden geopfert hat, um in seiner unnachahmlichen Weise Einblicke in die Quartiere des Dritten Lagers zu geben. Seine Geschichte des VdU „Von der vierten Partei zur dritten Kraft" ist eine historische Fundgrube – liest sich aber teilweise wie ein Kriminal- oder Spionageroman.

Zu danken hat der Autor schließlich seinen Gesprächspartnern aus allen Parteien (die Liste ist im Quellenverzeichnis enthalten). Unnötig zu sagen, dass alle Fehler und Unzulänglichkeiten zulasten des Autor gehen.

Einführung: Lager-Denken

„Die österreichische Innenpolitik, ja die gesamte soziale, ideelle und kulturelle Struktur des Landes ist von 1918 bis zur Gegenwart beherrscht durch das Neben-, Gegen- und Miteinander der drei großen Lager (um für ‚Bewegungen‘, ‚Parteien‘ und ‚Gruppen‘ einen umfassenden Ausdruck zu gebrauchen, der nicht nur durch den täglichen Sprachgebrauch gerechtfertigt erscheint, sondern auch den militanten Charakter des Phänomens gut zum Ausdruck bringt): des christlichsozial-konservativen, des sozialistischen und des nationalen. Diese Gliederung hat sich über alle Umwälzungen hinweg als derartig stabil erwiesen, daß man mit Recht von einer ‚natur- oder gottgewollten Dreiteilung Österreichs‘ sprechen konnte."

Adam Wandruszka

Der Historiker Wandruszka hat den Begriff der politischen Lager im Jahr 1954 geprägt und nach Auffassung seines jüngeren Kollegen Ernst Hanisch kam diesem „Lagerparadigma" bis in die 70er Jahre „große Erklärungskraft" zu. Als Begriff bis in die Gegenwart erhalten hat sich allerdings nur das Dritte, das „nationale", Lager. Als solches war und ist dieses Lager selbst dreigeteilt: in Parteien als seine politische Vertretung, in Burschenschaften und in Vereine. In diesem Buch geht es um den politischen Arm des Dritten Lagers in der Zweiten Republik, um die Geschichte des „Verbandes der Unabhängigen", der „Freiheitlichen Partei Österreichs" und des „Bündnisses Zukunft Österreich".

Die drei Lager haben eine gemeinsame Wurzel, ihre Geschichte ist im 19. Jahrhundert eng verschränkt. Wandruszka schreibt:

„Verfolgt man die drei Lager und ihre politische Ideengeschichte bis zu den Ursprüngen, [...] so ergibt sich eine interessante Feststellung: Die Geschichte aller drei Gruppen reicht nicht nur in dieselbe Zeit, die achtziger Jahre des 19. Jahrhunderts zurück, sondern wir können auch, je weiter wir die Stammbäume der drei Lager zurückverfolgen, eine immer stärkere Berührung und Verflechtung der Bewegungen und ihrer führenden Persönlichkeiten feststellen, bis wir dann die ‚Gründerväter‘ aller drei Lager und damit der österreichischen Parteiengeschichte und Innenpolitik des 20. Jahrhunderts in einem Kreis beisammen finden, geschart um den Ältesten von ihnen, eine der widerspruchs-, ja verhängnisvollsten, vielleicht, was den eigenen menschlichen und geistigen Rang betrifft, nicht bedeutende, aber hinsichtlich der Wirkung bedeutungsvollste politische Persönlichkeit: um den jungen Georg von Schönerer."

Georg von Schönerer war der Schöpfer des rassischen Antisemitismus (im Gegensatz zu dem religiös motivierten Antisemitismus Karl Luegers). Schönerer wurde zum geistigen Ahnherrn Adolf Hitlers. Der nationale Ideologe Andreas Mölzer sollte über seinen eigenen politischen Mentor einmal sagen:

„Mich frappiert ja immer diese Ähnlichkeit zwischen Haider und Schönerer, die irgendwo beide etwas Pathologisches haben. Einerseits waren sie in ihrer Zeit und auf ihre Art Volkstribune oder sind es. Andererseits haben sie sich mit allen zerstritten, alles zusammengehauen und … [ich] habe so das Gefühl, dass Haider sich in einer Phase befindet wie Schönerer in der Endphase seines politischen Wirkens."

So unwahrscheinlich es klingen mag, aber Victor Adler, der Begründer der österreichischen Sozialdemokratie, hat 1881 mit Schönerer ein Linzer Programm (Motto: „Nicht liberal, nicht klerikal, sondern national") zur Stärkung des deutschen Charakters der westlichen Reichshälfte der Monarchie entworfen. National hieß Deutschnational, im Gegensatz zum Nationalismus der Tschechen oder der Ungarn in der Habsburgermonarchie. Unter den Deutschnationalen gab es zahlreiche Gruppen und Grüppchen: Großdeutsche, Alldeutsche, Kleindeutsche, Gesamtdeutsche, Deutschnationale und noch einige mehr. Ernst Hanisch bringt Ordnung ins Chaos:

„Im Kern zeichnete sich eine zweifache Option ab: eine radikale kleinere Fraktion um Georg von Schönerer, die mehr oder minder deutlich die Zerstörung der Habsburgermonarchie anpeilte und den Anschluss Deutsch-Österreichs an das Hohenzollernreich propagierte, sowie eine gemäßigtere breitere Fraktion, die am Reich festhielt, aber den ‚deutschen Besitzstand' mit Zähnen und Klauen verteidigen wollte."

Der dem Dritten Lager nahe stehende Historiker Lothar Höbelt präzisiert: „Das sich neben den anderen Lagern heranbildende eigentliche nationale Lager arbeitete mit der Unterstellung, dass alle anderen Lager nicht national seien: nach der berühmten Formel, die anderen sind die Auch-Deutschen, und wir sind die Nur-Deutschen."

Die Nur-Deutschen, die im Dritten Lager aufgingen, waren keine österreichischen Patrioten, im Gegenteil, sie sahen ihr Heil in einem anderen, Reich, dem Deutschen Reich. Das hat die FPÖ, die das Alleinerbe des Dritten Lagers für sich in Anspruch genommen hat, lange dem Vorwurf ausgesetzt, sie sei eine anti-österreichische Partei. Christlich-Soziale und Sozialdemokraten taten sich leichter, die Erinnerung daran, dass auch sie für den Anschluss gewesen waren, wegzureden.

Einen formalen Befreiungsschlag setzte Jörg Haider, als er 1995 für eine stärkere „österreichisch-patriotische Profilierung" der FPÖ eintrat und der „Deutschtümelei" eine Absage erteilte. Ab sofort galt „Österreich zuerst" und im politischen Alltag hörte man das Wort „Deutsch" im Wesentlichen nur dann, wenn von den Ausländern in mehr oder weniger deutlichen Worten verlangt wurde, es zu lernen. Lothar Höbelt spottet: „Ich kann mich an die Programmdebatten erinnern: Das erste Kapitel muss ‚Österreich zuerst' heißen. Unser ‚Deutschtum' dürfen wir behalten, aber es darf erst im Kapitel 2 folgende verankert werden."

Die drei organisatorischen Säulen des Dritten Lagers sind kein einheitlicher Block: Wer sich einer Burschenschaft anschließt, muss nicht unbedingt der FPÖ angehören, und wer sich beim (ehemaligen deutschen) Turnverein körperlich ertüchtigt, auch nicht. Und beim Alpenverein, der gleichfalls dem Dritten Lager zugeordnet wird, sind vielleicht mehr sozialdemokratische Mitglieder als bei den Naturfreunden. Die nationalen Schutzvereine aus dem 19. Jahrhundert, wie den deutschen Schulverein, dessen Gründung von dem Sozialdemokraten Engelbert Pernerstorfer angekündigt worden war, gibt es ohnedies nicht mehr.

Als harter Kern des Dritten Lagers gelten die Burschenschaften mit ihrer bis in die napoleonischen Freiheitskriege zurückreichenden Tradition, die sich auch 1848 bewährt hat.

Die Ideale wurden allerdings in späterer Zeit durch praktische Erwägungen ergänzt. Auf die Frage: *„Was tat – oder tut – der Burschenschafter mit den Idealen der Wartburg und in der Zwingburg des österreichischen Proporzes?"*, antwortet Höbelt so:

„Quer durch das Dritte Lager lief die praktisch-strategische Frage: ‚Lieber schwarz als rot oder lieber rot als schwarz?' Das klassische Bürgertum wird im Zweifelsfall die ÖVP wählen, die ehemaligen Nationalsozialisten, sofern sie nach 1945 unter die Räder gekommen sind, und in eher kleinen sozialen Verhältnissen leben, werden sich vielleicht eher für rot als schwarz entscheiden. Die Burschenschafter sind vielfach eher auf die rote Seite gewechselt, weil auf der bürgerlichen Seite die Karrieremöglichkeiten durch die Dominanz des CV für sie eingeschränkt waren. Im Jahr 1968 allerdings änderte sich das, was bei den Burschenschaftern zu einem ‚Lieber schwarz als rot' geführt haben dürfte. Sie hatten es ab da nicht mehr mit den typischerweise präpotenten CVlern zu tun, sondern mit der siegesgewissen Linksbewegung der 68er."

Höbelt belegt seine These mit einem Zitat Friedrich Peters aus dem Jahr 1965:

„Ich erlebe doch Tag für Tag auf dem Linzer Boden dieses makabre Schauspiel, wenn die roten Burschenschafter sich in der VÖEST sozialistischer gebärden als die alten gewachsenen, wenigen BSA-Leute. Am Abend wird dann der vormittägige Exzess durch einen Rückfall in nationale Reminiszenzen kompensiert."

Tatsächlich ist es nicht erst seit dem „Braune Flecken-Buch" bekannt, dass nach dem Krieg viele Ehemalige im „Bund Sozialistischer Akademiker" Unterschlupf fanden, und ein boshafter Geist hat die Frage: „Wie kommt das B vor die SA?", gestellt. Einem anderen fiel „Bund Schlagender Akademiker" ein.

Es gibt schließlich noch eine dem Dritten Lager nahe stehende, organisatorisch jedoch heimatlose Gruppe. Höbelt:

„Das sind die Restbestände mentaler und sozialer Natur dieses alten freiheitlichen Bürgertums, aus den Führungsschichten der Monarchie, die Honoratioren vor Ort, die Hoteliers, die Apotheker, die nicht unbedingt zu diesem nationalen Lager im engeren Bereich gehören, sich aber von der bäuerlichen-christlichsozialen Masse um sich herum immer abgehoben haben, schon allein aufgrund der Bildung und des Besitzes. Von dem gibt es noch Restbestände, natürlich außerhalb Wiens. Wien ist wirklich eine Sonderentwicklung, weil Lueger einen Teil der Nationalen und einen Teil der Katholiken zu einer sogenannten Wurstkesselpartei vereint hat, die die traditionellen Lagergrenzen für eine Generation aufgehoben hat."

Das dem Dritten Lager nahe stehende Bürgertum, Höbelt erwähnt besonders die Industriellen, neigt – im Zweifelsfall – eher dem Motto „Lieber schwarz als rot" zu.

Und wie verhält es sich mit den alten Nazis im Dritten Lager? Höbelt:

„In meinen Forschungen bin ich nur in der Generation auf eine gewisse NS-Nostalgie gestoßen, die im Dritten Reich aufgewachsen ist. Das waren die bei Kriegsende 16-, 17-, 18-Jährigen. Die haben nie etwas anderes kennengelernt. Anders die Älteren – die haben gesagt: ‚Zuerst haben sie uns eingesperrt, dann haben wir sie eingesperrt, jetzt sperren sie wieder uns ein: Vielleicht ist es besser, wir hören damit auf.'"

Unbestritten ist jedoch, dass das Thema NS-Vergangenheit als bewusstes Provokationsinstrument eingesetzt wird; Höbelt erwähnt in diesem Zusammenhang als Beispiel Jörg Haider.

Wir haben viel über Nationale gehört und man wird fragen: Wo bleiben die Liberalen? Liberal hieß in Mitteleuropa zunächst anti-klerikal. Alle anderen Bedeutungen, wie etwa der liberale Freihandel, kamen später. Die Liberalen (die Deutschliberalen) bestimmten nach 1848 zunehmend die Entwicklung in der Monarchie und wurden zur bestimmenden Partei der österreichischen Reichshälfte. Sie vollbrachten ein großes Reformwerk, fanden aber keine Antwort auf die Nationalitätenfrage und die sozialen Probleme und gerieten allmählich ins politische Abseits.

Im Jahr 1907 fanden die ersten Wahlen nach Einführung des allgemeinen Wahlrechts statt. Es siegten die Christlich-Sozialen (96 Mandate) vor den Sozialdemokraten mit ihren nationalen Klubs (86) und den Liberalen und Deutschnationalen (82). Im Jahr 1911 fanden die letzten Wahlen im Habsburgerreich statt: Die Christlich-Sozialen verloren stark (73 Mandate), die Sozialdemokraten (83) leicht; die Gewinner waren die Liberalen und Deutschliberalen mit 104 Mandaten.

Die ersten Wahlen in der Ersten Republik fanden am 16. Februar 1919 in die konstituierende Nationalversammlung statt. Das Ergebnis lautete: Sozialdemokraten 72 Mandate, Christlich-Soziale 69, Deutschnationale 26 Mandate. Die 26 Abgeordneten der Deutschnationalen, die aus einer bunten Schar von Einzelgruppierungen kamen, schlossen sich „auf nationaler, freiheitlicher und antisemitischer Grundlage" als „Großdeutsche Vereinigung" zu einem parlamentarischen Klub zusammen, aus dem kurz darauf die Großdeutsche Volkspartei hervorging. Anführer der Großdeutschen war der Oberösterreicher Franz Seraph Dinghofer (1873–1956), ein Richter, der später Vizekanzler, Kanzleramtsminister und Justizminister wurde. Die zweite Stütze des Dritten Lagers war der Landbund, dessen wichtigste Persönlichkeit der Steirer Karl Hartleb (1886–1962) werden sollte, der auch nach dem Zweiten Weltkrieg noch politisch maßgeblich tätig wurde. Zwei weitere Persönlichkeiten des Dritten Lagers gehörten keiner ihrer Parteien an: Bundespräsident Michael Hainisch (1858–1940), der auch als Züchter der Rekordkuh „Bella" (17 000 Kilo Milch im Jahr) bekannt wurde, und Bundeskanzler Johann Schober (1874–1932), der vor allem als Polizeipräsident von Wien durch die Julirevolte 1927 (Brand des Justizpalastes) in die Geschichte eingegangen ist.

Nach der Julirevolte führte Österreichs Weg in den Faschismus und in den Nationalsozialismus. Die Großdeutschen schlossen 1933 ein Kampfbündnis mit den Nazis und gingen nach dem Anschluss 1938 in der NSDAP auf.

Startrampe für eine vierte Partei

1945: Ende und Anfang

In der Nacht vom 8. auf den 9. Mai 1945 trat die bedingungslose Kapitulation des Großdeutschen Reichs in Kraft. Die unvollständige Opferbilanz der unmittelbaren Kriegshandlungen: 350 00 gefallene Soldaten und 24 000 bei Luftangriffen oder durch sonstige Feindeinwirkung getötete Zivilisten. In den KZs hatten die Nazis 67 000 österreichische Juden ermordet. Im Mai 1945 befanden sich drei Millionen Flüchtlinge und sogenannte „displaced persons" (Verschleppte) wie Zwangsarbeiter, Krieggefangene, Fremdarbeiter, deutsche Soldaten, Flüchtlinge und Heimatvertriebene auf österreichischem Gebiet.

Noch während im Westen Österreichs und in Niederösterreich Kämpfe im Gange waren, begann anderswo der materielle und ideelle Wiederaufbau des Landes. Am 14. April wurde im teilweise zerstörten Wiener Rathaus die Sozialistische Partei gegründet, ihr erster Vorsitzender war Adolf Schärf. Am 17. April wurde im Schottenhof in Wien die ÖVP gegründet, ihr erster Obmann war Leopold Kunschak.

Die ersten Nationalratswahlen seit 1930 wurden für den 25. November festgesetzt. Dutzende politische Gruppen hatten sich bei den Alliierten um eine Zulassung als Parteien beworben. Lizenzen erhielten allerdings nur SPÖ, ÖVP und KPÖ. Das Ergebnis lautete: ÖVP 85 Mandate, SPÖ 76 und KPÖ vier Mandate. ÖVP (Bundeskanzler Leopold Figl) und SPÖ (Vizekanzler Adolf Schärf) bildeten die legendäre Große Koalition, die erst gut 20 Jahre später durch ihr eigenes Gewicht erdrückt werden sollte.

Um das in seiner Klarheit überraschende Wahlergebnis zu verstehen, ist ein Blick auf die Zusammensetzung der Wählerschaft nötig. Bei den letzten Nationalratswahlen in der Ersten Republik im Jahr 1930 waren von den 4,1 Millionen Wahlberechtigten rund 47 Prozent Männer und 53 Prozent Frauen gewesen. Bei den ersten Wahlen der Zweiten Republik waren von 3,4 Millionen Wahlberechtigten weniger als 36 Prozent Männer und über 64 Prozent Frauen. Der Grund für den hohen Frauenüberschuss war klar: Die Männer waren gefallen, in Kriegsgefangenschaft, im KZ ermordet worden – oder sie durften, wie die ehemaligen Nationalsozialisten, nicht wählen. Die Angehörigen der Ehemaligen waren hingegen wahlberechtigt. Es war politisch also eher ungeschickt, dass die SPÖ auf einem Wahlplakat den Austausch der österreichischen Kriegsgefangenen gegen ehemalige Nationalsozialisten gefordert hatte. Es werden nicht sehr viele Angehörige ehemaliger Nationalsozialisten die SPÖ gewählt haben.

Um eine Lizenz für die Nationalratswahlen hatte sich auch der Grazer Verleger Leopold Stocker beworben, in der Ersten Republik ein Mitbegründer und erster Obmann des Landbundes. Sein Antrag wurde abgelehnt, aber er ließ sich nicht entmutigen und gründete mit Karl Hartleb und Ernst Schönbauer eine „Verfassungstreue Vereinigung" (VV), die als Startrampe für eine „vierte Partei" dienen sollte. Schon zu diesem frühen Zeitpunkt wurde ein späteres Verhaltensmuster deutlich: Die SPÖ stand der „Verfassungstreuen Vereinigung" mit Sympathien gegenüber – denn sie war geeignet, der ÖVP bürgerliche Wähler abspenstig zu machen. Aus dem gleichen Grund wollte die ÖVP die Auflösung der VV. So sollte es auch beim VdU und der FPÖ sein: Sympathien bei der SPÖ, Ablehnung bei der ÖVP.

Die „Verfassungstreue Vereinigung" wurde am 22. September 1948 tatsächlich aufgelöst, weil Stocker in loser Verbindung mit dem berüchtigten Theo Soucek stand. Der Grazer Kaufmann war eine Figur, die direkt Graham Greenes „Der dritte Mann" hätte entsteigen können, nur dass er nicht Penicillin, sondern Saccharin verschob. Eine abenteuerliche Geschichte, in der am Rande auch der nachmalige Verteidigungs- und Innenminister Otto Rösch verwickelt war. Die ÖVP war mit dem Verbot der „Verfassungstreuen Vereinigung" zufrieden und Ferdinand Graf, Staatssekretär im Innenministerium, versprach: „Ich werde jeden einsperren lassen, der eine vierte Partei gründet."

Nationalsozialistengesetz und Entnazifizierung

Nach der Niederlage von Nazi-Deutschland, zu dem Österreich nur unter, wie viele überzeugt waren, mildernden Umständen zu zählen war, stand das wieder erstandene Land vor der Aufgabe, die „Vergangenheit zu bewältigen". Die Gesellschaft musste entnazifiziert werden, obwohl sich viele keiner Schuld bewusst waren. Schließlich konnte die „Jungfrau Austria", wie Erich Kästner berichtete, für ihre vorhergegangene Entehrung gute Gründe ins Treffen führen: „Ich hab' mich zwar hingegeben, doch nur weil ich gemußt. Geschrien habe ich nur aus Angst und nicht aus Liebe und Lust. Und daß der Hitler ein Nazi war, das habe ich nicht gewußt!" Später hat sich die Dame dem Herrn Karl vermählt.

Ob einer entnazifiziert wurde, hing von einem Verbots- und Kriegsverbrechergesetz ab, das am 8. Mai 1945 von der Provisorischen Staatsregierung erlassen wurde. Alle Personen, die zwischen 1. Juli 1933 und 27. April 1945 Mitglied der NSDAP oder eines ihrer Verbände (SS, SA, Nationalsozialistisches Kraftfahrerkorps, Nationalsozialistisches Fliegerkorps und andere) gewesen waren, mussten sich registrieren lassen und waren zunächst einmal vom Wahlrecht bei den Nationalratswahlen 1945 ausgeschlossen. Die Wirkung des Gesetzes wurde durch Ausnahmebestimmungen gemildert: Die drei Parteien, die das Verbotsgesetz beschlossen hatten, konnten Personen, an denen ihn lag, sogenannte „Persilscheine" – also eine Art Unbedenklichkeitszeugnis – ausstellen.

Im Jahre 1947 wurde unter Druck der Alliierten ein strenges Nationalsozialistengesetz beschlossen, das die registrierten 524 000 Nationalsozialisten in zwei Hauptgruppen teilte: solche, die von einer gerichtlichen Bestrafung bedroht waren, und solche, die Sühne zu leisten hatten. Diese zweite Gruppe Ehemaliger war wiederum zweigeteilt: In „Belastete" und „Minderbelastete". „Belastete" NSDAP-Mitglieder waren hohe Funktionäre der Partei, Mitglieder der SS, von SA-Offiziersrang oder hatten eine bestimmte Auszeichnung des NS-Regimes erhalten. „Minderbelastete" waren kleinere Funktionäre und einfache Parteimitglieder. Von Strafe bedroht waren Kriegsverbrecher oder Illegale, die in der Ersten Republik nicht nur der NSDAP angehört, sondern sie auch aktiv unterstützt hatten. Die Volksgerichte fällten 43 Todesstrafen und verhängten Freiheitsstrafen im Ausmaß von 30 000 Jahren. Die Sanktionen reichten je nach Kategorie von Sühneabgaben über den Verlust der Posten im öffentlichen Dienst, Berufsverbote für Ärzte, Rechtsanwälte oder Notare bis zum Ausschluss vom Studium, was natürlich auch junge Heimkehrer betraf.

Die beiden Großparteien versuchten schon bald, bei den Besatzungsmächten die Entschärfung der Bestimmungen für die etwa 480 000 Minderbelasteten zu erreichen, von denen viele nur „aus Sorge um die Existenz oder um eines persönlichen Vorteils willen" der NSDAP beigetreten seien. Nun war es allerdings nicht so, dass ÖVP und SPÖ aus Erbarmen und Mitleid für die minderbelasteten Ehemaligen eingetreten wären – es standen schon handfeste Interessen und/oder Notwendigkeiten dahinter: Unter diesen Ehemaligen waren viele hochqualifizierte Akademiker und Facharbeiter, die man einfach für den Wiederaufbau brauchte (es ging der böse Witz, dass manche Berufsgruppen ohne die Ehemaligen nicht mehr existiert hätten). Und nicht zu vergessen: Diese Gruppe stellte ein beachtliches Stimmenreservoir dar.

Im Jahre 1948 wurde eine Amnestie für Minderbelastete erlassen, die damit auch bei den Nationalratswahlen von 1949 wieder stimmberechtigt waren.

Das Nationalsozialistengesetz stieß in der Öffentlichkeit auf Widerstand, es wurde als „ungeheure Härte" (Ernst Hanisch) empfunden, aber es gab nur sehr wenige

Politiker, die sich öffentlich gegen die Gesetze aussprachen. Einer war der Sozialist Ernst Koref. Er sagte 1947 im Nationalrat:

„Wir Sozialisten stehen klar und unzweideutig auf dem Standpunkt, daß wir alles tun müssen, um den Weg der Verständigung zu beschreiten. [...] Wir haben die feste Überzeugung, daß jene ehemaligen Nationalsozialisten, die Sozialisten sein, die dem Fortschritt dienen wollen und Sinn für Menschenwürde, für Frieden und Freiheit haben, in den kommenden Jahren automatisch zu uns, in unsere Reihen finden werden."

Zu den Kritikern des Nationalsozialistengesetzes gehörten auch hochrangige Würdenträger der Kirche, allen voran der Salzburger Erzbischof Andreas Rohracher, der 1947 das „Versöhnungswerk" gegründet hatte, dessen Aufgabe die Wiedereingliederung ehemaliger Nationalsozialisten ins öffentliche Leben war. Sein Vortrag an der Universität Innsbruck am 7. März 1947 sollte eine nachhaltige Wirkung haben:

„Ich halte das neue Nationalsozialistengesetz für einen Irrweg. [...] Mit welchem Recht, frage ich, erlauben sich die Siegermächte, jene, die ihnen politisch belastet erscheinen und die ein höheres Amt, eine führende Stellung in der Wirtschaft bekleidet haben, zu Tausenden der Freiheit zu berauben und monatelang unverhört gefangen zu halten? [...] Ich weiß, man wird mich jetzt wieder den Nazibischof heißen."

Rohracher hatte die Rede auf Anregung eines gewissen Dr. Herbert Kraus gehalten, der am 21. Februar 1947 in seinem kleinen, aber feinen Wochenblatt „Berichte und Informationen" einen Artikel abdruckte, der – wie man sagt – zu einem Knüller wurde:

„Es sind hier [...] Strafen verhängt worden, welche weder unser Recht noch das Recht eines anderen Landes jemals gekannt hat: Die Strafe der beschränkten Einkommenshöhe und des gestrichenen Ruhegenusses, die Strafe des Berufsverbotes, die Mitbestrafung der Familienangehörigen sowie die ganze Fülle von Demütigungen und Benachteiligungen bis hinunter zum aufgelösten Pachtvertrag stehen deshalb in keinem Gesetzbuch der Welt, weil sie die Grundbedingungen eines demokratischen Staates zerstören würden. Auch die Konfiszierung des Vermögens kommt nur in Revolutionszeiten vor und nicht in der geordneten Ruhe eines gesunden Staates, wie wir ihn haben wollen."

Mit dem Auftreten des jungen Journalisten Herbert Kraus begannen sich der Widerstand gegen die NS-Gesetze und der Kampf um die Wiedereingliederung der Ehemaligen, aber auch der Heimkehrer und der Heimatvertriebenen, zu organisieren. Am Ende hatte das Dritte Lager wieder eine Partei – die „vierte Partei" –, die als Schlagwort schon seit geraumer Zeit durch die politische Landschaft Österreichs gegeistert war.

Untragbare Objektivität

Herbert Kraus wurde am 18. November 1911 in Agram (Zagreb, Kroatien) als Sohn eines k. u. k. Generalstabsoffiziers geboren, der dem Kreis um Thronfolger Franz Ferdinand angehört hatte. Er besuchte in Hall (Tirol) die Volksschule und die ersten zwei Klassen des Humanistischen Gymnasiums in Brixen, ehe ihn seine Mutter in das von Jesuiten geleitete Internat der Stella Matutina in Feldkirch schickte. Nach der Matura inskribierte Kraus 1930 an der Hochschule für Welthandel in Wien als Student der Nationalökonomie. Nach seinem Studium verdiente er seinen Lebensunterhalt als Hauslehrer in tschechischen und polnischen Adelsfamilien, ehe er in Wien einen chemischen Kleinbetrieb gründete.

Seine eigentliche Bestimmung fand Kraus jedoch im Journalismus. Er war für das „Neue Wiener Tagblatt" und in Berlin für das „Südost-Echo" tätig. 1940 reiste er für das „Südost-Echo" nach Moskau. Zu Beginn des Russlandfeldzuges wurde er einberufen und wegen seiner Wirtschafts- und Sprachkenntnisse zur Auswertung der aus Russland einlaufenden Wirtschaftsnachrichten eingesetzt. Er hatte Zeit genug, um seine Eindrücke von der Moskau-Reise in einem Buch zu verarbeiten, das im September 1941 unter dem Titel „Russland 1941 – Volk, Kultur und Wissenschaft" erschien und in das auch seine Erlebnisse, die er als Soldat in den von den Deutschen besetzten Ostgebieten gesammelt hatte, eingeflossen waren. Das Buch wurde nach der ersten Auflage verboten. Die Begründung des Goebbels-Ministeriums für das Verbot des Buches wurde zum Titel von Kraus' Erinnerungen: „Untragbare Objektivität".

Das Ende des Krieges erlebte Kraus in Mondsee. Ende 1945 gründete Kraus in Salzburg ein „Österreichisches Forschungsinstitut für Wirtschaft und Politik", dessen Organ eine Wochenzeitschrift mit dem Titel „Berichte und Informationen" wurde. Die Lizenz für das Blatt wurde ihm von den Amerikanern im April 1946 erteilt. Die Widerspenstigkeit, mit der Kraus das NS-Regime herausgefordert hatte, bekamen nun auch die Amerikaner zu spüren.

Kraus ging es nicht nur um die Wiedereingliederung der ehemaligen Nationalsozialisten. Er nahm sich auch der anderen Entwurzelten des katastrophalen Krieges an, vor allem der Heimkehrer, die zwar von ihren Lieben, sofern sie noch am Leben waren, mit Sehnsucht erwartet wurden, aber denen der Dank des Vaterlandes allzu oft auf schäbige Art und Weise versagt blieb, denn schließlich hatten sie ja nicht für Österreich, sondern für ein anderes Vaterland gekämpft. Ein Beispiel: In Wien genügte ein Eisernes Kreuz I. Klasse, um vom Studium ausgeschlossen zu werden.

Auch den Heimatvertriebenen, den sogenannten Volksdeutschen, hat man es im Nachkriegs-Österreich nicht leicht gemacht. Waren schon die Reichsdeutschen, die die Ostmärker reichlich arrogant behandelt hatten, nicht besonders beliebt, so galten die Sudetendeutschen, Siebenbürger Schwaben oder Batschkadeutschen, die nach Kriegsende vorübergehend oder ständig nach Österreich gekommen waren, als unwillkommene Konkurrenten. Ihr manchmal als rücksichtslos empfundener Einsatz bei der Schaffung einer neuen Existenz machte sie bei den Einheimischen nicht beliebt.

Kraus engster Kampfgefährte wurde Dr. Viktor Reimann. Reimann (1915–1996) hatte an der Universität Wien während seines Studiums (Geschichte und Germanistik) Kontakt zu illegalen Nationalsozialisten. Nach 1938 engagierte er sich in der Widerstandsgruppe des Augustinerpaters Roman Scholz. Vor einem NS-Gerichtshof sagte er, er sei gegen die nationalsozialistische Auslegung der persönlichen Freiheit und lehne auch die NS-Haltung zur Kirche ab. Er wurde wegen Hochverrates zu zehn Jahren Zuchthaus verurteilt. Zu Kriegsende sollte er nach Dachau überstellt werden, wurde jedoch zuvor von US-Truppen befreit. Mit dem Ende des VdU schied Reimann aus der Politik aus. Bei den Koalitionsverhandlungen 1983 schlug der spätere Vizekanzler Norbert Steger den Sozialisten vor, Reimann zum Kultur-Staatssekretär zu machen, was von diesen aber abgelehnt wurde (obwohl Reimann immerhin eine Kreisky-Biografie geschrieben hatte). Für die „Kronen-Zeitung", deren Kolumnist er viele Jahre lang war, schrieb er die Serie „Die Juden in Österreich", der antisemitische Tendenzen vorgeworfen wurden.

Kraus lernte, wie er in seinen Erinnerungen schreibt, Reimann über einen ihnen beiden bekannten Rechtsanwalt kennen. Ein paar Tage später heuerten beide bei den „Salzburger Nachrichten" an, Kraus blieb nur kurze Zeit, Reimann jedoch länger – er wurde Stellvertreter des Chefredakteurs Dr. Gustav A. Canaval.

Umdenken statt Umerziehung

Die Artikel von Kraus zu den NS-Gesetzen fanden, besonders bei den Ehemaligen, größtes Interesse. Nicht minder aufsehenerregend war eine achtteilige Artikelserie über Missstände im österreichischen Parteienwesen, ein früher Angriff auf die Große Koalition und den Proporz. Kraus über die Folgen der Serie: „Unsere

Meinungsumfragen zeigten ein ungewöhnliches Interesse an einer vierten Partei: 49 Prozent der Befragten (allerdings ohne Niederösterreich und Burgenland) sprachen sich für eine neue Parteigründung aus."

Kraus war klar, dass die Wiedereingliederung der Ehemaligen nicht erfolgen konnte und sollte, ohne ihnen eine neue ideelle und politische Identität zu vermitteln. Das wollten auch die Alliierten. Deren Schlagwort hieß „Umerziehung". Kraus jedoch wollte keine Umerziehung, sondern ein Umdenken erreichen. Er entwarf einen Katalog eines solchen Umdenkens, ein „Programm zum Sinneswandel":

- „Die Idee der europäischen Einigung soll an die Stelle der großdeutschen Idee, das heißt der ‚deutschen Vormacht' in Europa, treten.
- Heimatstolz und Staatsbewußtsein sollen auf Österreich gerichtet sein.
- Wiederzubeleben ist die Tradition des Liberalismus, der nach 1848 auch die österreichischen Nationalen gefolgt waren, eines Liberalismus, der nun, statt das ‚Volk' und irgendwelche ‚Führer' zu vergötzen, die Freiheit und Würde des Einzelmenschen in den Mittelpunkt stellt.
- Die ‚nationalsozialistische Einsatzbereitschaft' soll ersetzt werden durch die ‚Erfüllung der persönlichen Lebensaufgabe', die jeder für sich erkennen und finden soll.
- Die Idee des ‚Dienstes an der Volksgemeinschaft' soll umgesetzt werden in ein humanes ‚Mitwelt-Bewußtsein', das jedem menschlichen Wesen zugute kommt.
- Statt der Vorherrschaft der eigenen Partei soll es nun gar keine Parteibegünstigungen mehr geben, sondern nur eine ‚freie Bahn dem Tüchtigen und Anständigen'.
- Die Unternehmensidee des ‚Betriebsführers und seiner Gefolgschaft' soll sich umsetzen in eine öffentliche Sozialpartnerschaft und in eine innerbetriebliche Partnerschaft, das heißt in eine Betriebsgemeinschaft, in der die Arbeiter und Angestellten allmählich zu einer leistungsbezogenen Ergebnisbeteiligung gelangen sollen."

Die Reaktion auf seinen Katalog des Umdenkens bestärkte Kraus in der Überzeugung, dass etwas passieren müsse. Im Sommer 1948 begab er sich nach Wien, um die Haltung der beiden Großparteien zu erkunden. Er benützte ein ihm von den Amerikanern zur Verfügung gestelltes Kleinflugzeug, um nicht zu riskieren, dass die Russen ihn schnappten. Kraus, der den Russen höchst verdächtig war, hatte die gefährliche Reise schon mehrmals gemacht und dabei an der Demarkationslinie bei St. Valentin, die auch der unverdächtigste Österreicher mit Angstschweiß und wackeligen Knien passierte, die Identitätskarte seines Schwagers vorgewiesen.

Er klapperte die Zentralen der Regierungsparteien ab. Zuerst schaute er bei der SPÖ vorbei: „[So] fragte ich bei den Zentralsekretären an. Sie hatten für den Tag meines Aufenthaltes in Wien keinen Termin für mich. [...] Bei der ÖVP hingegen", schreibt er an seinen Mitstreiter Reimann, „empfing man mich sehr gern. Der Organisationsleiter, Staatssekretär Ferdinand Graf, ließ mich meine Fragen kaum stellen. Er redete zwei Stunden lang auf mich ein, ich sollte ja keine neue Partei gründen. Die ÖVP sei keine reine Fortsetzung der Christlichsozialen Partei, sie sei vielmehr gegründet worden, um die Interessen der liberalen und fortschrittlichen Kreise genauso zu vertreten wie die der konservativchristlichen Wähler. Aber als ich ihn fragte, ob man bereit sei, diesen Kreisen einen bestimmten Mindesteinfluß in der Partei zu garantieren, und wie er sich den Übergang zu einer liberaleren und toleranteren Politik gegenüber den Volksdeutschen, den Heimkehrern und den ehemaligen Nationalsozialisten vorstelle, ließ er klar erkennen, daß es nach Meinung der ÖVP-Führung vollauf genüge, die Volkspartei als ‚auch liberal' zu erklären."

Die Unterhaltung mit Graf, der zu einem der erbittertsten Gegner von Kraus und des VdU werden sollte, war wenig ermutigend gewesen. Kraus entwickelte eine neue Idee: Die Gründung einer eigenen Sub-Organisation in einem der drei ÖVP-Bünde. Bundeskanzler Leopold Figl war von diesem Vorschlag alles andere als angetan: „Wir werden uns keine Laus in den Pelz setzen."

Am nächsten Tag, schreibt Kraus, sei die Sache noch mit Julius Raab besprochen worden. Der meinte: „Wenn Kraus zur Nationalratswahl antritt, macht er nicht einmal das Grundmandat. Und die Nazi? Die hol' ich mir selber!"

Seine Gespräche in Wien überzeugten Kraus, dass er wohl selbst die Gründung der „vierten Partei" in die Hand werde nehmen müssen. Im Spätherbst 1948 gelang es ihm, den zögernden Reimann als Mitbegründer für eine neue Partei zu gewinnen. Nachdem er Reimann für die Mitarbeit gewonnen hatte, schrieb Kraus im November 1948 in den „Berichten und Informationen" über „die möglichen Wege einer vierten Partei". Er stellte darin auch die Frage, wer die zu schaffende Partei führen sollte – und gab auch gleich die Antwort, wer es nicht tun sollte: „Die Führung liegt nicht bei den Nationalen."

Wie er sich die programmatische Ausrichtung der Partei vorstellte, fasste er in zwölf Punkten zusammen:
„1. Befreiung von der überflüssigen Staatsbürokratie.
2. Maßnahmen zu einer durchgreifenden Rationalisierung der Privatwirtschaft.
3. Intensivierung des Außenhandels durch umfangreiche Handelsverträge.
4. Großzügige Wohnbaupolitik bei gleichzeitiger Änderung des heutigen, nur wenige Hauptmieter begünstigenden Mieterschutzgesetzes.

22

5. Nicht Verstaatlichung, sondern Gewinnbeteiligung der Arbeiter und Angestellten.
6. Schaffung neuer, wirklich brauchbarer Ausbildungsstätten für Facharbeiter und Handwerker.
7. Neuordnung der Sozialversicherung, um einerseits die Kosten ihrer heutigen Bürokratie herabzusetzen und andererseits den in der Privatwirtschaft Tätigen dieselbe soziale Sicherheit zu gewährleisten wie den Staatsangestellten.
8. Verbesserung unserer Verfassung durch Reform des Wahlrechts, durch Ermöglichung des Volksbegehrens, durch neue Gemeindeordnungen (nach dem Vorbild Tirols), durch Schaffung neuer Kammern im Parlament.
9. Abschaffung aller Auswüchse der so genannten ‚Parteienwirtschaft', vor allem Ausschaltung ihrer Vorherrschaft in den Kammern.
10. Beschränkung der Entnazifizierung auf die Bestrafung verbrecherischer Taten durch ordentliche Gerichte und Beendigung der Diffamierung durch die Registrierung.
11. Wiederherstellung eines geordneten Rechtswesens.
12. Programm zur Eingliederung der Volksdeutschen."

Die Gründung des VdU: Geld und drei Beine

Kraus war schon seit geraumer Zeit kreuz und quer durch das Land gereist, hatte unzählige Leute kontaktiert und die Wohlhabenderen unter ihnen angeschnorrt.

Offene Ohren fand Kraus bei oberösterreichischen Industriellen. Laut Reimann erhielt Kraus insgesamt 300 000 Schilling, die zur Finanzierung der Wochenzeitschrift „Neue Front" und zur Schaffung einer organisatorischen Infrastruktur verwendet wurden. Kraus und Reimann arbeiteten mit einer publizistischen Doppelstrategie: Reimann polemisierte, was die Setzmaschinen hergaben, Kraus steuerte die programmatischen Tiefsinnigkeiten bei.

Kraus hatte aber nicht nur Geld, sondern auch Mitstreiter – seien es Personen oder Organisationen – gesucht und auch gefunden. Der „Verband der Unabhängigen" stützte sich bei der Gründung auf drei Beine; das Konstrukt kippte paradoxerweise um, als man ihm ein viertes Bein anschrauben wollte – nämlich die „gesinnungstreuen Nationalen".

Die Säulen waren erstens die Verfassungstreuen aus dem alten Landbund, zweitens Vertreter verschiedener parteiunabhängiger Zeitungen und Zeitschriften und drittens Arbeitnehmervertreter.

Diese Säulen sind – ein wenig vereinfachend – an drei Namen festzumachen:

Für den alten Landbund stand Karl Hartleb. Er war 1938 zwar der NSDAP beigetreten, hatte sich in der Nazi-Zeit aber nicht kompromittiert.

Für den Medienflügel, der ursprünglich breiter konzipiert war, stand der Name Gustav A. Neumann, Herausgeber der Wochenzeitung „Echo der Heimat".

Für den Arbeitnehmerflügel steht – zunächst wiederum vereinfachend – Thomas Neuwirth, der Sekretär der Privatangestelltengewerkschaft in Salzburg. Neuwirth, der aus ärmsten Verhältnissen stammte, war ein überzeugter Anhänger des überparteilichen ÖGB. Dennoch wurde er Ende 1950 wegen seiner Tätigkeit im VdU gekündigt und aus dem ÖGB ausgeschlossen.

Im gleichen Atemzug wie Neuwirth müssen aber zahlreiche parteiunabhängige Betriebsräte, vor allem in Linz mit seinen Großbetrieben, genannt werden, die bei den Betriebsratswahlen für den VdU große Erfolge erzielen sollten. Kraus selbst, der vielfach beschuldigt wurde, ein kapitalistischer Wolf im arbeiterfreundlichen Schafspelz zu sein, hatte seinem Programm einen starken sozialen und sozialpartnerschaftlichen Akzent verliehen.

Für die von Reimann und Neuwirth in einem „Sozialpolitischen Manifest" dargelegten Ideen gab es einen Musterbetrieb: die Ziegelwerke des VdU-Mitgliedes Karl Leitl im oberösterreichischen Eferding. Leitl führte eine leistungsbezogene Ergebnisbeteiligung ein. Sein Sohn und Nachfolger ist Christoph Leitl, Präsident der Wirtschaftskammer Österreich, der die partnerschaftliche Unternehmensführung seines Vaters übernommen hat.

Am 26. März 1949 fand die konstituierende Versammlung des „Verbandes der Unabhängigen" statt. Kraus wurde zum Bundesobmann gewählt, seine Stellvertreter wurden Josef Karoly (ein volksdeutscher Maschinenschlosser bei der VÖEST), Karl Hartleb (Vizekanzler a. D.), Dr. Karl von Winckler (ein Monarchist in der Widerstandsbewegung) und Dr. Viktor Reimann (Journalist); Schriftführer wurde Thomas Neuwirth.

Die Gründung einer Partei ist ein komplexer Prozess. Man muss Ideen sammeln, Mitarbeiter gewinnen, Geld auftreiben, Propaganda machen und dergleichen mehr und das alles spielt sich auf vielen Ebenen ab. Bei der VdU-Gründung ging es auch im Untergrund ordentlich zur Sache. Einen Einblick gibt Höbelt, der über eine berüchtigte Organisation dieser Tage, den „Gmundner Kreis", schreibt:

„Den Kern dieser Runde stellten Häftlinge des Anhaltelagers ‚Glasenbach' dar, die auch weiterhin vom CIC, dem amerikanischen militärischen Abwehrdienst, für verschiedene Aufgaben herangezogen wurden. Kraus wurde [...] mit ihnen in Verbindung gebracht, auch Neumann traf in ihrem Domizil, der Villa ‚Marie Luise', mit Helmer zusammen.

Die Verdächtigungen und Legenden, die sich aus dieser Zusammenarbeit ergaben, bieten zweifellos ein hervorragendes Material für historische Thriller: Verbindungen zu gelegentlichen Mitarbeitern diverser Nachrichtendienste waren zweifellos gegeben. Der eine oder andere dieser Namen geriet in Verdacht, auch für die Gegenseite zu arbeiten. Es ist zumindest nicht ganz auszuschließen, daß die Turbulenzen, denen der VdU 1950 ausgesetzt war, auch auf die Aktivitäten sowjetischer ‚Schläfer' zurückgingen."

Worum es in dem Gespräch zwischen Innenminister Oskar Helmer und Neumann gegangen war, schildert der Journalist Neumann in einem Brief an Reimann. Gegenstand des Gesprächs war der Protest Neumanns gegen Kontakte des VdU mit Nazis gewesen. Neumann schreibt:

„Helmer, den ich persönlich noch nicht gekannt hatte, beruhigte mich mit der Erklärung politischer Notwendigkeit: ‚Schauen S' Herr Neumann, Sie sind noch zu jung für solche Überlegungen. Aber wann ich diese Nazi net betreu, betreut sie der Maleta in Oberweis!'"

War der „Gmundner Kreis" rot eingefärbt, hielten sich die Schwarzen den Kreis von Oberweis. In Schloss Oberweis bei Gmunden trafen am 28. Mai 1949 unter anderem Julius Raab, Schlossherr Alfred Maleta und Alfons Gorbach mit Ehemaligen zusammen, darunter auch der Historiker Taras Borodajkewycz und der angesehene Völkerrechtler Hermann Raschhofer, Onkel der späteren FPÖ-EU-Abgeordneten Daniela Raschhofer. Den Ehemaligen wurde die Aufnahme in die ÖVP angeboten. Das kam allerdings reichlich spät, denn der VdU war schon gegründet.

Anders als die ÖVP setzte die SPÖ nicht auf die Verhinderung, sondern auf die Förderung des VdU. Vom Treffen Helmers mit Gustav A. Neumann in der Villa „Marie Luise" war schon die Rede. Über Vermittlung des „Gmundner Kreises" fand auch ein „Geheimtreffen" von SPÖ-Vorsitzenden Adolf Schärf mit Kraus und Reimann am 8. April 1949 im Hotel „Brauner Hirsch" in Salzburg statt. Reimann berichtet, dass Schärf damals über eine Dreierkoalition von ÖVP, SPÖ und VdU nachgedacht habe.

Von diesem Treffen überliefert Kraus eine historisch bedeutsame Äußerung Schärfs. Im Herbst 1921 hatten die Sozialdemokraten beschlossen, mit Parteien des Dritten Lagers nicht zu koalieren. In Salzburg bedauerte Schärf – wie später auch Kreisky – diesen Ausgrenzungsbeschluss. Schärf hatte den Beschluss als verhängnisvoll bezeichnet, weil er letztlich zum Untergang der Ersten Republik geführt habe: „Deshalb werde man diesen Fehler in der Zweiten Republik nicht mehr begehen."

Schärf und Helmer öffneten den VdU-Vertretern alle Türen. Neumann erinnert sich an einen Schnorrerbesuch in Wien:

„Unter Anwesenheit von Schärf und Helmer sowie eines Vertreters des Votwärts-Verlages wurde mir ein Papier überreicht, in das ich nämlich die Menge des Papiers einzufügen hatte, das mir die Firma Steyermühl auf Kosten des Vorwärtsverlages zu liefern hatte. Als einzige Vergütung verpflichtete ich mich, im Wahlkampf hauptsächlich die ÖVP anzugreifen, eine Verpflichtung, der ich gewissenhaft nachkam."

Die Medien standen der im Entstehen begriffenen Partei nicht besonders wohlwollend gegenüber und es wurde manch überharter Strauß ausgefochten. Am erbittertsten jedoch war der Kampf zwischen Gustav A. Canaval und seinen „Salzburger Nachrichten" und dem VdU (und damit seinem ehemaligen Stellvertreter Reimann). Diese Erbitterung schien zunächst unverständlich, denn Canaval, Kraus und Reimann hatten sich dem gleichen Ziel verschrieben: der Wiedereingliederung ehemaliger Nationalsozialisten. Die Bruchstelle war die Parteigründung. Canaval war ein in der Wolle gefärbter Christlich-Sozialer, der in der Ersten Republik Mitarbeiter von Julius Raab gewesen war. In diesen Jahren dämmerte der Kalte Krieg herauf und die Sowjets, die schon in Österreich standen, waren eine konkrete Gefahr für den Westen. Canaval befürchtete, dass die anti-kommunistische Front durch die Bildung einer vierten Partei geschwächt werden konnte. In der Schlacht trafen mit Canaval und seinem ehemaligen Stellvertreter Reimann zwei auch in der Kunst der Polemik nicht ungeübte Meister der Feder aufeinander. Der VdU behauptete unter anderem, Canaval habe ihnen einen gewisser Fritjof Riedl, einen verurteilter Kokainschmuggler, in ihr Hauptquartier eingeschleust, damit er vertrauliches Material entwende.

Erste Erfolge und Stolpersteine

Die Nationalratswahlen am 9. Oktober 1949 brachten dem VdU, der aus rechtlichen Gründen unter der Listenbezeichnung „Wahlpartei der Unabhängigen" (WdU) kandidierte, einen sensationellen Erfolg. Er erreichte 489 273 Stimmen (11,7 Prozent) und gewann 16 der 165 Mandate. Sieger war die ÖVP mit 77 Mandaten (1945: 85 Mandate), die SPÖ kam auf 67 Sitze (1945: 76), die KPÖ auf 5 (1945: 4). Beim VdU-Ergebnis ist zu berücksichtigen, dass die Partei in der russischen Zone in ihrem Wahlkampf arg behindert war.

Nach den Nationalratswahlen gab es eine Reihe von Regionalwahlen, in denen der VdU sehr gut abschnitt, ebenso wie bei den Arbeiterkammerwahlen und bei Betriebsratswahlen, vor allem in den Großbetrieben wie VÖEST oder Kaprun.

Mit dem Wohlwollen der Sozialisten war es jedenfalls schlagartig vorbei, Schärf und Helmer wurden massiv kritisiert: Der VdU hatte der SPÖ womöglich noch mehr geschadet als der ÖVP.

Am 8. November 1949 konstituierte sich der Nationalrat. Dem Klub des WdU (Listenbezeichnung des VdU) gehörten an: Dr. Herbert Kraus (Hausruckviertel); Dr. Viktor Reimann (Restmandat West); Dr. Rudolf Kopf (Vorarlberg); Gerhard Ebenbichler (Tirol); Hans Rammer (Innviertel); Oskar Huemer (Linz); Prof. Anton Neumann (Traunviertel); Thomas Neuwirth (Salzburg); Franz Klautzer (Steiermark); Dr. Robert Scheuch (Kärnten); Alois Gruber (Kärnten); Dr. Adalbert Buchberger (Restmandat Süd); Dr. Anton Gasselich (Niederösterreich); Dr. Fritz Stüber (Wien), Prof. Helfried Pfeifer (Wien), Karl Hartleb (Steiermark).

In der politischen Tagesarbeit spielte es keine Rolle, dass Kraus und Reimann Liberale und ausgewiesene Nazi-Gegner waren, die Öffentlichkeit blickte auf die „Nationalen", die alsbald den Ton angaben, und unter ihnen wiederum besonders Dr. Fritz Stüber.

Schon am dritten Sitzungstag, dem 10. November, kam es im Parlament zum Krach. Die Abgeordneten von ÖVP, SPÖ und KPÖ brachten immer wieder das Thema Nationalsozialismus ein. Zunächst ließen sich die VdU-Parlamentarier nicht provozieren. Ausgerechnet der bedachtsame Karl Hartleb zündete die Lunte, als er die Anhaltelager in Glasenbach und Wolfsberg nach 1945 mit KZs der Nazis verglich. Es kam zu einem Wirbel, der nach einem Auftritt des Abgeordneten Stüber außer Kontrolle geriet.

Stüber (1903–1978), deutschnational durch und durch, war Jurist und Finanzbeamter, wandte sich dann der Schriftstellerei und dem Journalismus zu. Das folgende Gedicht „Der Nibelungen letzte Not" stammt aus dem Band „Ich hab's gewagt", dem des Motto „Zum Trotz der feigen Masse, der Wahrheit eine Gasse" vorangestellt ist:

„Uns hat in allen Leiden ein Trost sich leis genaht. Trotz schnöd
gebrochenen Eiden und schändlichem Verrat, Trotz täglichem
Schuldgerede der Buben und der Toren Und kläglicher
Bruderfehde: der deutsche Name blieb uns
                                                    [unverloren.

Noch immer wirbt in alter großmächtiger Herrlichkeit Ein
edelwohlgestalter Jüngling um seine Maid. Jung-Siegfried
ist der deutsche, der ewige deutsche Geist. Und seine Braut
die keusche Kriemhild Sprache, die ihn
                                                    [preist.

So tödlich ihn getroffen der Mordstahl bei der Jagd, Läßt sie
uns noch erhoffen, die königliche Magd,
Die deutsche Sprache unser, ein neues Auferstehen.
Wir glauben an das Wunder: Siegfrieds Reich kann nicht

[vergehen.

In Sieg und Niederlage, in Ehren und in Schmach,
Die immer gleiche Klage, das gleiche Ungemach, Derselbe
Streitvermittler, der durch die Zeiten schreitet Von Hagen
bis zu Hitler: die Zwietracht hat uns immer

[treu begleitet.

Doch immer auch der Wille zu neuem Anbeginn.
Derselbe starke, stille, gottnahe Suchersinn.
Aus Ohnmacht neu geboren zu wiederholtem Glanz: Erst
wenn wir uns verloren, besaßen Deutsche

[wir uns ganz.

In deutscher Muttersprache liegt deutsches Schicksalslos.
Sie ist die grüne Brache, der dunkle Schöpferschoß, Darin
die Saat sich wendet hinan zum klaren Licht. Verstümmelt
und geschändet, verdirbt der gute Boden

[trotzdem nicht.

Vom Fremden überschrieen, vom Siegerhohn versehrt,
Von Urwaldmelodien ins Gegenteil verkehrt,
Vom Modestil verbogen, zerfetzt, verseucht, verflacht,
Barbarisch umgelogen, um seinen Seelenlaut gebracht,

 Von Lumpenmund verleugnet, verpöbelt und erschlafft,
Noch immer, immer eignet dem Mutterwort die Kraft, Uns
deutsche Frau'n und Männer, die in der Treue wohnen, Als
redliche Bekenner mit unwelkbarer Ehre zu belohnen.

Uns kam in allen Schanden, bei jedem Schicksalsstreich, Nur eines
nicht abhanden: der Glaube an das Reich, Das Reich der
deutschen Sprache. Gebet wird zum Gebot: o Herr im Himmel
mache ein Ende letzter Nibelunge

[Not."

Erwin Hirnschall, später Obmann der Wiener FPÖ, erzählt noch heute voll nostalgischer Begeisterung, wie er als junger Mann Stüber nachgereist sei, um ihn als Versammlungsredner zu hören. Auch Harald Ofner schwärmt noch heute von ihm.

Zurück zum Wirbel in der Nationalratssitzung am 10. November, den Hartlebs Bemerkungen über die Anhaltelager ausgelöst hatte. Den weiteren Verlauf der Sitzung schildert Stüber in seinem Buch „Ich war Abgeordneter":

„Es war eine ältere sozialistische Abgeordnete, die das Spiel mit uns Unabhängigen, das offenbar parteiintern abgekartet worden war, fortsetzte. Sie war eine unfreundlich dreinblickende, knochige, gar nicht weiblich wirkende Person. […] Ich erfuhr später, dass sie viel Leid und Unbill in der Zeit des Nationalsozialismus hat mitmachen müssen, und ich bin heute bereit, ihr dies zugute zu halten. Aber damals, als sie mit schmetternder Stimme und höhnisch auf uns gerichteten Blicken ihre Hetzrede begann, spürte ich fast körperlich die Welle des Hasses, der von ihr ausströmte. Es gab keine Marter und Pein, deren sie die ‚braunen Schergen', mit denen sie uns in kühner Simplifizierung gleichsetzte, nicht beschuldigte. Und ich rief, jetzt außer mir vor Erregung, der Frau am Rednerpult zu: ‚Die Herrengasse war auch kein Honiglecken!' Es war der berühmte Funke ins Pulverfass. Das Hohe Haus explodierte."

Der VdU war nicht nur durch die Angriffe der politischen Gegner unter Druck geraten, es passierte auch, was im Dritten Lager immer wieder passierte: Man begann zu streiten. Die Nationalen formierten sich vor allem gegen Kraus und Reimann, die ihnen von Anfang an als „Philosemiten und Widerstandskämpfer" suspekt gewesen waren. Die innerparteilichen Differenzen erreichten einen ersten Höhepunkt, als im Februar 1950 der Linzer Abgeordnete Oskar Huemer, ein eher stiller, unauffälliger Mann, überraschend aus der Partei austrat. Als Grund gab er an, dass im VdU Kräfte geduldet würden, die er mit seiner sozialen, positiv österreichischen Einstellung für nicht vereinbar halte. Eine Sitzung eskalierte zu einer Saalschlacht, in der der oberösterreichische Landesobmann Neumann k. o. ging. Er legte alle Funktionen zurück.

Spektakulär war dann die Affäre um Gordon (Mac) Gollob (1912–1987). Gollob, dessen Vorfahren aus Schottland gekommen waren, war der höchstdekorierte Jagdflieger der deutschen Luftwaffe gewesen. Er bewarb sich nach der Gründung des VdU um die Stelle des Generalsekretärs und wurde akzeptiert, nachdem er sich klar vom Nationalsozialismus und Hitlers Kriegs- und Vernichtungspolitik distanziert hatte. Gollob war allerdings kein großer Organisator und – was noch schlimmer war – bediente sich sehr bald wieder scharfer nationaler Töne. Nach einer Rede in Graz verbot Helmer die VdU-Landesgruppe der Steiermark. Sogar das

Verbot des VdU überhaupt schien möglich. Die Parteiführung sah Gefahr im Verzug und versuchte, Gollob auszuschließen oder zumindest zu entmachten, was nach vielen innerparteilichen Kämpfen im Herbst 1950 auch gelang.

Der nächste Schlag kam bei den Bundespräsidentenwahlen 1951. Der VdU hatte gegen die Kandidaten von SPÖ und ÖVP, Theodor Körner und Heinrich Gleißner, den hoch angesehenen Innsbrucker Chirurgen Univ.-Prof. Dr. Burghart Breitner („BB") als unabhängigen Kandidaten nominiert. Breitner war durch seine aufopferungsvolle Betreuung deutscher Kriegsgefangener im Ersten Weltkrieg als „Engel von Sibirien" berühmt geworden. Mit seinen 662 501 Stimmen erzwang er eine Stichwahl zwischen Gleißner (1 725 451) und Körner (1 682 881). Für die Stichwahl gab die VdU-Führung keine Wahlempfehlung ab. Das war Kraus nicht recht und er gab in der „Presse" eine Wahlempfehlung für Gleißner ab. Damit hatte er gegen die Parteidisziplin verstoßen.

Diese Wahl war für einen Salzburger Buben ein prägendes politisches Ereignis. Helmut Haigermoser, freiheitliches Urgestein, fand durch Breitner im Dritten Lager seine politische Heimat. Sein Vater, so erzählt Haigermoser, sei 1947 schwer gezeichnet aus der Gefangenschaft heimgekommen:

„Ich habe ihn auf dem Salzburger Hauptbahnhof aus einem Viehwaggon aussteigen sehen. Eine Rotkreuzschwester hat ihm den Weg gewiesen und gesagt: ‚So, Vater, da musst' hinübergehen.' Er war damals 34, 35 Jahre alt. Und dann ist plötzlich mein Vater vor mir gestanden. Die Geschichte mit Burghart Breitner, die ist mir dann irgendwie ins Herz gegangen. In der Schule habe ich Brandreden gehalten für den VdU. Bei der Breitner-Wahl habe ich dann in der Klasse eine Urne aufgestellt, und wir haben in der Pause gewählt. Von 45 Hauptschülern in der Griesschule haben 32 für ‚BB' gestimmt."

Kraus wurde beim Bundesverbandstag dennoch wiedergewählt. Mit den Arbeitnehmervertretern Jörg Kandutsch und Max Stendebach tauchten in den Leitungsgremien neue Namen auf. Stendebach war Berufsoffizier, führte aber seit 1936 das Gut Radweg bei St. Veit/Glan.

Nach der Wahl reaktivierte Kraus die Kontakte zu Ernst Graf Strachwitz, einem schlesisch-steirischen Adeligen. Der Ritterkreuzträge war nach dem Krieg in der Heimkehrerhilfsorganisation tätig gewesen und war wie sein sozialistisches Gegenüber Rösch in die Mühlen der Affäre Soucek geraten. Strachwitz hatte mit einer Gruppe Gleichgesinnter ursprünglich Kontakt mit Kraus aufgenommen, aber aus der Sache wurde nichts und Strachwitz schloss sich mit seinen Leuten als „Junge Front" der ÖVP an. Dort fühlte er sich aber nicht daheim und so kam es im Juli 1951 zum Bruch. Einige seiner Freunde blieben bei der ÖVP, wie der spätere Innsbrucker Bürgermeister Alois Lugger, Willfried Gredler hingegen folgte Strachwitz, wie übrigens auch der Historiker Taras Borodajkewycz, gegen den es 1965 heftige Proteste geben sollte, bei denen schließlich ein Demonstrant zu Tode kam.

Kraus hatte Bedenken, vereinbarte im Sommer 1952 aber mit Strachwitz eine enge Zusammenarbeit. Auf dem Verbandstag legte Kraus die Funktion als Vorsitzender zurück, um eine spätere Vereinigung des VdU mit den Strachwitz-Leuten zu erleichtern. Seine Nachfolge als VdU-Obmann trat Stendebach an, Stellvertreter wurden Kraus, Stüber und Kandutsch.

Das Ganze geschah unter den Auspizien der Nationalratswahlen im Februar 1953 – und natürlich ging es um Listenplätze. Die Wahlen gingen für den VdU gar nicht so schlecht aus, wie es immer heißt: Er verlor zwei der 16 Mandate. In den Hochburgen im Westen, vor allem in Oberösterreich, wo die Arbeiter abbröckelten (eine Erfahrung, die ein halbes Jahrhundert später auch die FPÖ machen sollte), und im Südwesten waren allerdings kräftige Verluste zu verdauen. Die Ausnahme bildete Salzburg, wo der neue Landesobmann Gustav Zeillinger sehr gut abschnitt.

Nach den Wahlen, bei denen die SPÖ sechs Mandate gewonnen hatte, kam es in der ÖVP, die drei Mandate verloren hatte, zum Umsturz. ÖVP-Obmann Julius Raab hetzte Bundeskanzler Leopold Figl in Verhandlungen zur Bildung einer Dreierkoalition (ÖVP/VdU und SPÖ). Figl musste damit scheitern und dann als Bundeskanzler den Ausseer Hut nehmen. Sein Nachfolger Raab richtete dem VdU aus, dass leider nichts zu machen sei: Bundespräsiden Theodor Körner habe sich gegen eine Regierungsbeteiligung des VdU ausgesprochen, weil sie eine „staatsverneinende" Partei sei.

Es ging, daran gab es keinen Zweifel, mit dem VdU bergab. Er flog aus dem Wiener Gemeinderat, schnitt auch in Niederösterreich und in Vorarlberg schlecht ab, ganz besonders schmerzhaft aber war der Verlust bei den Arbeiterkammerwahlen. Von den 117 Mandaten gingen 98 verloren. Die Arbeiter hatten dem VdU ganz offenbar seine elitäre Führungsmannschaft übel genommen.

Etablierung einer „freiheitlichen Einheitspartei"

Die schwere Geburt der FPÖ

An einer Nachfolgepartei des mehr und mehr von Krisen geschüttelten VdU wurde längst gebastelt. Es gab viele Zellen, die wichtigste war die Freiheitspartei.

Schon seit 1953 hatte sich im „Schwechater Hof" in Linz eine Gruppe von Männern getroffen und im „Grünen Salon" versammelt. Daran merkt man wieder einmal, welch bunte Gesellschaft das Dritte Lager war, denn drei Jahre später wurde im Hotel „Weißer Hahn" in der Wiener Josefstadt die FPÖ gegründet, die dann für viele Jahre ihr Hauptquartier im Haus zum „Blauen Esel" in der Kärntnerstraße bezog; nicht zu reden vom Hotel „Brauner Hirsch", wo einander Schärf, Kraus und Reimann getroffen hatten.

Die Mitglieder der politischen Runde waren der nationale Kern des nationalen Kernlandes Oberösterreich. Es waren Mitglieder der nach dem Zusammenbruch des Dritten Reiches wieder erstandenen Burschenschaften, der Turnvereine, des oberösterreichischen Landeslehrervereins und alte Kameraden aus dem „Gmundner Kreis".

Die Runde scharte sich um einen Mann: Dipl.-Ing. Anton Reinthaller (1895–1958) aus Mettmach. Er war unter Seyß-Inquart kurz Landwirtschaftsminister gewesen, wurde nach 1938 Staatsekretär für Bergbauernfragen in Berlin.

Dem Kreis gehörte auch ein „Zugereister" an, der vormalige Sekretär der Großdeutschen Volkspartei und spätere NS-Gauredner Dr. Emil van Tongel (1902–1981) – ein „Brutal-Intellektueller", wie ihn Höbelt nennt. Der aus dem Sudetenland stammende Apotheker hatte es vorgezogen, bei Kriegsende in die amerikanische Besatzungszone zu übersiedeln. In Linz war van Tongel, der Berufsverbot hatte, in einer Viehverwertungsgesellschaft tätig.

In den „Grünen Salon" kam auch ein junger Lehrer, Mitglied des an sich überparteilichen „Oberösterreichischen Lehrervereins", der keinerlei Kontakte zum VdU gehabt hatte. Sein Name war Friedrich Peter. Die Begegnung mit Reinthaller sollte sein weiteres Leben bestimmen.

Kraus bemühte sich um eine Zusammenarbeit mit Reinthaller, der ein ruhiger, besonnener Mann war; aber er hatte einen veritablen Konkurrenten: Raab persönlich drang in Reinthaller, sich nicht mit dem VdU einzulassen, sondern eine eigene

32

Partei zu gründen. In den ersten Monaten des Jahres 1954 versuchten Emissäre Raabs, Reinthaller bei einem Treffen im Bahnhofsrestaurant Attnang-Puchheim dazu zu bewegen, in die Politik zurückzukehren. Doch Reinthallers Antwort war ein entschiedenes „Nein". Aber Raab ließ nicht locker und ließ Reinthaller über einen Vertrauten ausrichten: „Wir zwei müssen miteinander in die Gartenlaube gehen."

Reinthallers Widerstand ließ allmählich nach, aber nicht bevor er Raab einen deutlichen Wink gegeben hatte, den Höbelt wiedergibt:

„Es ist nun so weit, daß ich Dich ganz offiziell bitten muß, um meine Befreiung von jenen Hypotheken aus der ‚Begnadigung' einzukommen, die es mir verbieten, öffentlich zu sprechen, zu schreiben und zu politisieren schlechthin. Mir wurde geflüstert, daß alle diese Belastungen mit Ende März automatisch ablaufen. Ob dies zutrifft oder nicht, weiß ich nicht. […] Raab ließ durchblicken, daß eine Eingabe ohne viel Federlesens aufrecht erledigt würde."

Am 19. März 1955 konstituierte sich die „Freiheitspartei" (FP), Reinthaller wurde ihr Obmann. Was nach der Gründung der Freiheitspartei geschah, hat aus heutiger Sicht hohen Wiedererkennungswert. Es sieht so aus, als hätten FPÖler und BZÖler die zeitgeschichtlichen Schilderungen von damals für ihr eigenes Drehbuch abgeschrieben.

In der VdU-Inszenierung hieß Knittelfeld Schwarzach im Pongau. Dort hatten in der „Bahnhofsresti" die Obleute der westlichen und südlichen Bundesländer ihren Putsch gegen die VdU-Führung ausgeheckt, blieben bei einem außerordentlichen Parteitag aber in der Minderheit. Wie sich die Schwarzacher weiterhin zum VdU verhalten sollten, darüber gab es zunächst keine Klarheit. In den Ländern ging es damals nicht minder wüst durcheinander als im Jahr 2005. Klarerweise gab es eine Ausnahme: Der Kärntner VdU wechselte geschlossen zur Freiheitspartei über.

Im VdU-Musterland Salzburg hielt Zeillinger seine Mannen halbwegs zusammen. Er ließ keine Aufsplitterung zu und unternahm Versuche, wie andere führende VdU-Funktionäre auch, die Streithähne zu versöhnen. Im April 1956 traten die Salzburger geschlossen der neu gegründeten FPÖ bei.

Und schon damals hörte man Töne, die Jahrzehnte später Susanne Riess-Passer das Leben schwer machen sollten: Richard Helly, ein nationaler Dissident, beklagte, dass der VdU für die ÖVP die Kastanien aus dem Feuer holen, aber auf keine Gegenleistung hoffen dürfe.

In Wien wurde mittlerweile auf höchster Ebene über einen Zusammenschluss von Freiheitspartei und VdU verhandelt. Der VdU war zwar dagegen, dass die vereinigte Partei von einem hohen ehemaligen NS-Funktionär (Reinthaller) geführt werden sollte, die andere Seite wollte Kraus nicht zuviel Macht einräumen. Immerhin einigte man sich am 17. und 18. Oktober auf die Konstituierung eines Proponentenkomitees zur Bildung einer „freiheitlichen Einheitspartei", die nach einigem Hin und Her auf Vorschlag Stendebachs den Namen „Freiheitliche Partei Österreichs" erhalten sollte.

Am 27. März 1956 fand im Restaurant „Zipferbräu" in Salzburg eine Sitzung des Proponentenkomitees zur Erstellung der Kandidatenliste für die vorgezogenen Nationalratswahlen statt, in der die Einigung wieder auf des Messers Schneide stand. Im Grunde genommen ging es um die Frage, ob der VdU weiter bestehen sollte oder nicht. Kurt Piringer schreibt: „Oberst Alexander Götz, der Vater des späteren Grazer Bürgermeisters, wunderte sich über die ‚gewitterschwüle Luft' und appellierte an die Versammelten: ‚Wir haben nur mehr eines, das ist die *FPÖ*.'" Ein anderer Oberst folgte dem Appell seines Offizierskameraden: VdU-Obmann Stendebach erklärte, dass der „Verband der Unabhängigen" aufgelöst werde.

Der Streit um die heiklen Listenplätze wurde auch gelöst: Kraus erhielt einen aussichtslosen dritten Platz auf der Restliste für den Süden; Reimann hingegen kandidierte im Westen auf dem zweiten Platz und hätte sein Mandat auch bekommen. Die beiden Gründer des VdU beschlossen aber, sich ganz aus der Politik zurückzuziehen.

Kraus sagte zum Abschied:

„Das Ergebnis des FPÖ-Parteitages veranlaßt mich, die mir angebotene Kandidatur zur Nationalratswahl abzulehnen und aus der FPÖ auszutreten. Dieser Parteitag war die Bestätigung der lange vorbereiteten Machtübernahme von einem kleinen Kreis von Rechtsextremisten und NS-Führern. Die in der FPÖ verbliebenen gemäßigten Vertreter des VdU sind praktisch zur Einflußlosigkeit verurteilt."

Die Schlussbilanz Reimanns lautete:

„Kraus und ich [mußten] uns eingestehen, daß unsere politische Aktion eben nicht so verlaufen war, wie wir es uns vorgestellt hatten. Die Wähler erhofften sich 1949 vom VdU etwas Neues. Und am Anfang war dieses Neue auch spürbar, weshalb sich im ersten Jahr des Bestehens die Wahlerfolge des VdU gehäuft hatten. Doch im Laufe der Zeit wurde den Anhängern hauptsächlich wieder alte Ware angeboten."

Wie beurteilte der nationale Flügel die Arbeit von Kraus und Reimann? Dr. Otto Scrinzi, um seine Meinung gebeten, geht von dem Konflikt um Gordon Gollob aus:

„Die Gollob-Krise war dem fundamentalen Geburtsfehler zuzuordnen, dass Kraus und Reimann im Wesentlichen eine neue, liberale Partei wollten, in welcher

die zur Demokratie bekehrten – durch Umdenken, nicht durch Umerziehung – Ehemaligen die Schwungmasse bilden sollten, jedoch aus dem inneren Führungsring
ausgeschlossen werden sollten. [...] Bei den unbestreitbaren großen Verdiensten von
Kraus [Anm. d. Autors: und Reimann] als Geburtshelfer der Dritten Kraft ließ es vor
allem Kraus in kritischen Lagen an jenem demokratischen Geist fehlen, zu dem er
seine national-freiheitlichen und nicht-liberalen Wähler erziehen wollte."

Gründungsparteitag im „Weißen Hahn"

VdU und Freiheitspartei hatten sich also auf die Gründung einer „freiheitlichen
Einheitspartei" geeinigt, jetzt brauchte das Kind nur mehr einen Namen. Reinthal-
ler schlug „Unabhängige Freiheitliche Partei" vor, womit beide Partner im Namen
vertreten gewesen wären: die Freiheitspartei und der „Verband der Unabhängigen".
Das stieß auf wenig Gegenliebe. Stendebachs Vorschlag lautete „Freiheitliche
Partei Österreichs", was van Tongel aber nicht passte: Er wollte nur „Freiheitliche
Partei". Kandutsch konterte: „Österreich muss dabei sein!" Und so geschah es: Der
VdU wies bei der Namensgebung die Freiheitspartei in die Schranken, obwohl
nicht alle davon begeistert waren – es gab Leute, die unbedingt den Begriff „sozial"
im Parteinamen haben wollten.

Eine Partei braucht auch eine Farbe. Kandutsch war für Blau, Gredler, der von
den Schwarzen gekommen war, für Weiß. Die Geschichte lehrt uns, dass wiederum
Kandutsch sich durchgesetzt hat.

Eine Farbe allein tut es nicht. Auch ein Symbol tut not. Die Roten hatten die drei
Pfeile und die rote Nelke. Im Dritten Lager wurde es (sowohl Kandutsch als auch
Gredler waren einverstanden) die Kornblume. Die Kornblume hatte bereits ein
wechselhaftes Schicksal hinter sich. Zuerst war sie nur ein Ackerunkraut gewesen.
Durch die Mythenbildung um die 1810 jung verstorbene Königin Luise wurde sie
zur „preußischen Blume". In Österreich war die Kornblume das Symbol der all-
deutschen Bewegung von Schönerer und wurde später von Mitgliedern der illegalen NSDAP als Erkennungszeichen benutzt. Bei der Konstituierung des Nationalrates Ende Oktober 2006 trugen die FPÖ-Abgeordneten Kornblumen, was ihnen
übel ausgelegt wurde.

Endlich konnte am 7. April 1956 der Gründungsparteitag der FPÖ stattfinden.
Tagungsort war das heute nicht mehr unter diesem Namen und nicht mehr in dieser Form existierende Hotel „Weißer Hahn" unmittelbar neben dem ehrwürdigen
Theater in der Josefstadt. Ehrwürdig waren diese Lokalitäten nicht immer gewesen,
denn die Sträußelsäle, die mit dem „Weißen Hahn", vormals „Zum Goldenen

Straußen", unmittelbar verbunden waren, mussten nach glanzvollem Beginn (bei der Eröffnung 1834 hatte Johann Strauß Vater aufgespielt!) im Jahr 1850 schließen. Der Grund: „Zweifelhaftes Publikum."

Die Geschichte der FPÖ ist voll von Meinungsverschiedenheiten, aber in einem sind sich die Historiker einig: Der Saal des „Weißen Hahn" war eine deprimierende Architektensünde – 30 Meter lang, vier Meter schmal, dunkel, eines so hohen Festaktes ganz und gar unwürdig. Aber besonders festlich war es im „Weißen Hahn" ohnedies nicht zugegangen: Hirnschall erinnert sich an keine Aufbruchsstimmung. Es dürfte sich eher um eine Art zufriedener Erschöpfung gehandelt haben, dass nach endlosen Streitereien die Wiedervereinigung des dritten Lagers gelungen zu sein schien. Piringer berichtet: „Reinthallers Wahl zum Bundesparteiobmann wurde zur Demonstration der Einigkeit. […] Von 124 abgegebenen Stimmen entfielen 117 auf Reinthaller, drei auf Stendebach, vier waren ungültig."

Ganz ohne Zwischenfälle war die Wahl jedoch nicht vonstattengegangen: Stendebach fiel bei der ersten Wahl der drei Obmann-Stellvertreter durch, erst bei einem außerordentlichen zweiten Durchgang schaffte er es. In den Bundesparteivorstand wurden van Tongel, General Franz Rainer, Kandutsch sowie die Landesparteiobmänner Reinhold Huber (Kärnten), Oberst Götz (Steiermark), Wilhelm Kindl (Niederösterreich), Broesigke (Wien), Peter (Oberösterreich) und Zeillinger (Salzburg) gewählt.

Der Vorstand setzte ich somit aus drei Vertretern der Freiheitspartei (van Tongel, Huber, Peter), zwei „Parteilosen" (Götz, Rainer) und vier VdUlern (Broesigke, Zeillinger, Kandutsch, Kindl) zusammen.

Und noch einmal wurde es beim Gründungsparteitag hektisch. Ursache war, wie Piringer schildert, ein Abänderungsantrag zur programmatischen Erklärung (dem sogenannten „Kurzprogramm") des Abgeordneten Pfeifer:

„Er bemängelte, daß das Bekenntnis der FPÖ zur deutschen Volks- und Kulturgemeinschaft als Punkt 14 an vorletzter Stelle des Programms stehe, statt an erster oder zweiter Stelle. Van Tongel wies Pfeifers Kritik als ‚völlig überflüssige Manifestation' zurück. Schließlich einigte man sich, zur Neufassung des Parteiprogramms im Sinne des Wunsches Pfeifers einen Programmausschuß einzusetzen."

Über Anton Reinthaller, den todkranken Parteiobmann, schreibt Ernst Hanisch: „Als Galionsfigur [Anm. d. Autors: der FPÖ] diente der prominente, freilich gemäßigte ehemalige Nationalsozialist Anton Reinthaller."

Sonst fanden sich in den Meinungen über Reinthaller nur wenige Zwischentöne: Für seine Gegner – und auch das offizielle Österreich – war er ein hochrangiger Nazi mit einem SS-Ehrenrang, nichts anderes.

Anton Reinthaller stammte aus Mettmach im Innviertel. Seine Familie betrieb neben einem landwirtschaftlichen Gut auch eine kleine Brauerei. Er war nach der Matura eingerückt und erlebte die russische Revolution als Kriegsgefangener mit. Nach dem Studium war er für die staatliche Wildbach- und Lawinenverbauung tätig und heiratete 1924 an den Attersee. 1928 trat er der NSDAP bei und übernahm 1930–1932 die Führung der NS-Bauernschaft. 1938 war er kurz Landwirtschaftsminister im Kabinett Seyß-Inquart, dann Staatssekretär für Bergbauernfragen im Reichsernährungsministerium in Berlin und schließlich Landesbauernführer von Oberdonau.

Nach dem Krieg war Reinthaller zuerst in Glasenbach interniert und saß einige Jahre in Untersuchungshaft. Er wurde vor einen Volksgerichtshof gestellt und auch verurteilt, aber sofort begnadigt. Er hatte sich persönlich nichts zuschulden kommen lassen. Der oberösterreichische Landeshauptmann Heinrich Gleißner hatte vor Gericht über seinen Landsmann ausgesagt: „Ich weiß, daß Reinthaller geholfen hat, wo und immer es möglich war, und ich bin glücklich, niemanden zu kennen, der etwas anderes sagen könnte."

Gleißners Wort hatte naturgemäß Gewicht, denn er war selbst im KZ Dachau inhaftiert gewesen. Die Geschichte seiner Entlassung ist es wert, wiedergegeben zu werden. Friedrich Peter hat sie in einem ausführlichen Gespräch Altvizekanzler Hannes Androsch erzählt:

„Die Frau Gleißners hat ausgekundschaftet, daß die Mutter des [Anm. d. Autors: SS-Reichsführers] Himmler eine sehr religiöse Frau war, und hat an einem Sonntag die Kirche in München besucht, in der die Mutter Himmlers zur Messe gegangen ist. Sie hat sie nach dem Gottesdienst einmal angesprochen und hat ihr Schicksal dargelegt, auch daß ihr Mann ein ausgezeichneter Offizier im ersten Weltkrieg gewesen war. Frau Himmler hat das ihrem Sohn vorgetragen und der hat gesagt: ‚Tu das nie wieder, Mutter! Aber in diesem Fall helfe ich dir!' Und so kam Gleißner frei."

Als Reinthaller zum Bundesparteiobmann gewählt wurde, war er schon ein todkranker Mann und wusste es: „Meinen Ruf und meinen Namen gebe ich gerne dazu her, euch in den Sattel zu helfen. Reiten müßt ihr selber!"

Zwei Jahre später, am 6. März 1958, starb er im 63. Lebensjahr an Lungenkrebs.

In seiner Antrittsrede hatte Reinthaller seine nationale Gesinnung nicht verleugnet:

„Wir bejahen die Eigenstaatlichkeit Österreichs ohne Einschränkung und bekennen uns gleichzeitig zur deutschen Volks- und Kulturgemeinschaft. An diesem Bekenntnis kann nicht gerüttelt werden: keine menschliche oder politische Notlage berechtigt, diese Zugehörigkeit zu verleugnen. Wir sind uns aber bewußt, daß der nationale Gedanke eine Ausweitung auf das Europäische erfahren hat. Zwischen den Weltmächten vermögen die europäischen Völker nur zu bestehen, wenn sie sich zusammenschließen."

Am 7. April hatte der Gründungsparteitag der FPÖ stattgefunden, tags darauf folgte der Auflösungsparteitag des VdU. Der entsprechende Antrag von Obmann Stendebach wurde mit 56 zu 23 Stimmen angenommen. Gleichzeitig beschloss auch die Freiheitspartei ihre Auflösung. Im VdU gab es noch ein paar Widerstandsnester. So versuchte in Oberösterreich der ehemalige Bundesrat Max Rabl, mit einer WdU-Liste bei Regionalwahlen anzutreten. Dabei kam es zu einem Konflikt zwischen Rabl und Friedrich Peter, der in folgende Worte mündete: „Dir ist wohl Papp ins Hirn gestiegen!" Das Götz-Zitat war also in Wirklichkeit ein Rabl-Zitat.

Anlaufschwierigkeiten für eine starke Fraktion

Die neue Freiheitliche Partei hatte nicht lange Zeit, sich zu etablieren. Bereits fünf Wochen später fanden vorgezogene Nationalratswahlen statt. Das Ergebnis war niederschmetternd: Am Abend stand die FPÖ mit fünf Mandaten da, das waren neun weniger als der VdU drei Jahre zuvor gewonnen hatte (ÖVP: 82, SPÖ: 75, KPÖ: 3). Reinthaller empfand die Niederlage als „Tiefschlag".

Am nächsten Tag gab es ein Trostpflästerchen: Die FPÖ erhielt ein sechstes Mandat, das zuerst irrtümlich der SPÖ zugerechnet worden war. Gründe für die Niederlage gab es genug: Einer davon war, dass die Partei noch kaum bekannt war. Aber die eigentliche Ursache für das schlechte Abschneiden lag tiefer. Österreich war 1955 frei geworden, die Lage hatte sich auch für die Benachteiligten und Deklassierten der ersten Nachkriegsjahre normalisiert, das Wirtschaftswunder begann zu greifen – alles Umstände, die einer Oppositionspartei das Leben schwer machen. Noch dazu einer der Vergangenheit zugewandten Opposition, die es mit einer mächtigen Regierungspartei zu tun hatte, die mit dem Raab-Kamitz-Kurs eine Zauberformel für eine vielversprechende Zukunft zu haben schien.

Die ÖVP war ein übermächtiger Gegner im Kampf um die Stimmen des bürgerlichen Lagers. Acht der 14 Mandate aus der Konkursmasse des VdU hatte sie sich einverleibt und mit 82 Mandaten die absolute Mehrheit nur um ein Mandat verfehlt. Nicht weiter schlimm, es gab ja die Freiheitlichen? Raab wusste die Formel: „Wenn i an brauch', kauf' i mir an!" Und sein Ausspruch: „Die FPÖ wer'ma inhaliern!", wurde überhaupt zum geflügelten Wort der österreichischen Innenpolitik.

Der Kampf ums Überleben, so stellt Piringer fest, stand am Anfang der politischen Existenz der FPÖ.

Die FPÖ war zwar eine kleine Fraktion, aber sie hatte mit Gredler, Kandutsch und Zeillinger drei Abgeordnete, die in der ewigen Bestenliste der österreichischen Parlamentarier ganz oben stehen.

Willfried Gredler (1916–1994) stammte aus einer Tiroler Bauernfamilie. Er promovierte zum Doktor der Rechte, studierte an der Hochschule für Welthandel und erwarb außerdem noch das Diplom an der Wiener Konsularakademie. Im Krieg brachte er es bei der Wehrmacht bis zum Gefreiten. Nach einer Erkrankung wurde er in Ribbentrops Außenamt versetzt. Im letzten Kriegsjahr schloss er sich der Widerstandsgruppe O5 an. Im Herbst 1945 trat er in ein Konzernunternehmen einer Bank ein, dessen geschäftsführender Direktor er nach einigen Jahren wurde. Gredler arbeitete auch in der Katholischen Aktion und trat 1948 der ÖVP bei. 1949 nahm er an der Gründung der „Jungen Front" teil, zu deren Obmann-Stellvertreter er ernannt wurde. 1953 wurde er in den Nationalrat gewählt.

Kraus hatte mit Gredler wenig Freude, konnte ihm aber offensichtlich auch nicht wirklich böse sein:

„Gredler hat oft seine Partei gewechselt, und noch öfter seine Freunde. Aber jede Partei hat ihn immer wieder gerne aufgenommen und auch mancher seiner verratenen Freunde. Denn er ist blitzgescheit, geistreich und amüsant. Er spricht auch selbst mit einer erfrischenden Offenheit von seiner Untreue und den mit ihr angestrebten Zielen – ein Talleyrand im kleineren Bereich des freiheitlichen Lagers Österreichs."

Wegen seiner Zugehörigkeit zum Widerstand (er wollte nicht als „Widerstandskämpfer" bezeichnet werden) wurde er von nationalen Kreisen angefeindet, die ihm Verrat am eigenen Volk vorwarfen. Er forderte ein Ehrengericht und wurde von jeglichem Verdacht freigesprochen.

1963 schied er aus dem Nationalrat aus und ging in die Diplomatie, von 1963 bis 1970 war er Vertreter Österreichs im Europarat, von 1970 bis 1980 österreichischer Botschafter in Bonn und Peking.

Jörg Kandutsch (1920–1990) stammte aus Leoben, legte 1939 die Reifeprüfung ab, wurde dann zum Reichsarbeitsdienst eingezogen und studierte zwei Semester Auslandswissenschaften in Berlin. 1940 meldete er sich freiwillig zu den Gebirgsjägern und machte den Krieg an mehreren Fronten mit. Nach dem Krieg begann er in Innsbruck Medizin zu studieren, doch das NS-Gesetz – Kandutsch hatte die siebte Klasse Realgymnasium besucht, als Hitler in Österreich einmarschiert war – zwang ihn, das Studium aufzugeben. Er verdiente den Lebensunterhalt für sich und seine

Familie als Arbeiter in einem chemischen Betrieb, an einer Baustelle, als Vermessungsgehilfe in Leoben und als Journalist und Betriebsberater. Nachdem er wieder zum Studium zugelassen worden war, inskribierte er an der Grazer Universität Jus und Staatswissenschaften. Dem VdU trat er gleich nach dessen Gründung bei. Kandutsch war ein leidenschaftlicher Verfechter der Idee der sozialen Partnerschaft. 1953 wurde er Nationalratsabgeordneter und Sprecher des WdU-Klubs in sozialpolitischen Fragen. Er war entscheidend an der Gründung der FPÖ beteiligt. 1956 wurde er wieder in den Nationalrat gewählt. 1963 folgte er Gredler als Klub-Obmann nach, und 1964 wurde er aufgrund eines Übereinkommens zwischen SPÖ und FPÖ Präsident des Rechnungshofes. Später übernahm er nach dem Aufbrechen des AKH-Skandals auf Ersuchen Kreiskys die begleitende Baukontrolle.

Der populärste der drei war Gustav Zeillinger (1917–1997), der Jus studierte, als Einjährig-Freiwilliger zum Bundesheer ging und den Krieg an der Front verbrachte, zuletzt als Oberleutnant einer Panzeraufklärungseinheit. Nach dem Krieg arbeitete er als Rechtspraktikant, legte 1948 die Rechtsanwaltsprüfung ab und wurde Verteidiger in Strafsachen. Im September 1949 trat er dem VdU bei und wurde 1950 Obmann des Salzburger Landesverbandes. In den Nationalrat kam er 1953 und gehörte ihm bis 1977 an. Zeillinger wurde 1977 zum ersten Volksanwalt der FPÖ gewählt. Seine Assistentin war Heide Schmidt. In einem Nachruf auf ihn heißt es: „Zeillinger war vor allem der geborene Parlamentarier. Wenn ihm das Wort erteilt wurde, füllten sich Bänke und Galerien. Wehe dem politischen Widerpart, den er mit Argument und Witz auf seine spitze Zunge spießte. Es war ein Vergnügen, Zeillinger zuzuhören – es sei denn als Betroffener. Zeillinger wirkte aber nicht nur im Parlament, sondern auch in den Hinterstuben der Politik. Er galt – schon in den Tagen des VdU, des Vorläufers der FPÖ – als Linksverbinder seiner Partei. [...] Im Jahre 1959 war er Mitglied der von Außenminister Bruno Kreisky angeführten Delegation, die das Südtirol-Problem vor der UNO vertrat. Hier wurden wichtige Fäden in die Zukunft gesponnen."

Präsidentschaftskandidat Denk

Am 4. Jänner 1957 starb Bundespräsident Theodor Körner. Die FPÖ war entschlossen, die sich in einem Wahlkampf bietenden Möglichkeiten zu nützen. Die Erinnerungen an die Tage des Breitner-Wahlkampfes, die dem VdU einen schönen Erfolg gebracht hatten, waren verführerisch. Zwar stand diesmal kein „Engel von Sibirien" zur Verfügung, aber Professor Lorenz Böhler (1885–1973) genoss als Schöpfer der modernen Unfallchirurgie hohes Ansehen. Böhler hatte schon zugesagt, als Raab an die FPÖ mit dem Angebot herantrat, doch gemeinsam einen überparteilichen Kandidaten als Gegner des sozialistischen Kandidaten Adolf Schärf zu nominieren. Auch der Bundeskanzler hatte an einen Arzt gedacht, aber an Professor Wolfgang Denk (1882–1970), gleichfalls Chirurg und namhafter Krebsforscher. Die FPÖ war bereit und die beiden Parteien unterzeichneten ein Abkommen: Vereinbart wurde, dass der Wahlkampf getrennt geführt werden sollte, aber zur Vermeidungen von Überschneidungen ein Koordinationskomitee (für die ÖVP Generalsekretär Alfred Maleta und sein Stellvertreter Josef Scheidl, für die FPÖ Willfried Gredler und Emil van Tongel) gebildet würde. Die ÖVP versprach als Gegenleistung unter anderem eine Wahlrechtsreform (das damals – und bis 1970 – geltende Wahlrecht benachteiligte kleinere Parteien in höchst undemokratischer Weise).

Der „Deal", wie man heute sagen würde, endete fatal. Das Verhältnis zwischen ÖVP und FPÖ war auf das Nachhaltigste gestört – man könnte sagen, bis zum Kooperationsversuch zwischen Josef Taus und Alexander Götz.

Schon der Wahlkampf lief, obwohl besonders von der FPÖ mit viel Einsatz geführt, nicht optimal. Denk war ein großartiger Arzt, aber wahrlich kein Volkstribun. Von der ÖVP wurde er im Wahlkampf als tiefgläubiger Katholik angepriesen, von der FPÖ als überzeugter Nationaler, was insbesondere den radikaleren Nationalen des Dritten Lagers nicht passte. Sie folgten dem Motto „Lieber Rot als Schwarz" und setzten einen bösartigen Slogan in die Welt: „Wer einmal schon für Adolf war, wählt Adolf auch in diesem Jahr." Und dazu passte ganz gut, dass Adolf Hitler und Adolf Schärf gemeinsam am 20. April Geburtstag hatten. Und schließlich hatte sich Schärf bereits zu VdU-Gründungszeiten dem Dritten Lager gegenüber gefällig gezeigt.

Erwin Hirnschall hat den Wahlkampf aus nächster Nähe erlebt und schildert seine aus heutiger Sicht kaum vorstellbaren Erlebnisse:

„Im Jänner 1957, ich war seit drei Monaten beim Zollamt Wien Rechtsberater, erreicht mich ein Anruf von van Tongel: ‚Wir haben uns mit dem Raab geeinigt, wir machen gemeinsam eine Präsidentschaftskandidatur. Können Sie sich freimachen, dass Sie bis zur Wahl im Mai Sekretär vom Denk werden? Die ÖVP schickt Dr. Kirchmaier von der Handelskammer und Sie sind unserer.'"

Auch von Hirnschalls Antwort, er sei erst seit drei Monaten bei seiner Dienststelle und könne nicht einfach gehen, ließ sich van Tongel nicht beirren: „Da machen Sie sich keine Sorgen. Das muss der Raab machen! Sie sagen mir nur die Dienststelle, alles andere geht Sie nichts mehr an." Die Dinge nahmen ihren Lauf, wie Hirnschall berichtet:

„Drei Tage später ruft mich der Präsidialchef an und teilt mir mit, dass ich vom Dienst befreit bin in meiner Eigenschaft als Sekretär des Herrn Präsidentschaftskandidaten Denk und hat mir viel Glück gewünscht. [...] Ich bin mit dem Denk durch ganz Österreich gefahren. Die Versammlungen waren alle mit zwei Vorrednern besetzt – einem von der ÖVP, einem von der FPÖ. Es hat bei den Veranstaltungen Dinge gegeben, die heute undenkbar wären. Bei einer Versammlung beim ‚Gschwandtner‘ in Hernals war der Vorredner der ÖVP-Landesparteiobmann Fritz Polcar. Der hat folgende Sentenz von sich gegeben: ‚Also, da gibt's den Herrn Adolf Schärf, geboren in Nikolsburg, der hat dort die Judenschul' besucht. Meine Damen und Herren, mit der Ausbildung kann der vielleicht Konsul in Tel Aviv werden, aber niemals Bundespräsident von Österreich.'"

Beim Wahlgang am 5. Mai gewann Schärf mit 51,1 Prozent der Stimmen. Denk konnte einen Achtungserfolg verbuchen, er erhielt nur knapp 100 000 Stimmen weniger als sein politisch erfahrener Konkurrent.

Diese Niederlage war der Wendepunkt im politischen Leben von Julius Raab. Sein Versuch, Reinthaller und die FPÖ zu seinem eigenen und zum Vorteil der ÖVP in die Gartenlaube zu locken, war gescheitert. Jetzt ging es bergab, nach einem Schlaganfall auch gesundheitlich. Und die ÖVP machte den oben erwähnten fatalen Fehler: Sie fühlte sich an die Vereinbarung mit der FPÖ über die Wahlrechtsreform nicht mehr gebunden, so als hätte sie nur für den Fall eines Sieges des gemeinsamen Kandidaten gegolten. Die Kontakte zwischen den beiden Parteien wurden bis 1962 überhaupt auf Eis gelegt.

Suche nach einem neuen Obmann

Am 6. März 1958 starb Anton Reinthaller an Lungenkrebs. Die Leitung übernahm formell ein geschäftsführendes Präsidium (Stendebach, Zechmann, Gredler, van Tongel, Peter), der starke Mann war van Tongel, der alle Ambitionen für das Amt des Parteiobmannes hatte. Die Partei nahm sich für die Suche eines Nachfolgers reichlich Zeit, nämlich ein halbes Jahr bis zum Parteitag im September in Salzburg.

Van Tongel bemerkte sehr bald, dass sein Ehrgeiz in einflussreichen Kreisen der Partei – zumal bei Kandutsch und Zeillinger – auf Ablehnung stieß. Gesucht wurde ein unkonventioneller Kandidat, wie Piringer schildert: „Kandutsch hatte einen anderen Wunschkandidaten: Er sollte nicht wie van Tongel, Gredler oder Stendebach zu sehr auf eine bestimmte Richtung festgelegt sein. Er sollte jung und dynamisch sein. Kandutschs Wunschkandidat hieß Friedrich Peter."

Peter wurde auch von Hubert Knaus, dem Kärntner Landesobmann Huber, Zeillinger, Kindl und Zechmann unterstützt; die Steirer waren für ihren Landesobmann Götz senior, Peter selbst war, wie van Tongel, für Knaus. In einer zweiten Vorstandssitzung einen Monat später gab es dann Vorentscheidungen: Knaus, Schlossherr und geborene graue Eminenz, wollte in Kärnten bleiben, Götz deutete an, er werde seine Kandidatur zurückziehen, wenn dadurch eine Kampfabstimmung vermieden werde. Die Einheit der Partei sei wichtiger.

Ein nächster Versuch fand in der Parteileitung Ende Mai statt. Zeillinger schlug vor, dass die sechs Landesgruppen (Niederösterreich, Oberösterreich, Salzburg, Tirol, Vorarlberg, Kärnten), die für Peter waren, seine Wahl vorschlagen und die Mitglieder der Parteileitung einladen sollten, diesen Vorschlag mit ihrer Unterschrift zu unterstützen. Aber auch Götz fand einen Fürsprecher. Gredler trat für das „Paket" Obmann Götz/Generalsekretär Peter ein. Götz akzeptierte diese Kandidatur, aber unter dem schon bekannten Vorbehalt:

„Ich stehe nämlich sehr wohl zum Paragraphen 50 unserer Geschäftsordnung, wo es heißt, daß wir an Beschlüsse gebunden sind. Wenn die Mehrheit es so will, werde ich rückhaltlos für Peter eintreten, auch wenn wir persönlich der Meinung sind, daß es ein anderer besser machen würde."

Dieser kleine Seitenhieb deutet an, dass damals zwischen Peter und Götz senior nicht alles „Liebe und Grießschmarr'n" war, was auch Auswirkungen auf eine ferne Zukunft haben sollte – nämlich auf den Konflikt zwischen Peter und Götz junior in den 70er Jahren. Friedhelm Frischenschlager nimmt sich kein Blatt vor den Mund: „Es gab Streit zwischen Götz senior und Peter – daher stammt der Hass zwischen Götz junior und Peter."

Wie man verstehen wird, gibt es bei Personalentscheidungen viel zu bedenken, was – wenn man es schon selber nicht wird – die eigene Person und Position betrifft. So hatte zum Beispiel Hirnschall den Eindruck, als wäre van Tongel eher für Götz senior als Obmann gewesen. Der vornehme, hoch angesehene, nicht mehr ganz junge Oberst a. D. würde doch sicher eher von Graz aus regieren, während van Tongel in Wien hätte walten und schalten können. Van Tongel war dann aber mit Peter doch ganz zufrieden, denn der blieb zunächst lieber in Linz und im oberösterreichischen Landtag und überließ van Tongel die Klubobmannschaft im Nationalrat. Falls jemandem solche Überlegungen bekannt vorkommen, so hat er nicht unrecht: Von der Standorttreue der Götzens für Graz wollte später ein anderer Nutzen ziehen – nämlich just Friedrich Peter, dem es ganz recht gewesen war, dass Obmann Götz junior lieber in Graz seine Bürgermeisterei betrieb, während er – Peter – als Klubobmann in Wien herrschte.

Und es gibt auch noch ein drittes Beispiel für dieses beliebte Statthalter-Konzept: Norbert Gugerbauer war ganz dafür, dass Obmann Jörg Haider in Kärnten blieb und Gugerbauer in der Bundeshauptstadt Klubobmann sein ließ.

Die Überlegung, welchen Zuschnitts der neue Parteiobmann sein sollte, hatte aber auch mit politisch-sachlichen Überlegungen über die Zukunft der Partei selbst zu tun, wie Höbelt schreibt:

„Die alten VdUler Kandutsch und Zeillinger waren es auch, die bei einer groß angelegten Strategiedebatte die Ansicht vertraten, daß die Möglichkeit einer Regierungsbeteiligung allein mit der SPÖ gegeben sei. Kandutsch verwies damals auf Kreisky als frischgebackenen Minister, der in seine gemeinsame Außenpolitik auch die Freiheitlichen einbinden wollte. Der Rest ist Teil jener Geschichte, die sogar Redakteure lernen […]."

Die Wahl des neuen Obmannes fand auf dem Bundesparteitag in Salzburg von 12. bis 14. September 1958 statt. Es gab einen einzigen, von Tassilo Broesigke eingebrachten Wahlvorschlag, lautend auf Friedrich Peter. Es wurde 224 Stimmzettel abgegeben, 17 waren ungültig, 207 Delegierte stimmten für Peter. Die FPÖ hatte einen jungen und dynamischen Obmann – den in Österreich keiner kannte.

Die Wahl der drei Stellvertreter verlief hingegen für einen ehemaligen VdU-Repräsentanten nicht ganz reibungslos: Gredler und Zechmann wurden bestätigt, aber Stendebach bekam zum zweiten Mal in seiner FPÖ-Karriere zu wenige Stimmen. Diesmal wurde die Wahl aber nicht, wie beim Gründungsparteitag, wiederholt – Stendebach wurde durch Hubert Knaus ersetzt.

Die Parteitagsrede des neuen Obmannes enthielt laut Piringer alte Töne: „Die Antrittsrede versuchte mit starker nationaler Emotion Funktionärskader und Kernschichten des Parteivolks anzusprechen." Peter sagte unter anderem, dass seine Wahl der Frontgeneration mehr Führungs- und Verantwortungspflichten sowie Rechte als bisher übertragen habe, was aber in keinem Fall eine Kursänderung der Gesinnungsgemeinschaft gegenüber der Vergangenheit bedeuten dürfe:

„Wir lehnen leidenschaftlich alle modischen und zeitbedingten Nachkriegskonzessionen an den Begriff einer ‚österreichischen Nation' ab, mit der man uns zu nie deutsch gewesenen Österreichern stempeln will: Kämpfen wir mit und in der FPÖ um unsere Seelen, um unser Österreich, das nur sein wird, wenn es ein freier deutscher Staat in einem großen vereinten Europa ist."

Im Übrigen rechnete Peter mit der Koalition und ihren schlechten Gewohnheiten ab: Die Aufteilung des gesamtstaatlichen Bereichs in eine Zweiparteiendiktatur habe dem System von vor 1945 kaum etwas vorzuwerfen, sagte er. So etwas Ähnliches hatte schon der liberale Kraus gesagt.

Doch ein kurzer Blick in die Zukunft zeigt: Die allzu national klingende Töne Peters wurden allmählich seltener. Wie Höbelt berichtet, gelangte der neue Obmann bald zu der Überzeugung, dass es nicht genügte, nur die Kernschichten anzusprechen, die Partei brauchte neue Schichten, um Erfolg zu haben:

„Peter hat sehr früh gesagt, wir müssen das Profil erweitern von einer Partei, die ursprünglich sehr traditionalistisch war oder aber auf diesen Bereich der Kriegsgeneration inklusive der Ehemaligen, aber auch der Wehrmachtssoldaten beruht hat, wo das Ablaufdatum erkennbar war, weil diese Leute mit diesen spezifischen Erfahrungen einmal aussterben. Wir müssen das Profil erweitern, um das Überleben dieser Gruppe zu sichern. Und da hat er gesagt, je weiter man nach Westen kommt, umso mehr findet man dafür offene Ohren."

Peter – ein Leben mit zwei Fragen

Friedrich Peter wurde am 13. Juli 1921 in der Eisenbahnerstadt Attnang-Puchheim als Sohn eines sozialdemokratischen Lokomotivführers und der Tochter eines Bäckermeisters geboren. Sein Vater war Mitglied des Republikanischen Schutzbundes, ein Onkel wurde von der Heimwehr erschossen. Nach der Volksschule besuchte er das Bischöfliche Lehrerseminar in Linz. Er legte 1941 die Matura ab und meldete sich, nachdem er den Einberufungsbefehl erhalten hatte, freiwillig zur Waffen-SS. Seine erste Einheit war die 1. SS-Infanteriebrigade, die an der Ostfront Kriegsverbrechen beging. Das Kriegsende erlebte Obersturmführer (Oberleutnant) Peter als Kompanieführer in der SS-Panzerdivision „Das Reich", die auch in der Umgebung von Wien und in Niederösterreich kämpfte.

Nach dem Krieg wurde Peter von den Amerikanern für zehn Monate im Internierungslager Glasenbach bei Salzburg in „automatic arrest" genommen. Nach seiner Entlassung legte er die Lehrbefähigungsprüfung für Volks-, Haupt- und Sonderschulen ab und war anschließend als Lehrer tätig, ehe er im „Grünen Salon" zur Politik stieß.

Man hat Peter sein ganzes politisches Leben, sei es ausdrücklich, sei es unausgesprochen, zwei Dinge gefragt: „Was haben Sie in der berüchtigten Infanteriebrigade getan?", und „Haben Sie, der SS-Mann, sich gewandelt?"

Er konnte sich in seinen Antworten darauf beziehen, dass in den Kriegsarchiven nichts gegen ihn vorliege; und er hat immer wieder und wieder beteuert, er sei geläutert und habe auch versucht, es durch seine Politik zu beweisen.

Viele glaubten ihm – andere nicht. Einige wandten ein, dass sie ihm ja seine Wandlung glauben würden, aber ein ehemaliger SS-Mann müsse ja nicht ausgerechnet – zum Beispiel – Dritter Präsident des Nationalrates werden. Manch andere wiederum zitierten den verbalen Fußtritt, den Otto Scrinzi seinem Parteifreund verpasst hatte: „Hätte mich das Schicksal in eine solche Einheit verschlagen, dann hätte ich mich danach sicher nicht so sehr ins Rampenlicht gestellt, wie es Friedrich Peter getan hat. Ein solchermaßen durch die Umstände Gekennzeichneter belastet seine Umgebung."

Hilmar Kabas, später nicht ganz unumstrittener Wiener FPÖ-Landesparteiobmann, war viele Jahre unter Peter Sekretär im FPÖ-Klub. Von seinem ehemaligen Chef zeichnet er im Gespräch folgendes Bild:

„Peter war von zwei Erziehungssystemen geprägt: Er wurde in der Jugend von den Salesianern erzogen und war dann bei der Waffen-SS, was natürlich an einem Menschen nicht spurlos vorbeigeht, und es ist auch an ihm nicht vorbeigegangen. Er war ein Ordnungsfanatiker und führte seine Arbeiten mit eiserner Disziplin durch."

Zu Beginn hatte Peter noch sicht- und hörbar Militärisches an sich, erzählt Kabas:

„Wie er in den Nationalrat gekommen ist, hat er eine ganz bestimmte Rolle für sich gezimmert. Mit lauter Stimme, fast soldatisch, hat er sein Merksätze verkündet. Irgendwann ist er dann aber davon abgegangen. Da hat er mir einmal gesagt: ‚Weißt, ich habe mir einmal gedacht, das ist ja nicht sympathisch. Vor allem im Fernsehen wirkt das nicht sympathisch.' Er war einer, der immer an sich gearbeitet hat. Weg von diesem Soldatischen, hin zu einer weicheren Sprache, weicheren Stimme. Ganz kann man es natürlich nicht wegbringen, wenn man so strukturiert ist. […] Er hat schon manchmal von seinen Kriegseinsätzen erzählt, vor allem vom Schluss, als er bei Bisamberg eine Stellung hat halten müssen. Mir hat das immer den Eindruck gemacht, dass ihn das noch prägt. Aber glauben Sie mir, das System hat er überwunden gehabt, er war ein überzeugter Gegner jeder Diktatur."

Zwischen den Großkoalitionären

Die bundesweiten Wahlen 1956 (Nationalrat) und 1957 (Bundespräsidentenwahlen) waren für die FPÖ alles andere denn rauschende Erfolge gewesen, bei einigen Regionalwahlen war es jedoch etwas besser gelaufen. Bei den abermals vorgezogenen Neuwahlen in den Nationalrat am 10. Mai 1959 hatte die Freiheitliche Partei Grund zu jubeln: Sie bekam über 336 000 Stimmen (7,7 Prozent) und acht Mandate, gewann also im Vergleich zu 1956 1,2 Prozent bzw. zwei Mandate dazu. Sieger der Wahl war die SPÖ, die aber die Tücken des Wahlrechtes zu spüren bekam: Sie hatte fast 26 000 Stimmen mehr als die ÖVP (üblicherweise der Preis für ein Mandat), aber dennoch um ein Mandat weniger. Wie es 1962 auf einem berühmt gewordenen ÖVP-Wahlplakat, über das die FPÖ schwer verärgert war, hieß, stand es 79:78 – „ein Mandat mehr und die rote Mehrheit beginnt". Die Kommunisten flogen übrigens aus dem Nationalrat.

Obwohl die Wahlen um ein Jahr vorgezogen worden waren, war die FPÖ diesmal gut vorbereitet. Sie klebte ein Plakat, das bei keiner Ausstellung und in keinem Buch über Wahlplakate fehlt: Im Vordergrund ein schwarzer und roter Kater, die sich mordsmäßig in der Wolle haben, im Hintergrund haben sie sich aber ganz lieb. Die Leute verstanden schon: Vor den Wahlen täuscht man Streit vor, nach der Wahl wird gepackelt. Die Auswirkungen der Wahlen waren eher unerheblich, wenn man davon absieht, dass Bruno Kreisky zum Außenminister bestellt wurde. Er sollte schon in dieser Funktion beginnen, zarte Bande zu den Freiheitlichen zu knüpfen. Und: Die Partei des Dritten Lagers war nicht mehr die vierte Partei, sie wurde zur dritten Partei, weil die Kommunisten aus dem Nationalrat flogen.

Stendebach und Pfeifer waren aus dem Haus ausgeschieden, aber was nachkam, war mehr als nur ein schwacher Ersatz: Neben dem bereits bekannten Emil van Tongel trat der Tiroler Klaus Mahnert (1913–2005) die politische Nachfolge an.

Mahnert war der NSDAP 1931 beigetreten, saß in der Zeit des Austrofaschismus elf Monate in Haft, ging dann (legal) nach Deutschland und bekleidete nach dem Anschluss hohe NS-Positionen. So war er Kreisleiter in Imst und Dornbirn gewesen. Im Jahr 1948 verurteilte ihn ein Volksgerichtshof zu elf Jahren Kerker, obwohl ihm das Urteil ausdrücklich bescheinigte, dass er sich als Kreisleiter „wohlverhalten" habe. Mahnert war ein klares Signal an die nationalen Kreise, er bemühte sich aber um eine zeitgemäße Auslegung nationaler Politik.

Während die FPÖ in den Ländern eine teilweise maßgebliche Rolle spielte, war ihr unmittelbarer Einfluss in der Bundespolitik vernachlässigbar, weil die Großparteien den Zweierproporz zu ihrem minderheitenfeindlichen Herrschaftsknüppel gemacht hatten. Allenfalls waren die Freiheitlichen eine Rute im Fenster, denn so ganz zufrieden waren die ÖVP und SPÖ in ihrer unangefochtenen Zweisamkeit nicht und immer öfter war der Ausdruck „koalitionsfreier Raum" zu hören, in dem man dem Koalitionspartner ungestraft untreu werden durfte.

Ende der 50er Jahre versuchte Raab, die FPÖ ins Separee zu locken. Die ÖVP hatte alle Hände voll zu tun, um den Schaden aus politischen Korruptionsfällen in ihrer Reichshälfte zu begrenzen. Ein Mann wurde geradezu zur Symbolfiguren solcher Gaunereien: Johann Haselgruber, Schrotthändler, Stahlwerksbesitzer und

Bankrotteur aus dem idyllischen St. Andrä-Wördern bei Tulln. Er hatte der ÖVP eine Parteispende in Höhe von 23 Millionen Schilling zugesteckt. Ein gefundenes Fressen für die Sozialisten, die damals noch die Moralapostel der Politik waren. Da traf es sich gut, dass der Rechnungshof bei der Prüfung der (roten) VÖEST belastendes Material über illegale Provisionszahlungen gefunden hatte. Raab blies zu einer Kampagne gegen Generaldirektor Walter Hitzinger und wollte Kandutsch, den Obmann des parlamentarischen Rechnungshofausschusses, zur Unterstützung gewinnen. Das Belastungsmaterial reichte aber nicht aus. Nun nahm die ÖVP den Rechnungshof ins Visier und wollte den Rücktritt des Rechnungshofpräsidenten Hans Frenzel (SPÖ) erzwingen, der übrigens seinerzeit Anton Reinthaller ein gutes Zeugnis ausgestellt hatte. Kandutsch wies Raabs Ansinnen zurück. Er kritisierte zwar die Unregelmäßigkeiten, pries aber gleichzeitig die Leistungen Hitzingers, der später Chef von Mercedes-Benz wurde. Die Botschaft dieser Episode war klar: „Die FPÖ ist kein Anhängsel der ÖVP." Im Gegenteil: Die Blauen zürnten den Schwarzen, weil diese ihr Versprechen einer Wahlrechtsreform nach den Denk-Wahlen nicht eingelöst hatten.

Die Sozialisten waren cleverer: SPÖ (Pittermann) und FPÖ (van Tongel) schlossen unter höchster Geheimhaltung eine Vereinbarung über eine Reform des Wiener Wahlrechts. Für die FPÖ zahlte sich die Reform aus, sie kehrte bei den Gemeinderatswahlen im Herbst 1959 mit vier Mandaten wieder in den Gemeinderat zurück. Ihre Gegenleistung an die Sozialisten war bescheiden: Sie versprach nur, in Wien auf jede Wahlgemeinschaft mit der ÖVP zu verzichten.

Wenn Pittermann Fäden zur FPÖ spann, schmiedete sein Nachfolger in spe, Bruno Kreisky, eine Achse zu Gustav Zeillinger, der sich schon in der Salzburger Kommunalpolitik als Ansprechpartner für die Sozialisten erwiesen hatte. Er nahm als Außenminister neben Vertretern der ÖVP auch Gustav Zeillinger zu den Südtirolverhandlungen bei der UNO nach New York mit, wo die beiden über Monate in ständigem Kontakt standen.

Kreisky lud zu seinen Auslandsreisen immer Vertreter der Opposition ein. Die ÖVP weigerte sich alsbald, aber auch Peter hatte einmal Bedenken. Peter erinnert sich:

„Anfang 1976 [Anm. d. Autors: im Oktober 1975 war Simon Wiesenthal mit seinen „Enthüllungen" an die Öffentlichkeit getreten] rief er [Kreisky] mich an und sagte: ,Ich mache demnächst einen Staatsbesuch in der Tschechoslowakei. Ich lade Sie ein, fahren Sie mit.' Darauf antwortete ich: ,Herr Bundeskanzler, in dieser Situation wollen Sie mich mitnehmen?' Er erwiderte: ,Na, Herr Kollege, über eines müssen Sie sich im Klaren sein, entweder Sie fahren mit, oder Sie sind politisch tot.'"

Zurück ins Jahr 1959: Im September wurde bei einer Klausurtagung der FPÖ in Obertrum bei Salzburg das Thema der Kontakte zu den anderen Parteien erstmals im Führungskreis offen angesprochen. Peter warnte davor, beim „Beschreiten taktischer Wege die Gefühle des Gesinnungsanhanges zu verletzen" – eine Warnung, die zu beachten den Parteiführungen während der Regierungsbeteiligungen der FPÖ gut angestanden wäre. Die FPÖ werde jedoch, sagte Peter, den Kontakt mit den anderen Parteien ausbauen. Dies dürfe man jedoch nicht an die große Glocke hängen.

Am 3. Februar 1960 übergab Julius Raab die Funktion des Bundesparteiobmannes der ÖVP an den steirischen „Reformer" Alfons Gorbach, der Raab am 11. April 1961 auch als Regierungschef ablöste. Raab hatte, krank und ausgelaugt wie er war, keine Kraft mehr, die Agonie der Großen Koalition zu überwinden. Gorbach kannte das Heilmittel: den koalitionsfreien Raum.

Um in einem koalitionsfreien Raum freie Mehrheitsentscheidungen herbeizuführen, braucht man eine Mehrheit – und die konnte der ÖVP nur die FPÖ beschaffen. Die Freiheitlichen, von Raab wiederholt enttäuscht, waren zwar auch diesmal skeptisch, aber Gorbach eilte der Ruf eines robusten „Steirerbuam" voraus, und auch Landeshauptmann Josef Krainer senior, unterstützt von einer Gruppe Industrieller, war den Blauen vertrauenswürdig.

So trafen einander Ende Juli 1962 im Hotel „Erzherzog Johann" in Graz Gorbach, Krainer, Landesparteisekretär Wegart (später Rainer) von der Volkspartei und Peter, Oberst a. D. Götz, der frühere VdU-Landesrat Stephan und Alexander Götz junior von der FPÖ.

Die Gespräche verliefen vielversprechend (mit Leuten von der Steirischen Volkspartei zu reden, ist immer ein Vergnügen) und es wurde vereinbart, nach den Wahlen im Herbst wieder zusammenzukommen und die Große Koalition durch eine andere Regierungsform zu ersetzen. Und selbstverständlich nahm Gorbach nach den Wahlen am 18. November ungehend Kontakt mit den Freiheitlichen auf, um ihnen mitzuteilen, dass die ÖVP die Grazer Vereinbarungen nicht einhalten, sondern mit der SPÖ „auf Grundlage der Wiederherstellung der bisherigen Koalition verhandeln werde".

Oberst a. D. Götz, ein Mann, dem ein Wort unter Männern noch etwas galt, war fassungslos:

„Gorbach hat den Auftrag, eine Regierung nichtsozialistischer Kräfte zu bilden, übernommen und hat es gemacht wie alle Jahre vorher. Es war einfach wie weggelöscht, es war weg, es war gar nichts. Ich habe mündliche und schriftliche Zusagen bekommen, von Gorbach und ehrenwörtlich. Gehalten wurde keine, gar keine."

Jetzt war die ÖVP bei der FPÖ endgültig unten durch. Auf Bundesebene redeten erst 1979 Götz und Taus wieder miteinander.

„Schatten über Österreich" – Olah und die FPÖ

Die ÖVP hatte es sich also mit der FPÖ verscherzt, nicht aber die SPÖ – im Gegenteil. In der Geschichte des Dritten Lagers zeichnete sich der nächste Krimi ab: Die Freiheitlichen sonnten sich in der Gunst eines Mannes, der bald „Schatten über Österreich" werfen sollte: Franz Olah.

Olah (geboren 1910) war gelernter Klaviermacher und stieß schon bald zur SPÖ. In der Zeit des Austrofaschismus verbüßte er mehrere politische Freiheitsstrafen. Nach dem Anschluss wurde er von der Gestapo verhaftet und überlebte die KZs Dachau und Buchenwald. Nach der Befreiung war er zunächst im Wiener Gemeinderat und als Vorsitzender der Gewerkschaft der Bau- und Holzarbeiter tätig. Mit seinen Arbeitern war er im Herbst 1950 an der Niederschlagung eines Putschversuches der Kommunisten beteiligt. Er hatte Kontakte zum amerikanischen Geheimdienst, deren Ausmaß nie geklärt wurde. Von 1959 bis 1963 war Olah Präsident des ÖGB und finanzierte 1959 den Start der „Kronenzeitung" und später auch den des „Express" mit Gewerkschaftsgeldern. Im Jahr 1969 wurde Franz Olah wegen Veruntreuung zu einer einjährigen Haftstrafe verurteilt. 1963 wurde er Innenminister, aber schon 1964 gewannen seine Gegner in der SPÖ (sein Erzfeind war Justizminister Christian Broda) die Oberhand und er wurde aus der Partei ausgeschlossen. Der Ausschluss stürzte die SPÖ in eine tiefe Krise und zwei Jahre später gewann die ÖVP die absolute Mehrheit.

Peter hat seine Rolle bei diesen Transaktionen Hannes Androsch in einem langen Gespräch geschildert, aus dessen Protokoll auch Liselotte Palme in ihrer Androsch-Biographie zitiert.

Es wurde schon erwähnt, dass die Industriellenvereinigung dem Dritten Lager wohl gesonnen war und in der Zweiten Republik VdU und FPÖ finanziell unterstützt hat. Das war 1962 nicht anders, als die Industrie den Blauen sechs Millionen Schilling für den Wahlkampf versprach:

„Fünf Millionen sind schon bezahlt worden, dann ist plötzlich etwas passiert. Willfried Gredler hat mit seiner Rede über die ‚Kommerzkommunisten' die Industriellenvereinigung verärgert, worauf mich Präsident Mayer-Gunthof auf den Schwarzenbergplatz bestellt und mir erklärt hat: ‚Die sechste Million ist gestrichen.' Nun waren aber schon alle sechs Millionen bei uns für den Wahlkampf verplant und die Aufträge erteilt. [...] Nach schlaflosen Nächten bin ich dann auf die

Idee gekommen, einfach den Kontakt zu Olah zu suchen. Olah hat gesagt, er müsse darüber nachdenken. Nach gar nicht langer Zeit hab' ich von ihm gehört, und er hat mir zwei Sparkassenbücher mit je 500 000 Schilling übergeben. Sie lauteten auf die Losungswörter ‚Edelweiß' und ‚Enzian'. Ich habe die zwei Sparbücher weder mit einer echten noch mit einer falschen Unterschrift übernommen, sondern mit gar keiner. Nur mit dem Hinweis Franz Olahs: ‚Verwenden Sie dieses Geld zum Wohle und zum Nutzen der Demokratie.' Und ich habe gesagt: ‚Darunter verstehe ich, sie für die Arbeit einer demokratischen Oppositionspartei zu verwenden.'"

Nach der Übergabe des Geldes durch Olah sei zunächst einmal nichts geschehen, aber dann: „Als dann nach den Wahlen die Regierung längst gebildet war, fuhr ich einmal nach Berlin. wo mich mein damaliger Pressereferent eines Nachts anrief und mir mitteilte, an der Journalistenbörse werde gehandelt, ich hätte von Olah eine Million Schilling bekommen. Ich wollte mich mit Pittermann abstimmen. Ich war der Meinung: ‚Einbekennen!', aber Pittermann hat mich auf die Linie einzementiert: ‚Im Gegenteil, nichts einbekennen, sondern dementieren!' Und da ich zu dieser Zeit noch verhältnismäßig jung und unerfahren war. bin ich ihm auf den Leim gegangen und habe fälschlicherweise dementiert."

Dass Peter mit Pittermann reden wollte, hatte einen triftigen Grund: Die FPÖ erhielt nämlich auch von der SPÖ direkt Geld. In dem Gesprächsprotokoll ist von einer Million Schilling die Rede, die laut Androsch 1963 und 1964 aus dem Pressefonds der SPÖ gekommen sei.

Androsch fragte in einem späteren Gespräch mit Peter bezüglich der Verhandlungen der FPÖ mit der SPÖ nach: „Du sagst van Tongel. Wieso assoziiere ich da den Gustav Zeillinger?", worauf Peter erklärte:

„Das war wieder ein anderer Kanal, über den etwas von euch zu uns geflossen ist, und zwar war das der niederösterreichische Kanal. Dort trat eurerseits der spätere – oder aus heutiger Sicht: ehemalige – Innenminister Rösch auf, und von unserer Seite war es Zeillinger, der die Empfangsbestätigungen für diverse Einzelbeträge mit ‚Niedermüller' signiert hat. Nur waren das kleinere Beträge, so zwischen 100 000 bis 300 000 Schilling."

Laut Franz Olah floss aber ungleich mehr Geld für die FPÖ aus der SPÖ-Kasse als die oben erwähnte Million aus dem Pressefonds. Auch gewerkschaftliche Gelder muss es für die FPÖ schon vor der Transaktion zwischen Olah und Peter gegeben haben, denn Zeillinger hatte Olah gleichfalls schon einen Besuch abgestattet, um Geld für die Arbeiterkammerwahlen aufzutreiben. Er erhielt es als Ausgleich für nicht gewährte Fraktionszuschüsse zur Finanzierung des Arbeiterkammerwahl-kampfes im Oktober 1959. Olah in seinen „Erinnerungen": „Gustav Zeillinger suchte mich damals ganz offiziell in seiner Eigenschaft als Bundessozialreferent der FPÖ auf, und ich übergab ihm einen Betrag in der Höhe von 150 000 Schilling."

Zu dem bereits von Peter geschilderten Gespräch schreibt Olah selbst:

„Ich war sicher, daß wir die kommenden Wahlen verlieren würden. Also sagte ich zu Peter: ‚Wenn die FPÖ sich neutral verhält, kann sie mit einer finanziellen Hilfe von uns rechnen.' Einige Wochen später übergab ich ihm zwei Sparbücher mit ei-nem Gesamtbetrag von einer Million Schilling und sagte zu ihm: ‚Das ist kein Kauf-preis, wir wollen keine Satelliten, sondern Partner, die keinem Zwang unterliegen.' Aber ich fügte noch etwas hinzu: ‚Sollte die ÖVP der FPÖ ein Koalitionsangebot ma-chen wie wir hörten – mit zwei Ministerposten –, dann sind wir bereit, in dieses An-gebot einzusteigen – mit drei Ministern.' Daß wir diese Spende nicht gerade an die große Glocke gehängt haben, versteht sich wohl von selbst – nur Pittermann hat spä-ter gegen dieses Gebot verstoßen. Pittermann wurde von mir darüber informiert, daß ich der FPÖ aus einem finanziellen Engpaß geholfen hatte. Kreisky und [Anm. d. Autors: Felix] Slavik gegenüber war ich noch deutlicher. Richtig ist aber, daß ich niemandem gegenüber eine genaue Darstellung gegeben habe. Es fragte aber auch niemand, sie waren alle zufrieden, daß wir den Rücken frei hatten, niemand wollte mehr wissen – schon gar nicht, woher ich das Geld nahm!"

Peter hielt sich an den Rat Pittermanns und leugnete, dass die FPÖ von der Ge-werkschaft (oder der SPÖ) Geld erhalten habe. Die Geschichte kam zwei Jahre spä-ter – ausgerechnet durch Olah selbst – ans Licht: Nach seinem Ausschluss aus der SPÖ machte Olah Anfang November 1964 in einer Pressekonferenz die Transak-tionen öffentlich. Die Erklärung schlug in der FPÖ wie ein Blitz ein: Der Partei-vorstand setzte umgehend einen Untersuchungsausschuss ein, der die Verwendung der Gelder zu prüfen hatte. Ein Antrag, Peter abzuwählen, wurde abgelehnt. Es gab weit und breit keinen geeigneten Kandidaten: Götz junior, der von Mahnert vorge-schlagen worden war, wollte schon damals nicht. Die Finanzprüfung stärkte die Position Peters und van Tongels wieder. Es wurde festgestellt, dass Spenden und Zuwendungen „stets ohne jedwede Auflage und Bedingung entgegengenommen und ordnungsgemäß verbucht worden seien".

Bei den vielfältigen und vielschichtigen Kontakten zwischen SPÖ und FPÖ ging es aber nicht nur ums Geld, sondern – vor allem auf Seiten der Sozialisten – um po-litische Strategie, wie sie Hannes Androsch im Herbst 2006 bei der Präsentation von Beppo Mauharts Buch „Ein Stück des Weges gemeinsam" beschreibt: „Die Parteiführung der SPÖ war sich von 1945 bis 1986 bei allen sonstigen Meinungsverschiedenheiten und Gegensätzen einig, um alles zu tun, um nie wieder einen Bürgerblock beziehungsweise eine Mehrheit weit rechts der Mitte entstehen zu lassen."

Am 18. November 1962 musste vorzeitig ein neuer Nationalrat gewählt werden, weil sich die Parteien nicht über das Budget hatten einigen können. Die ÖVP besserte ihre Schlappe von 1959 aus und gewann zwei Mandate. Die SPÖ verlor zwei (78) und die FPÖ konnte ihre acht Mandate halten, hatte aber 22 215 Stimmen oder 0,7 Prozent verloren.

Der Slogan der ÖVP, der den Wählern damals offenbar noch unter die Haut gegangen war, hatte gelautet: „Es steht 79:78, ein Mandat mehr und die rote Mehrheit beginnt." Die FPÖ war fuchsteufelswild, denn sie ahnte, dass ihnen der „faule Zahlenzauber", wie sie ihn nannten, gefährlich werden könnte. Sie konterten mit dem Argument, dass es nicht 79:78 im Kampf gegen die Roten stünde, sondern 87:79. Das war ein gefährlicher Einwand, denn die Freiheitlichen erweckten damit den Eindruck, ein Hilfstrupp für die Schwarzen zu sein. Es war, wie Piringer schreibt, „ein Gewissensopfer", denn die FPÖ achtete sehr auf ihr Eigenständigkeitsprinzip – jedenfalls auf dem politischen Marktplatz (unter der Decke sah es manchmal ja ganz anders aus).

Die FPÖ hatte ihr Wahlprogramm unter die Devise „Mehr Österreich, weniger Proporz" gestellt. Als wollten sie der Kleinen etwas zu Fleiß tun, trieben die Großen die Kunst der Packelei in dunkelste Höhen, obwohl Gorbach versprochen hatte, es werde keinen Koalitionspakt geben, sondern ein „Arbeitsübereinkommen". Es wurde wirklich alles bis ins kleinste Detail geregelt, auch wenn man nicht wusste, ob es zum Zeitpunkt des Inkrafttretens überhaupt noch sinnvoll sein würde.

Die Wahl von 1962 war – im Nachhinein betrachtet – eine historisch bedeutsame Wahl: Damals ahnte noch niemand, dass sie für fast ein Vierteljahrhundert die letzte Wahl sein würde, an deren Ende eine Große Koalition stand.

Die Habsburg-Krise

Der Prüfungsausschuss, der die finanziellen Transaktionen zwischen der SPÖ bzw. den Gewerkschaften einerseits und der FPÖ andererseits geprüft hatte, hatte in seinem Bericht festgestellt, dass die Spenden und Zuwendungen „stets ohne jedwede Auflage und Bedingung entgegengenommen" worden seien.

Man wird sich erinnern, dass Olah das Geld allerdings nicht ganz „ohne jedwede Auflage" hergegeben hatte; er hatte die finanzielle Hilfe an die Bedingung geknüpft, dass sich die FPÖ neutral verhielt. Anfang der 60er Jahre, als die Große Koalition in die bisher größte Krise ihrer Geschichte geriet, waren die Freiheitlichen mehr als neutral; in der Habsburg-Krise standen sie aufseiten der Sozialisten.

Das Habsburger-Gesetz aus dem Jahre 1919 bestimmte, dass alle Mitglieder des Hauses Habsburg, die nicht auf ihre Herrschaftsansprüche verzichteten und sich als Bürger der Republik Österreich bekannten, des Landes verwiesen werden würden. Anfang der 60er Jahre wollte Dr. Otto Habsburg-Lothringen, Sohn von Karl I., des letzten österreichischen Kaisers, in seine Heimat zurückkehren. Am 31. Mai 1961 gab er die Erklärung ab, dass er auf seine „Mitgliedschaft zum Hause Habsburg-Lothringen und auf alle aus ihr gefolgerten Herrschaftsansprüche ausdrücklich verzichte und sich als getreuer Staatsbürger der Republik bekenne". Gleichzeitig ersuchte er die Regierung, im Einvernehmen mit dem Hauptausschuss des Nationalrats festzustellen, dass diese Erklärung als „ausreichend anzusehen" sei.

Die Erklärung wurde am 5. Juni 1961 durch Habsburgs Anwalt Bundeskanzler Gorbach übergeben und in den beiden darauffolgenden Ministerräten am 13. und 21. Juni behandelt. Es konnte jedoch keine Einigung erzielt werden, die einen einstimmigen Ministerratsbeschluss möglich gemacht hätte. Das Protokoll der Sitzung wurde einige Tage später durch den Zusatz ergänzt, dass somit der Antrag als abgelehnt gelte. Doch dies wurde weder an den Hauptausschuss weitergeleitet noch wurde Otto Habsburg formell verständigt, der daraufhin den Verfassungsgerichtshof anrief, der sich am 16. Dezember 1961 jedoch für unzuständig erklärte. Das Höchstgericht begründete seine Haltung damit, dass kein Bescheid vorliege und dass die Regierung das Einvernehmen mit dem Hauptausschuss suchen müsse. Die Mitglieder des Hauptausschusses seien jedoch kein Verwaltungsorgan, sondern gewählte Abgeordneten, die über das verfassungsrechtlich garantierte freie Mandat verfügten, weshalb der Verfassungsgerichtshof keine Kompetenz in diesem Fall habe.

Habsburg wandte sich mit einer Säumnisbeschwerde am 6. Februar 1962 an den Verwaltungsgerichtshof, der die Regierung aufforderte, aktiv zu werden: entweder eine Stellungnahme zu verfassen oder eine Entscheidung zu fällen. Die Regierung tat weder das eine noch das andere. Dafür handelte der Verwaltungsgerichtshof: Er stellte am 24. Mai 1963 fest, dass die Loyalitätserklärung ausreichend und die Landesverweisung von Dr. Otto Habsburg-Lothringen aufzuheben sei.

Daraufhin war, man kann es kaum anders ausdrücken, der Teufel los. Wer glaubt, Jörg Haider habe sich in seinem Konflikt mit Adamovich und Korinek gegenüber einem Höchstgericht ungebührlich verhalten, sollte nachlesen, was Christian Broda in der Nationalratsitzung am 5. Juni 1963 dem Verwaltungsgerichtshof vorwarf: Er sprach von einer „Staatstreichtheorie durch Juristen, auch im Richtertalar, wie schon einmal in der ersten Republik".

Für die FPÖ hatte keines der beiden Höchstgerichte Recht. Gredler stellte in seiner Rede, die ein wenig von der unerhört komplizierten Materie ahnen ließ, fest:

„Auch wenn die Entscheidung des Verfassungsgerichtshofs, sich für nicht zuständig zu erklären, […] in Fachkreisen Erstaunen ausgelöst habe, so ist diese aber im entscheidenden Teil richtiger gewesen als der Spruch des Verwaltungsgerichtshofs. Zum Unterschied von diesem hat nämlich der Verfassungsgerichtshof die Rolle des Hauptausschusses als Teil einer gesetzgebenden Körperschaft, der vom Verfassungsgerichtshof nicht kontrolliert werden kann, klar herausgestellt. Der schwere und zu rügende Mangel des Erkenntnisses des Verwaltungsgerichtshofs liegt dem gegenüber im Übergehen des Parlaments und seines Hauptausschusses."

SPÖ und FPÖ einigten sich auf einen Entschließungsantrag, der von Gredler (die Sozialisten hatten ihm den Vortritt gelassen) eingebracht wurde. Der Antrag verlangte von der Bundesregierung, dem Parlament einen Gesetzentwurf vorzulegen, um einander widersprechende Entscheidungen der Höchstgerichte künftig zu vermeiden. Darüber hinaus wurde eine authentische Auslegung des Habsburgergesetzes verlangt. Dieser Entschließungsantrag wurde von FPÖ und SPÖ mehrheitlich angenommen und brachte so die erste Entscheidung im koalitionsfreien Raum – die ÖVP war vor der Tür geblieben.

In Befolgung des Entschließungsantrages legte die Bundesregierung ein Verfassungsgesetz vor, in dem der Umgang mit Verzichtserklärungen so festgelegt wurde: „Die Festsetzung, ob diese Erklärung als ausreichend zu erkennen ist, steht der Bundesregierung im Einvernehmen mit dem Hauptausschuss des Nationalrates zu." Die Vorlage wurde am 4. Juli 1963 einstimmig angenommen. Trotzdem wollten Sozialisten und Freiheitliche Otto Habsburg die Einreise nicht gestatten. Nach einer wütenden Debatte („Provokateur", „größenwahnsinniger Jurist" und „Faschist") wurde eine weitere Entschließung eingebracht und angenommen:

„Die Bundesregierung wird beauftragt, in Würdigung der Tatsache, daß […] eine Rückkehr von Dr. Otto Habsburg-Lothringen nach Österreich nicht erwünscht ist, weil sie ohne Zweifel mit schwerwiegenden Konsequenzen für die Republik Österreich verbunden wäre und wegen der Gefahr daraus entstehender politischer Auseinandersetzungen auch zu wirtschaftlichen Rückschlägen führen würde, dieser Feststellung als Willenskundgebung der österreichischen Volksvertretung in geeigneter Weise zu entsprechen."

Das war nichts anderes als der erpresserische Versuch von SPÖ und FPÖ, die Bundesregierung mit politischen Drohungen an der Aufrechterhaltung der Rechtsordnung zu hindern. Die ÖVP musste klein beigeben. Innenminister Olah und Außenminister Kreisky gaben Weisung, Habsburg, der einen spanischen Diplomatenpass hatte, keinen Reisepass auszustellen. Habsburg versicherte dann Bundeskanzler Josef Klaus, der Ende Februar 1964 die Nachfolge Gorbachs angetreten hatte, er werde bis zum Ende der Legislaturperiode „von seinem Recht auf Einreise keinen Gebrauch machen". Am 1. Juni 1966 stellte die ÖVP-Alleinregierung Habsburg den umstrittenen Reisepass aus. Wiederum kam es zu hitzigen politischen Debatten und die Sozialisten brachten erneut Anträge ein, um die Einreise zu verhindern. Die Anträge wurden abgelehnt – diesmal von ÖVP und FPÖ. Am 31. Oktober 1966 reiste Habsburg zum ersten Mal nach Österreich ein. Es kam zu Streiks und Unruhen, weshalb Habsburg in der nächsten Zeit zwar gelegentlich kleinere Vorstöße unternahm, aber alles unterließ, was Aufsehen hätte erregen können. Im Laufe der Zeit gewöhnte man sich aber an den Kaisersohn.

Die Habsburg-Krise hatte zwar mit einer Niederlage der ÖVP geendet, aber auch für SPÖ und FPÖ sollten die Gewitterwolken nicht ausbleiben. In der FPÖ herrschte zunächst noch pure Seligkeit. Zum ersten Mal seit 1945 war das Dritte Lager wiederum im politischen Spiel. Das gemeinsame Vorgehen mit der SPÖ war planmäßig vorbereitet worden, wie Piringer schreibt:

„Kontakte mit der SPÖ bestanden bereits während der so überaus langwierigen Regierungsverhandlungen, die sich nach der Nationalratswahl 1962 bis ins Frühjahr 1963 hingezogen hatten. Durch die SP-Führungsspitze wurde Peter ständig bis in alle Details auf dem laufenden gehalten: Umso leichter wurde jetzt zwischen den beiden Parteien Übereinstimmung über das Vorgehen in der Habsburgfrage erzielt."

Olah schreibt in seiner „Persönlichen Verteidigungsschrift" für seinen Prozess im Jahr 1969:

„Im späten Frühjahr 1963 wurde im Zuge der Auseinandersetzungen um die Habsburgfrage ein Kontaktkomitee mit der FPÖ gebildet, dessen Mitglieder von der Parteiexekutive bestellt wurden. Auf Vorschlag Dr. Pittermanns wurde ich in dieses Komitee entsendet. [...] Ich sollte jetzt gegenüber der FPÖ jene Rolle übernehmen, die früher [Anm. d. Autors: Oskar] Helmer im Verhältnis zum VdU zugefallen war. [...] Eine Zeitlang setzte geradezu ein Wettlauf um die Freiheitlichen ein. Kreisky z. B. versucht durch ein Interview mit ‚Ma'ariv' sogar, das Image der FPÖ in Israel aufzumöbeln."

Die Kontakte fanden im legendären GÖC-Weinkeller des Konsums statt. Die Freiheitlichen sprachen in ihrem Begeisterungstaumel über den rot-blauen Habsburg-Husarenstreich sogar davon, dass die Große Koalition vor ihrem Ende stehe. Piringer beschreibt die Stimmung so:

„In den Sitzungen des Bundesparteivorstandes und der Bundesparteileitung am 19. und 20. Juni 1963 – also bereits nach der ersten Habsburg-Sitzung des Nationalrates – herrschte jedenfalls geradezu euphorische Zuversicht: Peter berichtete eingangs über die seit der Parteigründung unternommenen Versuche, mit der ÖVP ins Gespräch zu kommen. Sie hätten wie bei der Bundespräsidentenwahl 1957 oder 1962 bei den Verhandlungen mit Gorbach zu keinen greifbaren Ergebnissen geführt. Kontakte mit der SPÖ hätten hingegen den Freiheitlichen z. B. die Einführung der Fünfprozentklausel in Wien und damit den Wiedereinzug in den Gemeinderat gebracht. In den seit der Habsburg-Krise verstärkten Kontakten zwischen Freiheitlichen und Sozialisten hätten die Sozialisten – ohne irgendwelche Gegenleistungen zu verlangen – die von den Freiheitlichen stets geforderte Wahlrechtsreform zugesagt."

Peters Ansichten fanden breite Zustimmung, so auch bei Salzburgs Landesrat Walter Leitner: „Bei der ÖVP wird man immer wieder verkauft. Wir könnten in Schönheit vor lauter Grundsätzen verhungern, vielleicht kriegen wir noch einen Kranz dazu. In der Causa Habsburg geht es nicht um Recht, sondern um Politik."

Der Tiroler Landtagsabgeordnete Mader brachte es schließlich auf den Punkt: „Die ÖVP will uns fressen, die SPÖ nicht."

Sogar Abgeordnete, die in der Sache Habsburg Bedenken gehabt hatten, unterstützten das taktische Verhalten der Partei. Gredler sprach von einer „ungeheuren inneren Bürde, ein Ausnahmegesetz vertreten zu müssen, das er für rechtswidrig halte"; dennoch sei es richtig gewesen, wie der Bundesparteiobmann und das Verhandlungskomitee sich verhalten hätten. Am Ende der Sitzung wurde folgender Beschluss verabschiedet:

„Der Bundesparteivorstand ermächtigt den Bundesparteiobmann, im Einvernehmen mit dem Abgeordnetenklub der Partei politische Verhandlungen mit dem Ziel einer Beendigung des gegenwärtigen Koalitionssystems und einer Beteiligung der FPÖ an einer neuen Bundesregierung zu führen, wobei allein die Durchsetzung eines Maximums freiheitlicher Forderungen und Ziele entscheidend sein muß."

Das bittere Erwachen sollte jedoch nicht lange auf sich warten lassen: Die Einreisesperre für Habsburg, die durch die Entschließung vom 4. Juli ausgesprochen worden war, begann allmählich die Partei zu spalten. Die Skeptiker um Gredler wurden immer mehr.

Auch in der SPÖ herrschte kein ungetrübter Sonnenschein, obwohl man mit dem parlamentarischen Bubenstreich die ÖVP schwer gedemütigt hatte. Die Strategie der Parteiführung, die FPÖ nicht zu sehr in die Nähe der ÖVP rücken zu lassen, um den gefürchteten Bürgerblock zu verhindern, fand in der zweiten und dritten Ebene nicht unbedingt Zustimmung. Aber auch ganz oben gab es ein Widerstandsnest: Die Gewerkschaften, für die die Zusammenarbeit mit der ÖVP im Sinne der Sozialpartnerschaft immer Vorrang hatte. Für viele Sozialisten war die FPÖ eine „Galgenpartei" oder die „Eichmann-Partei". Trotz aller Bedenken blieb für die SPÖ die „Peter-Partei" aber eine Karte im strategischen Spiel. Klubobmann Gredler wurde über Antrag der SPÖ zum Leiter der ständigen Vertretung Österreichs beim Europarat in Straßburg ernannt. Das schien die selbstverständliche, verdiente Anerkennung seiner Fähigkeiten zu sein, aber die Insider wussten es besser: Gredler war ein Gegner der Kooperation mit der SPÖ und deshalb nach Ansicht von Pittermann und Kreisky im Elsass besser aufgehoben als im Hohen Haus am Ring. Nachfolger Gredlers als Klubchef wurde Kandutsch, der aber schon ein halbes Jahr später zum Präsidenten des Rechnungshofes gewählt wurde. Eine plausible Wahl, aber wiederum fanden manche rechts orientierte Freiheitliche ein rotes Haar in der blauen Suppe. Der Posten war bisher mit dem Sozialisten Hans Frenzel besetzt gewesen, die SPÖ gab also ihren Anspruch zugunsten des freiheitlichen Kandutsch auf. Niemand zweifelte daran, dass die SPÖ zum gegebenen Zeitpunkt Gegenleistungen erwarten würde.

Das Jahr 1964 war innenpolitisch sowohl von Hoffnung als auch Enttäuschung geprägt. Die ÖVP strotzte vor Energie, denn die Übernahme des Bundeskanzleramtes durch Josef Klaus weckte große Hoffnungen. Die Stimmung in der SPÖ war, vor allem aufgrund der Olah-Krise, recht gedrückt. In der FPÖ hingegen erlebte man ein Wechselbad der Gefühle, obwohl dem steirischen Landtagsabgeordneten Friedrich Huber schon der „mordende Geruch des Linksdralles" in die Nase stieg.

Das Jahr hatte eher betrüblich begonnen, als Peter am 1. Februar in der Parteileitung feststellen musste, dass die Große Koalition noch immer bestand, obwohl sie doch nach Überzeugung der FPÖ schon längst hätte scheitern müssen: „Wir müssen ehrlich zu geben, daß wir mit einem Bruch der Koalition wirklich rechneten. Jetzt wissen wir, daß wir für die einen wie für die anderen nur Mittel zum Zweck sind."

Immerhin konnte er dem Gremium mitteilen, dass es Gespräche mit dem neuen Bundesparteiobmann Klaus gegeben habe und zehn Arbeitskreise eingerichtet worden seien. Diese Botschaft reichte den Kritikern des Linkskurses nicht. Ihr Wortführer war Alexander Götz junior geworden, der nach der letzten Gemeinderatswahl im März 1963 in Parteienverhandlungen eine Änderung des Stadtstatuts erreicht hatte, was seine „Beförderung" vom Stadtrat zum Vizebürgermeister ermöglichte. Er fürchte, sagte Götz, dass der FPÖ nachgesagt werde, Steigbügelhalter der SPÖ zu sein. Allerdings muss hier angemerkt werden, dass Götz auch nicht aus dem Stand und freihändig in den Sattel des Vizebürgermeisters gesprungen war. Olah erinnert sich, dass er im März 1963 von seinen steirischen Genossen vor den Grazer Gemeideratswahlen zu einer Wahlversammlung eingeladen wurde:

„Erst nach der Versammlung ließen die Steirer die Katze aus dem Sack. Sie hatten mich auch deswegen nach Graz geholt, weil ein Gespräch mit der FPÖ stattfinden sollte. Ich sollte dabei sein, damit es zu einem positiven Ergebnis käme. Also trafen wir mit dem damaligen FPÖ-Landesparteiobmann, Oberst a. D. Götz, seinem Sohn Dr. Alexander Götz und dem aus Wien herbeigeeilten Bundesgeschäftsführer der FPÖ, Bogner, zusammen. Das Statut der Stadt Graz wurde geändert, ein zusätzlicher Vizebürgermeisterposten geschaffen und mit unserer Hilfe Dr. Alexander Götz in diese Funktion gewählt."

Mitte Juni fand in Salzburg in Anwesenheit der FDP-Granden Thomas Dehler und Walter Scheel der 7. ordentliche Parteitag statt. Man verabschiedete das „Salzburger Bekenntnis", das Friedhelm Frischenschlager, der als Liberaler in der nationalen Partei galt, noch heute zu den drei wichtigsten Zäsuren in der Geschichte der FPÖ zählt.

Im Juli gab es für die FPÖ nochmals Anlass zur Hoffnung, als die SPÖ mit ihr ein detailliertes Abkommen über eine Reform des Wahlrechts schloss. Das Abkommen stützte sich auf die Vereinbarungen aus dem Juni 1963, der Entwurf Olahs lag bereits seit Juli 1963 als Antrag im Parlament. Die Reform sollte spätestens am 18. November 1964 – nötigenfalls von SPÖ und FPÖ allein im „koalitionsfreien Raum" – beschlossen werden. Dazu kam es nicht mehr, die SPÖ war durch die Olah-Krise gelähmt.

Der Tod Ernst Kirchwegers

Im Februar 1965 starb Bundespräsident Adolf Schärf. Zu seinem Nachfolger wurde am 23. Mai der Wiener Bürgermeister Franz Jonas gewählt, der sich knapp gegen den ÖVP-Kandidaten Alfons Gorbach durchsetzte. Die FPÖ hatte Sympathien für den Ex-Bundeskanzler gezeigt. Ziemlich genau einen Monat nach Schärfs Tod wurde der ehemaligen KZ-Häftling Ernst Kirchweger (geboren 1898) bei Demonstrationen gegen und für den Hochschulprofessor Taras Borodajkewycz

(1902–1984) und dessen unsäglichen Äußerungen tödlich verletzt. Kirchweger war das erste Todesopfer politischer Gewalt in der Zweiten Republik.

Borodajkewycz war ein „Ehemaliger" und als solcher auch Teilnehmer an den Oberweiser Gesprächen im Mai 1949, bei denen die ÖVP versuchte, Ehemalige für ihre Reihen zu gewinnen. Borodajkewycz hätte auch genauso gut in die ÖVP gepasst, er fühlte sich gleichermaßen zum politischen Katholizismus wie zum Nationalsozialismus hingezogen.

Nach 1945 als minderbelastet eingestuft, wurde er entnazifiziert und 1955 unter Unterrichtsminister Heinrich Drimmel zum außerordentlichen Professor für Wirtschaftsgeschichte an der Hochschule für Welthandel ernannt. Er machte bald mit Sprüchen wie diesem auf sich aufmerksam: „Zu den unerfreulichsten Überresten des an Gesinnungs- und Würdelosigkeit reichen Jahres 1945 gehört das Geflunker von der ‚österreichischen' Nation."

Bei Prüfungen forderte er von seinen Studenten, bei jüdischen Persönlichkeiten auch hinzuzufügen, dass sie Juden seien. Bei einer Pressekonferenz begründete er dies so: „Sie wissen, daß ich tatsächlich Persönlichkeiten der Geschichte, die aus dem Judentum stammen, als solche deklariere, und ich werde das auch weiterhin tun, weil es meine Pflicht als Historiker ist, nicht wahr, und ich sehe nicht ein, warum jemand darüber beleidigt sein sollte. Wenn mir jemand sagt: Herr Borodajkewycz, Sie sind slawischer Abstammung – was mein Name eindeutig sagt –, bin ich ja auch nicht beleidigt darüber. Ich kann nicht sagen, dass Kelsen Israeli war, weil damals der Staat Israel noch nicht existiert hat."

Die Äußerungen von Borodajkewycz in den Vorlesungen waren vom späteren Finanzminister Ferdinand Lacina mitgeschrieben worden, Heinz Fischer verwertete sie in verschiedenen Aufsätzen in der „Zukunft", wurde von Borodajkewycz geklagt, zunächst verurteilt, später aber in einem Wiederaufnahmeverfahren freigesprochen.

Nach der erwähnten Pressekonferenz gab es Demonstrationen und Zusammenstöße zwischen Gegnern und Anhängern von Borodajkewycz. Bei der Demonstration am 31. März gerieten der 67-jährige Kirchweger, Kommunist, Spanien-Kämpfer, Widerstandskämpfer, KZ-Häftling, und Günther Kümel, ein notorischer Neonazi, aneinander. Was passiert war, lässt sich durch die einander widersprechenden Augenzeugenberichte nicht genau klären: Die einen sagen, der Rentner sei von dem Chemiestudenten mit einem gezielten Faustschlag angegriffen worden, die Gegenseite sagt, Kirchweger habe Kümel angegriffen und der habe sich gewehrt. Dritte wiederum sagen, Kirchweger sei nach einem Gerangel, wie es bei solchen Demonstrationen immer wieder passiert, gestürzt und mit dem Kopf auf einer Gehsteigkante aufgeschlagen. Kümel wurde nicht wegen Totschlags, sondern wegen Notwehrüberschreitung zu zehn Monaten Haft verurteilt – ein Urteil, das also dem Opfer eine Mitschuld an dem Kampf überträgt.

Der Fall Borodajkewycz hat die FPÖ nicht unmittelbar als Partei betroffen, sondern das Dritte Lager an sich, dem sowohl Borodajkewycz als auch Kümel unzweifelhaft zuzurechnen waren.

Das Ende der Großen Koalition

Am 6. März 1966 wählten die Österreicher die große Koalition ab. Die ÖVP gewann mit 48,45 Prozent Stimmanteil (plus 2,9 Prozent) und 85 Mandaten (plus 4) die absolute Mehrheit. Die SPÖ kam auf 42,56 Prozent (minus 1,44 Prozent) und 74 Sitze (minus 2), die FPÖ auf 5,35 Prozent (minus 1,65 Prozent) und sechs Mandate (minus 2).

Die SPÖ war in diesem Wahlkampf kein sehr starker Gegner gewesen: Spitzenkandidat Pittermann, der in der Gruft die modernden Gebeine der Koalition hütete; Verkehrsminister Probst, den die Vorarlberger das Laufen lehrten, weil er ein Bodenseeschiff nicht „Vorarlberg", sondern „Karl Renner" taufen wollte; eine Wahlkampfempfehlung der Kommunisten für die SPÖ war nicht energisch zurückgewiesen worden; der Olah-Skandal, welcher der SPÖ doppelt weh tat, weil der Dissident mit seiner DFP (Demokratische Fortschrittliche Partei) 3,3 Prozent der Stimmen erreichte, was vor allem auf Kosten der SPÖ ging.

Die Wahlanalyse brachte einmal mehr die Ungerechtigkeit des herrschenden Wahlrechts an den Tag. Während der ÖVP 44,5 Prozent der Stimmen genügten, um 52 Prozent der Mandate zu besetzen, bekam die SPÖ mit 42,6 Prozent Stimmenanteil 44,1 Prozent der Mandate, die FPÖ mit 5,35 Prozent der Stimmen aber nur 3,7 Prozent der Mandate. Oder anders ausgedrückt: Ein schwarzes oder rotes Mandat kostete zwischen 25 000 und 26 000 Stimmen, die FPÖ brauchte 44 000 Stimmen. Für die Freiheitlichen hatte die Wahlrechtsreform also weiterhin Priorität.

Die FPÖ hatte mehr verloren als die zwei Mandate, nämlich auch das Antragsrecht, das ihr nun nicht mehr zustand. Zwei politische Schwergewichte, Broesigke und Mahnert, verließen das Haus, dafür kam hochkarätiger Nachschub – Friedrich Peter, der sich nun doch entschlossen hatte, aus dem oberösterreichischen Landtag in das Haus an der Wiener Ringstraße zu übersiedeln, und Otto Scrinzi aus Kärnten. Diese beiden sollten nicht immer in himmlischem Frieden koexistieren. Auch der Vorarlberger Werner Melter war neu; van Tongel, Zeillinger und Meißl behielten ihre Plätze in den Abgeordnetenbänken.

Primarius Dr. Otto Scrinzi (Jahrgang 1918) war ein Exponent des rechten Flügels des Dritten Lagers. Zwischen 1947 und 1948 hatte er sich wie Karl Hartleb und Fritz Stüber den nationalen Kreisen in der „Verfassungstreuen Vereinigung für Österreich" Ernst Schönbauers angeschlossen. 1949 wirkte er beim Aufbau des VdU-Landesverbandes Kärnten mit und wurde 1949 in den Kärntner Landtag gewählt, schied aber 1953 wegen der zunehmenden Wirren aus dem VdU aus. Dem Landtag gehörte er dann noch bis 1956 als „wilder Abgeordneter" an.

Vor den Wahlen 1966 wurde der Druck auf Scrinzi immer stärker, doch in die Politik zurückzukehren. Er genoss einen ausgezeichneten Ruf als Primarius, Psychiater und Arzt und war mit allen Bereichen der Gesundheitspolitik und der Sozialversicherung vertraut. Als Nationaler war er auch Experte für Volkstumsfragen, eine für Kärnten wichtige Qualität. Über sich selbst sagt Scrinzi: „Ich war schon immer rechts, auch innerhalb der NSDAP."

Wer ihn kennt, wird sich nicht darüber wundern, dass er auch in der NSDAP Schwierigkeiten gehabt hatte.

Trotz Peters Übersiedlung ins Parlament blieb van Tongel zunächst Klubobmann, aber man beschloss, dass der Bundesparteiobmann auch im Klub das Sagen haben sollte. Klubobmann wurde Peter 1970.

Obwohl in Zeiten absoluter Mehrheiten Oppositionsparteien in der Regel in der Bedeutungslosigkeit versinken, bewahrten die FPÖ-Abgeordneten auch während der ÖVP-Alleinregierung ihren Ruf als exzellente Parlamentarier. Dies wurde sogar von unabhängigen Zeitungen anerkannt, die ansonsten der FPÖ in der Regel feindlich gegenüberstanden.

Beim Parteitag im Oktober 1966 in Klagenfurt nahm Friedrich Peter die Verantwortung für den Wahlausgang auf sich. Er wurde zwar mit 258 der 263 gültigen Stimmen in seinem Amt bestätigt, aber 39 ungültige Stimmen waren ein schlechtes Omen. Hinzu kam, dass bei der Wahl der Obmann-Stellvertreter sein Wunschkandidat Dr. Hellmut Geringer durchfiel und Scrinzi – dem Alexander Götz den Vortritt gelassen hatte – einer der drei Stellvertreter wurde. Die Wahl Scrinzis bedeutete einen Ruck nach rechts, was überhaupt nicht im Sinne Peters war.

Am 1. Februar 1967 löste Bruno Kreisky Bruno Pittermann als Bundesparteivorsitzenden der SPÖ ab. Am 8. Oktober gewann die SPÖ bei den Gemeinderatswahlen in Salzburg und in Klagenfurt je drei Mandate, bei den Landtagswahlen in Oberösterreich am 23. Oktober vier Mandate – 1970 ließ grüßen. Die FPÖ musste jeweils Verluste hinnehmen.

Die oberösterreichischen Landtagswahlen hatten für die FPÖ, vor allem aber für Peter, fatale Folgen. Nicht nur hatten sie zwei ihrer vier Sitze verloren, es brachte auch kein Glück, Heinrich Gleißner zum Landeshauptmann zu wählen. Die SPÖ hatte mandatsmäßig mit der ÖVP gleichgezogen, sie aber an Stimmen überholt. Im sogenannten „Gleißner-Peter-Pakt" erklärte sich die FPÖ jedoch bereit, bei der Landeshauptmann-Wahl Gleißner ihre beiden Stimmen zu geben. Wie Höbelt schreibt, habe Kreisky vergeblich versucht, Peter umzustimmen. Die FPÖ erhielt für ihre guten Dienste allerlei Gegenleistungen. Am wichtigsten war, dass Alois Bachinger nach zwölf Jahren wieder zum Dritten Landtagspräsidenten gewählt (der nach dem Verhältniswahlrecht der ÖVP gebührt hätte) und Karl Maier amtsführender Präsident des Landesschulrates wurde.

Friedrich Peter avancierte zum Landesschulinspektor, was als seine persönliche Belohnung bewertet wurde und seinem Ruf sehr schadete. Auch Alexander Götz' Einschätzung von Peter ist eng mit diesen Ereignissen verknüpft: „Ich kann Ihnen genau sagen, ab welchem Zeitpunkt er für mich gestorben war. Das war, als er für sich den Landesschulinspektor für Behinderte herausgeholt hat. Da war für mich das Ende der Stange."

SPÖ-Minderheitsregierung – Kreisky in Filzpantoffeln

Das Jahr 1968 hatte der FPÖ zwar ein neues Programm gebracht, ansonsten gab es aber nicht viel Grund zu Freude. Nicht einmal das Angebot von Bundeskanzler Klaus, Willfried Gredler zum Außenminister zu machen, hob die Laune, denn Klaus hatte das Angebot Gredler direkt gemacht, ohne die FPÖ zu konsultieren. Gredler lehnte ab. Klaus' durchsichtiger Versuch, die Blauen auseinanderzudividieren, war gescheitert und statt Gredler kam Kurt Waldheim.

Mehrere Regionalwahlen verliefen erfolglos, aber im Jahr 1969 ging es plötzlich wieder aufwärts: Es begann mit den Salzburger Landtagswahlen im März. Für die Salzburger Freiheitlichen gewann der hoch angesehene Landesobmann Walter Leitner zwei Mandate. Mit den Gemeinderatswahlen in der Steiermark konnte man auch zufrieden sein und bei den Landtagswahlen in Wien trat mit Erwin Hirnschall ein politisch schon erfahrener Jungstar an, der glänzend abschnitt: Die FPÖ gewann zu ihren Mandaten ein viertes dazu, man glaubte ihm, dass er „frischen Wind ins Rathaus bringen" würde (so sein Slogan).

Weiter ging es mit Erfolgen bei den Arbeiterkammerwahlen, bei den Landtagswahlen in Vorarlberg und sogar bei den Landtagswahlen in Niederösterreich, wo die Blauen notorisch schwach waren, gab es kein blaues Auge. Und schließlich feierte man noch einen Erfolg bei den Betriebsratswahlen in der VÖEST, wo die FPÖ hinter der SPÖ Platz zwei belegte.

Alle diese schönen Erfolge erzielte die FPÖ im Schatten einer fulminanten Siegesserie der SPÖ.

Zu Beginn des Wahljahres 1970 war zwar klar, dass die ÖVP ihre absolute Mehrheit verlieren würde, aber kaum jemand hielt eine sozialistische Mehrheit für möglich. Die ÖVP warnte vor der „dritten Kraft, die den roten Kanzler schafft". Ein gefährlicher Slogan, denn in Deutschland hatte die schwer geschlagene Scheel-FDP gerade eine Koalition mit der SPD geschlossen und Willy Brandt zum ersten sozialdemokratischen Bundeskanzler gewählt.

Der FPÖ wurde es mulmig, den ÖVP-Unterstellungen musste begegnet werden. Am 16. Jänner trat die Partei mit der sogenannten Jänner-Erklärung an die Öffentlichkeit. Von dieser Erklärung ist der Nachwelt folgender Slogan erhalten geblieben: „FPÖ garantiert: Kein roter Bundeskanzler, kein schwarzes Österreich – dann stimmt die Richtung." Eine fatale Festlegung, eine der folgenreichsten politischen Entscheidungen, die die FPÖ je getroffen hat.

Dreieinhalb Jahrzehnte nach diesem Beschluss war die Mehrzahl jener, die für dieses Buch interviewt wurden, der Auffassung, die Erklärung sei richtig und notwendig gewesen. Damals war das offenbar nicht ganz der Fall gewesen. Bei einer Probeabstimmung hatten Klubobmann van Tongel und Zeillinger gegen die dezidierte Absage an die Sozialisten gestimmt, aber das blieben die einzigen Gegenstimmen. In der größeren Bundesparteileitung stimmten 33 Mitglieder für die Absage, aber immerhin 13 dagegen, die – wie Piringer schreibt –, größtenteils aus Kärnten stammten, obwohl der Kärntner Scrinzi gemeinsam mit dem Steirer Götz die treibende Kraft für die Absage an die rote Option gewesen war.

Am Abend des 1. März 1970 wurde folgendes Wahlergebnis verlautbart: SPÖ 81 Mandate (plus 7), ÖVP 79 Mandate (minus 6), FPÖ fünf Mandate (minus 1). Alle waren ratlos – mit einer Ausnahme: Bruno Kreisky wusste, was zu tun war.

Noch in der Wahlnacht bat Kreisky Peter in die Löwelstraße – ein folgenschwerer Besuch, wie Hannes Androsch heute meint: „Dort hat ihn der Kreisky umgedreht." Peter hat Androsch später erzählt, dass Kreisky frierend in seinem Büro gesessen sei, mit umgehängtem Mantel und Filzpantoffeln an den Füßen. Kreisky sagte Peter in dem Gespräch zu, er werde Pittermanns Schulden begleichen und endlich die Wahlrechtsreform durchführen – ohne Gegenleistung, wie Peter später dem Parteivorstand mitteilte. Von einer Minderheitsregierung jedoch habe Kreisky ihm gegenüber erst Tage später gesprochen.

Klaus hatte eine Koalition ÖVP/FPÖ sofort ausgeschlossen, was Withalm später als nicht „zweckmäßig" bezeichnete. Die Freiheitlichen hatten sich selbst aus dem Rennen genommen, weshalb es für Bundespräsident Jonas leicht war, Kreisky nach dem Scheitern der Verhandlungen mit der ÖVP den Auftrag zur Bildung einer

Minderheitsregierung zu erteilen. In der FPÖ wurde Trübsal geblasen. Als bekannt wurde, dass Norbert Burger in drei Wiener Wahlkreisen wegen Unregelmäßigkeiten bei den Unterstützungserklärungen zu Unrecht kandidiert hatte, focht Broesigke namens der FPÖ die Wahl beim Verfassungsgerichtshof an. Der Preis war verlockend. Broesigke hatte sein Mandat um 1413 Stimmen verfehlt; die NDP Burgers hatte 3293 Stimmen bekommen, es bestand also Hoffnung. Der Verfassungsgerichtshof gab der Beschwerde Recht und setzte die Wiederholungswahl für 4. Oktober 1970 an. Hirnschall erinnert sich:

„Ich war an diesem Tag auf dem Weg zur Sonnwendfeier im Lainzer Tiergarten. In Hietzing habe ich mir den ‚Kurier‘ mit der Schlagzeile, dass wir den Prozess gewonnen haben, gekauft und die Zeitung dann dem Peter gegeben, der schon mit versteinertem Gesicht dort gesessen ist und gebrummt hat: ‚Jetzt hamma den Scherm auf!‘ Peter war besorgt, dass bei den Wiederholungswahlen noch einmal etwas verloren gehen könnte und außerdem war die Kriegskasse leer.“

Peters Pessimismus war unberechtigt gewesen – Broesigke schaffte das Mandat. Das Endergebnis dieser denkwürdigen Wahlen lautete dann: SPÖ 81 Mandate, ÖVP 78 und FPÖ 6 Mandate.

Nachdem Kreisky in Absprache mit Peter die Minderheitsregierung gebildet hatte, konzentrierte sich die Innenpolitik auf zwei Punkte: Die Wahlrechtsreform und das Budget 1971. Hätte die FPÖ nicht die Wahlrechtsreform bekommen, hätte Hannes Androsch sein Budget nicht zustande gebracht und es hätte Neuwahlen gegeben, die im Grunde aber niemand wollte, auch die ÖVP nicht, in der es nach dem Rücktritt von Klaus und der Übernahme der Obmannschaft durch Withalm ein resignatives Durcheinander gab.

Die Wahlrechtsreform war von Kreisky versprochen worden, also würde die FPÖ gewiss ihre Zusage einhalten, die SPÖ nicht über das Budget stolpern zu lassen. Die Signale standen auf Grün, aber der Mann, der das Budget zu machen hatte, lief ein wenig mit Sorgenfalten herum, ihn zwickte so mancher Selbstzweifel, wie er selbst erzählt:

„Da hat es in Bad Aussee einen Freiheitlichen gegeben, der bei der Wiener Städtischen gearbeitet hat und meinen Schwiegervater gut gekannt hat. Franz Scheer war dann später einmal Dritter Landtagspräsident. Mit Scheer bin ich oft um den Altausseer See gegangen, und habe mich gequält: Was tue ich, damit ich wenigstens ein Budget zustande bringe? Ohne ein Budget war man kein Finanzminister. Scheer hat mich beruhigt und hat gesagt: ‚Wart nur, das wird schon gehen!‘ Alles hat er auch nicht gewusst, aber bei ihm ist der Kandutsch verkehrt und hat dort Urlaub gemacht. Der Rösch ist von der Tauplitz gekommen. Es hat schon gewisse

Kontakte gegeben. Den neuen Finanzminister kennenzulernen, war ja keine Schande gewesen."

Noch einen anderen Freiheitlichen lernte Androsch um diese Zeit kennen: Den Finanzbeamten Hirnschall. Hirnschall erinnert sich an diese Zeit:

„Wie Androsch Minister geworden ist, hat er sich aus der Finanzlandesdirektion einen Beamten geholt und zufällig bin ich mit dem einmal auf einen Kaffee gegangen und da haben wir politisiert. Der Kollege muss dem Androsch erzählt haben, da gibt's den Dr. Hirnschall und es wäre gescheit, wenn er den ins Finanzministerium holte. Androsch hat mich ins Parlament gebeten und mir vorgeschlagen, ich soll ins Finanzministerium kommen.

Diese erste Phase des Ministers Androsch habe ich erlebt und habe später meinen Leuten gesagt: ‚Wenn wir einmal in die Regierung kommen, so müssen wir es machen wie er.' Der ist von Arbeitsplatz zu Arbeitsplatz gegangen und hat sich alles erklären lassen. Wenn er in der Mittagszeit auf die Himmelpfortgasse gegangen ist und er hat Leute gesehen, hat er sie gefragt: ‚Seid ihr eh da vom Haus? Gut, kommt's mit auf einen Kaffee zum Frauenhuber.' Und er hat gesagt: ‚Wenn ich mich wo nicht auskenn', ruf ich Sie direkt an!' Wann hat es das gegeben, dass in einem Ministerium eine Information nicht über den Abteilungsleiter oder den Sektionschef gegangen ist? Die Beamten haben sich ausgezeichnet gefühlt."

Die Entscheidung, dem Budget der sozialistischen Minderheitsregierung zuzustimmen, war trotz der Aussicht, endlich die Wahlrechtsreform verwirklichen zu können, in der FPÖ nicht unumstritten. Einer, der erwartungsgemäß Bedenken hatte, war Götz, aber der Beschluss fiel dann doch einstimmig aus, das Verhandlungskomitee wurde an keine Auflagen gebunden. Am 20. November einigten sich Regierung und FPÖ auf ein 15 Punkte umfassendes Programm. Erster Punkt: Einführung der Mehrwertsteuer. Die FPÖ gab für das Ergebnis gute Noten, auch wenn sich nicht alle vor Lob und Freude so überschlugen wie die Industriellenvereinigung:

„Den Freiheitlichen ist zu attestieren, dass ihre Führung, zusammen mit der kleinen, aber hoch qualifizierten Parlamentsfraktion, die Position dieser Partei in der Innpolitik wesentlich gestärkt hat. Überlegenes taktisches Können, aber auch solide und fleißige Detailarbeit – die FPÖ-Abgeordneten gehören zu den sorgfältigst präparierten Politikern des Landes – haben dieser Gruppe den erwarteten Erfolg gebracht."

An größeren Projekten wurde 1971 noch die Heeresreform von SPÖ und FPÖ beschlossen, die die Präsenzdienstzeit mit sechs Monaten und 60 Tagen Waffenübungen festlegten, wobei Gustav Zeillinger eine ganze Reihe flankierender Maßnahmen durchsetzte.

Die FPÖ stimmte in der Zeit der Minderheitsregierung aber auch gegen die SPÖ. Sie setzte mit der ÖVP steuerliche Erleichterungen bei den Überstunden durch und stellte sofort die Haare auf, als Kreisky von einer Novellierung des ORF-Gesetzes sprach (die ÖVP-Alleinregierung hatte seinerzeit in einem neuen Rundfunkgesetz die Forderungen des Volksbegehrens der unabhängigen Zeitungen erfüllt. Gerd Bacher trat an die Spitze eines entpolitisierten ORF und verärgerte die SPÖ).

Das Verhältnis von FPÖ und ÖVP sollte unter dem neuen Obmann Karl Schleinzer, der am 4. Juni 1971 Withalm ablöste, allmählich besser werden. Eine glatte Kampfansage an die FPÖ war allerdings, dass die ÖVP für die Wahlen 1971 drei sogenannte unabhängige Kandidaten aus dem Dritten Lager nominierte: Den schon bekannten, 1951 aus der ÖVP ausgetretenen Strachwitz, den Völkerrechtler Felix Ermacora und den FPÖ-Dissidenten Rudolf Heinz Fischer. Der ÖVP brachte diese Finte nichts ein, der FPÖ schien sie nicht sonderlich zu schaden, was als Positivum an dem ansonsten nicht berauschenden Wahlergebnis zu werten war.

Am 26. November 1970 wurde die Wahlrechtsreform mit den Stimmen von SPÖ und FPÖ beschlossen. Die Sozialisten hatten ihre Zusagen aus den Jahren 1963 und 1964 erfüllt.

Durch die neue Regelung brauchte auch die FPÖ mit 25 000 Stimmen für ein Mandat nicht mehr als SPÖ und ÖVP. Andreas Mölzer hat Jahrzehnte später dieses neue Wahlrecht als einen der „bedeutendsten formalen Erfolge der Dritten Kraft nach 1945 verbucht".

Im Frühsommer 1971 beschloss Bruno Kreisky mit seinem überragenden strategischen Geschick, das Experiment Minderheitsregierung zu beenden und im Herbst (10. Oktober) neu wählen zu lassen. Am 14. Juli 1971 löste sich der Nationalrat mit den Stimmen der SPÖ und der FPÖ auf. Die FPÖ hatte geschwankt, ob sie dem Auflösungsbeschluss zustimmen oder doch lieber warten sollte, bis sich eine Gelegenheit ergab, die Regierung durch einen Misstrauensantrag zu stürzen, wie es einer echten Oppositionspartei viel besser anstünde. Aber die nagenden Zweifel wurden überdeckt von dem süßen Prickeln der Spannung, doch endlich das neue Wahlrecht auszuprobieren, von dem sich die Freiheitlichen so viel erwarteten. Die SPÖ gewann – zur Überraschung aller – die absolute Mehrheit.

Die FPÖ konnte zwar ihren Stimmenanteil nicht erhöhen, gewann aber durch das neue Wahlrecht vier Mandate dazu. Die Mannschaft Peter, Zeillinger, Broesigke, Scrinzi, Melter und Meißl wurde durch den Wiener Finanzbeamten Dr. Albert Schmidt (Wien), Dipl.-Ing. Georg Hanreich, einen modernen Sozialideen aufgeschlossenen Unternehmer aus Niederösterreich, den Steuerberater Dipl.-Vw. Helmuth Josseck (ein späterer Volksanwalt) und den Dipl.-Vw. Gerulf Stix aus Tirol vervollständigt. Mit Stix kam eine der kreativsten Persönlichkeiten, die die FPÖ je gehabt hatte, ins Parlament. Er war ein massiver Gegner der Atomenergie und seine Ideen in der Energiepolitik, die nach der Ölkrise 1973 plötzlich die Welt beschäftigte, waren bahnbrechend – sein Sonnenkollektorenhaus in Ampass wurde berühmt.

Noch berühmter wurde Stix allerdings im Jahr 1972 bei der vom Fernsehen übertragenen Nationalratsdebatte über die Besteuerung der Politikerbezüge. Die Besteuerung wurde durch eine Anhebung der Bezüge selbst kompensiert. Hochgradig erregt trat Stix ans Pult und rief: „Ich schäme mich dafür!"

Die FPÖ-Abgeordneten der 70er Jahre waren eine hervorragende Truppe. Die Wissenschaftsjournalisten waren beispielsweise gut beraten, besonders die Ohren zu spitzen, wenn Scrinzi ans Rednerpult trat: Er hatte ganz ausgezeichnete Kontakte zu Wissenschaftsministerin Herta Firnberg, was die ideologisch bewussteren Klassen in Erstaunen versetzte.

Scrinzi war der erste designierte Ministerkandidat seiner Partei gewesen. Bundeskanzler Kreisky hatte beim Grübeln, wie er nach den Wahlen 1971 die FPÖ in eine kleine Koalition locken könnte, den Rechtsaußen-Politiker als großen Risikofaktor bewertet. Und so erfand er das Gesundheitsministerium, das er Scrinzi als Morgengabe für sein Jawort zur rot-blauen Ehe darzubieten gedachte. Dann gewann Kreisky die absolute Mehrheit und stand plötzlich mit einem Gesundheitsministerium, aber ohne Kandidaten da, weil er Scrinzi nicht mehr brauchte. „Da hat er", erzählt Androsch, „die Firnberg gefragt und die hat gesagt: ‚Nimm doch die Leodolter!'" Androschs Urteil über die Ärztin aus sozialistischem Uradel: „Eine gute Primaria, aber die Politik hat sie nie gelernt."

Treppenwitzige Nachschrift: Nach der Wahl stimmte die FPÖ gegen die Schaffung des Gesundheitsministeriums. Und weil die Frau Bundesministerin in ihrem Ressort ein wenig hilflos war, arbeitete Scrinzi ein Gesundheitskonzept aus, das Systemverbesserungen bei der Krankenversicherung, Gesundenuntersuchungen und einen gesamtösterreichischen Krankenanstaltenplan vorsah.

Die FPÖ war nach den Wahlen 1971 zwar kein Zünglein an der Waage mehr und deshalb auch nicht mehr besonders einflussreich, aber sie verschaffte sich vor allem durch ihren Parlamentsklub Respekt und Ansehen. Sie ordnete ihr Verhältnis zum ÖGB und auch die Beziehungen zur ÖVP entspannten sich. Schleinzer antwortete auf die Friedenssignale Peters in einem Ton, den man bisher nicht für möglich gehalten hätte: „Die FPÖ ist, das wissen wir spätestens seit dem Jahr 1970, keine politische Größe, die wir einfach vernachlässigen können. Wer eine realistische Politik betreiben will, muß heute von der Realität eines Dreiparteiensystems ausgehen."

Unprogrammierter Erfolg

Aus den 60er Jahren sind zwei Thesen Friedrich Peters überliefert: „Die ideologische Aufgabe kann der Partei nicht aufgebürdet werden. Das ist Sache der national-freiheitlichen Vereine und Verbände." Und in einem Brief an Gredler schrieb er: „Je schlechter die Verfassung unserer Organisation ist, umso mehr wird nach Ideologie gerufen."

Wie wahr: Die FPÖ sollte am erfolgreichsten sein, als alle Ideologien und alle Programme außer Kraft gesetzt waren und nur mehr das Wort eines Obmanns galt, das stets ein Wort zum Tag war, was jedoch nicht bedeutet, dass es auch 24 Stunden gehalten hätte. Die Richtigkeit der These Peters wurde von Jörg Haider in einem mehr als erfolgreichen Feldversuch bewiesen.

Nach einem eher beiläufigen Beginn widmete sich die Partei durchaus der programmatischen Arbeit, weil man irgendetwas ins Schaufenster stellen musste. Kurioserweise gingen die ideologischen Anstöße aber weniger von Parteiprogrammen als von Papieren mit nicht-statutarischem Charakter aus. Solche Leitpapiere waren insbesondere das „Salzburger Bekenntnis" aus dem Jahr 1964 und das „Manifest zur freiheitlichen Gesellschaftspolitik" aus dem Jahr 1973.

Das erste Parteiprogramm, das die FPÖ sich 1956 bei ihrer Gründung gegeben hatte, verdiente diese Bezeichnung eigentlich gar nicht. Es war ein 15 Punkte umfassender Schlagwortkatalog, der, wie man sich erinnern wird, die Gemüter erregte, weil das nationale Bekenntnis erst an vorletzter Stelle gereiht worden war. Diese Nachlässigkeit wurde durch eine Nachbesserung 1957 saniert, der Punkt in die Einleitung des Programms befördert: „Ziel der FPÖ ist eine nationale, freiheitliche und sozialen Politik auf Grundlage echter Volksgemeinschaft."

Beim 7. ordentlichen Parteitag im Juni 1964 versuchte die FPÖ, einen günstigen Eindruck bei den FDP-Granden Thomas Dehler und Walter Scheel zu machen und beschloss das „Salzburger Bekenntnis", das als Ergänzung zum geltenden Parteiprogramm gedacht war:

„Vor mehr als 100 Jahren standen national-freiheitliche Demokraten auf den Barrikaden, um für die Idee der Freiheit und der nationalen Einheit ihres Volkes zu kämpfen. Die konservativen Mächte waren zunächst stärker. Der Gedanke der Freiheit hingegen, wie ihn die Freiheitlichen auf ihre Fahne geschrieben haben, wirkt weiter. Er hat die größten historischen Leistungen der Neuzeit vollbracht."

Friedhelm Frischenschlager sah den Tag von historischer Bedeutung: „Peter hat damals gesagt, in der FPÖ haben Nationale und Liberale Platz. Das war das allererste Mal. Das war ein großer Schritt vorwärts – zumindest in der politischen Intention." Tatsächlich ging es Peter auf diesem Parteitag – bei allen nationalen Tönen – um die viel beschworene Profilerweiterung:

„Wir müssen zur Kenntnis nehmen, daß weite Kreise unserer Bevölkerung nicht mehr in herkömmlichen Bahnen denken. Wir werden keinen neuen Wähler über seine politische Vergangenheit erfassen. Das Profil der freiheitlichen Partei muß so gestaltet werden, daß Jungwähler, Frauen, Katholiken und sozial denkende Facharbeiter die Partei ebenso wählen können wie Nationale und Liberale. Eine junge, moderne und dynamische Partei hat nicht nur die Aufgabe, ihre traditionellen Kräfte durch eine entsprechende Grundsatzpolitik zu pflegen."

Erich Reiter, einer der fruchtbarsten programmatischen Denker der Partei, setzt mit diesem Zeitpunkt eine Neupositionierung der Partei an: „Mit dem Salzburger Bekenntnis hatte die FPÖ zweifellos eine gewisse Verbindung zwischen liberalen Wertvorstellungen und völkischem Denken geschaffen. Man kann sie daher von diesem Zeitpunkt an als national-liberale Partei klassifizieren."

Nach dem Gewinn der absoluten Mehrheit durch die ÖVP 1966 stand die FPÖ vor einer völlig neuen Situation. Es wurde ein Programmausschuss eingesetzt, dem unter Federführung von Mahnert unter anderem Broesigke, Götz, Scrinzi und Gerulf Stix angehörten. Am Ende stand das „Ischler Programm", in dem mit dem Bekenntnis zu Europa und dem Umweltschutz neue Ideen auftauchten.

Anders als 1956 konnten die Nationalen zufrieden sein – der zweite Satz des Programms, dessen erster Satz ein Bekenntnis zum europäischen Bundesstaat war, lautete: „Wir bekennen uns zur demokratischen Republik Österreich und zur deutschen Volks- und Kulturgemeinschaft."

Andere waren weniger zufrieden. Frischenschlager erinnert sich:

„Das Ischler Programm, das der Broesigke und der Scrinzi gemacht haben, war breit angelegt, aber stinkfad. Es war nix drin. Und das war dem Jungstar Götz zu wenig. Der hat herumgemosert und gesagt: ‚Nein, das is nix, da muss man mehr machen!'"

Und er hat mehr gemacht. Das Ergebnis hieß „Freiheitliche Aktion zur demokratischen Neuordnung – Ordnung 70".

Die „Ordnung 70" von Alexander Götz erregte in der Partei erhebliches Aufsehen, aber das war auch schon (fast) alles, lediglich ein paar Ideen gingen in das Wahlprogramm ein. Es war ein außergewöhnliches Konzept, an dem auch heute noch viel stimmt.

Das Freiheitliche Manifest

Schon Ende 1970 forderte Stix eine klare weltanschauliche Positionierung, ohne taktischen Überlegungen zuviel Raum zu geben. Tatsächlich war es hoch an der Zeit, das begriffliche Tohuwabohu zwischen national, liberal, freiheitlich, freisinnig etc. zu ordnen. Tassilo Broesigke leitete das Unternehmen mit eiserner Hand. Das Manifest wurde intensiv diskutiert, die Endfassung aus 500 Seiten an Vorschlägen und Entwürfen destilliert und im September 1973 beschlossen. Auf das traditionelle Volkstumsbekenntnis konnte auch das Manifest nicht verzichten:

„Daher ist unser Bekenntnis zur demokratischen Republik Österreich, sowie zur deutschen Volks- und Kulturgemeinschaft von dem Bestreben erfüllt, mit den anderen Staaten und Völkern im Geiste der gegenseitigen Achtung und mit dem Ziel zusammenzuarbeiten, den europäischen Bundesstaat eines Tages zu verwirklichen."

Salzburger Programm

Im Jahre 1985 beschloss die FPÖ das „Salzburger Programm". In Kraft war noch das Bad Ischler Programm aus dem Jahr 1968, aber alle betrachteten das Manifest als eigentliches Programm. Mittlerweile hatte sich in Österreich allerhand ereignet – auch die Zeit der Kreisky'schen Alleinherrschaft war vergangen, und die womöglich noch größere Verwunderung herrschte darüber, dass die Freiheitlichen plötzlich in einer Regierung saßen. Das schrie nach einem neuen, einer Regierungspartei angemessenen Programm, zumal an die Parteispitze ein Mann getreten war, der mit den Nationalen nichts zu tun haben und die FPÖ von allen „Kellernazis" befreien wollte.

Das Ergebnis dieser von Frischenschlager und Stix federführend betreuten Bemühungen beurteilt der britische Politologe Kurt Richard Luther positiv:

„Ein Meilenstein der FPÖ-Programmatik war das ‚Salzburger Programm' des Jahres 1985. [...] Das kontroverse Bekenntnis aller früheren Programme zur deutschen Volks- und Kulturgemeinschaft ist durch die Formulierung einer ‚Zugehörigkeit zum deutschen Volks- und Kulturraum' ersetzt, und es sind die Prinzipien der Toleranz und der Geschlechtergleichheit sowie erstmals sogar eine positive Bewertung der ‚kulturellen Bereicherung unserer gemeinsamen Heimat' durch die zu schützenden ethnischen Minderheiten Österreichs aufgenommen worden. Im ‚Salzburger Programm' widerspiegeln sich also sowohl die liberale als auch die nationale Komponente, aber es dominiert zweifellos der Liberalismus, zu dem sich die Partei nun erstmals ausdrücklich bekannte."

Seltsamerweise stimmt Frischenschlager mit dem freundlichen Urteil Luthers über seine Schöpfung nicht vollkommen überein, was möglicherweise mit der Diskrepanz zwischen Visionen und Realitäten zu tun hatte. Von der Papierform her sprach alles für ein liberales Programm ohne den herkömmlichen Ballast, denn eine Parteispitze, die die FPÖ nach 27 Jahren aus dem Ghetto in eine Regierung führte, sollte eigentlich alle Trümpfe in der Hand haben. Aber man weiß auch, dass damals Steger und den Liberalen aus dem Süden und aus dem Westen schon Gefahr drohte. Das hat auch die Programmkommission gespürt, wie Frischenschlager schildert:

„Es ist endlos debattiert worden, ob das Bekenntnis zum deutschen Volkstum hineinkommen soll, wir haben gesagt, schlucken wir es, es hat dann eine verwaschene Formulierung gegeben. Das Programm war inhaltlich schon ein Stück Fortschritt, weil wir detaillierter geworden sind, aber in den Grundfragen? Die wiedererstandene Konfrontation zwischen Liberal und National hat sich da schon abgezeichnet."

Anfang November 1993 beschloss der Parteivorstand die „Freiheitlichen Thesen zur politischen Erneuerung Österreichs", ein „mittelfristiges Handlungsprogramm". Das Papier enthielt Spuren einer Dritten Republik, die Haider eine Woche vorher bei einer Klubklausur gefordert hatte. Die These lautete:

„Für eine neue Republik mit einheitlicher Verfassungsurkunde, die der Verwaltung enge Grenzen setzt und ein Höchstmaß an Demokratie garantiert: durch die Direktwahl von Bürgermeistern und Landeshauptleuten; durch starke direktdemokratische Instrumente nach bewährtem Schweizer Muster; durch Mandatare, die stets mit dem direktdemokratisch durchsetzbaren Willen der Bürger zu rechnen haben; durch unabhängige Kontrollorgane; durch Machtdezentralisierung und Föderalismus. Einen Vereinigungszwang wie bei den Kammern, sowie einen außerparlamentarischen Gesetzgebungsprozeß, wie er heute durch die ‚Sozialpartner' bestimmt wird, darf es nicht mehr geben."

Linzer Programm

Vier Jahre später gab sich die FPÖ dann doch ein „echtes" neues Parteiprogramm. Haider hatte eine Wahl nach der anderen gewonnen und immerhin einen stolzen sozialdemokratischen Bundeskanzler aus dem Amt geärgert und allmählich wird ihm gedämmert haben, dass sich eine Regierungsbeteiligung nicht werde vermeiden lassen, auch wenn das Fundamentalopponieren noch so lustig ist.

Das Programm ist zwar nicht revolutionär, enthält aber doch einige neue Gesichtspunkte. Die uns stets verfolgende Neugier, wie sich die FPÖ zwischen „deutsch" und „österreichisch" durchnavigiert, mag folgender Absatz stillen:

„Das historische und kulturelle Erbe Österreichs berechtigt zu Stolz auf die erbrachten Leistungen, Traditionen und Errungenschaften. Der daraus erwachsende

Patriotismus verpflichtet zu einer selbstbewußten österreichischen Politik. [...]
Das österreichische Volksgruppenrecht listet als Schutzobjekte die einzelnen historisch ansässigen (autochthonen) Volksgruppen auf, wobei die Judikatur denk-
logisch voraussetzt, daß die überwiegende Mehrheit der Österreicher der deutschen Volksgruppe angehört."

Dies ist eine sehr geschickte Formulierung, denn sie bezieht die autochthonen
Volksgruppen (Slowenen, Kroaten) mit ein; dass die überwiegende Mehrheit der
deutschen Volksgruppe angehört, lässt sich nicht leugnen.

Mit großem Erstaunen hatte die interessierte Öffentlichkeit verfolgt, wie Ewald
Stadler, der Fundamentalist aus Vorarlberg, sich in der antiklerikalen FPÖ für ein
„wehrhaftes Christentum" einsetzte. Dieser Begriff fand dann zwar keinen Eingang
ins Parteiprogramm, aber es blieb ein ungewöhnlich starkes Bekenntnis zum Christentum übrig:

„Die Bewahrung der geistigen Grundlagen des Abendlandes erfordert ein Christentum, das seine Werte verteidigt. Im Bestreben um den Erhalt dieser Grundlagen
Europas sehen sich die Freiheitlichen als ideelle Partner der christlichen Kirchen,
auch wenn es zu verschiedenen politischen Fragen unterschiedliche Standpunkte
gibt."

Es war ein unmissverständlicher Appell an die katholischen Christen, die mit der
Öffnung der Kirche nicht einverstanden waren und, um denn das Thema zu per-
sonalisieren, eher auf der Seite von Bischof Krenn standen.

In dem Programm wird auch die kritische Haltung gegenüber der Europäischen
Union festgehalten.

Folgen sollte die in dem Programm ausgesprochene Obsoleterklärung der Neutralität haben. Nach der Trennung von FPÖ und BZÖ im April 2005 wurde dieser
Passus widerrufen. Jetzt heißt es: „Die Neutralität hat sich als dominierende Hand-
lungsmaxime der österreichischen Außenpolitik seit 1955 bewährt und wirkt iden-
titätsstiftend für die 2. Republik."

Auch das Kapitel Bildung wurde novelliert und die Beibehaltung der Zweidrit-
telmehrheit bei den Schulgesetzen verlangt.

BZÖ

Das „Bündnis Zukunft Österreich" (BZÖ), das Jörg Haider 2005 von der FPÖ ab-
spaltete, hatte im Trubel der Ereignisse für programmatische Grundlagenarbeit
nicht sehr viel Zeit und Muse. Es genügten symbolische Bekenntnisse, denn das

geltende Programm war – was auch immer auf dem Papier stehen mochte – das Wort des Vorsitzenden. Das BZÖ gab sich folgenden Auftrag:

„Wir wollen eine freisinnige, soziale Politik. Das heißt, eine nach vorne gerichtete und lösungsorientierte politische Arbeit. Wir haben Freude am aktiven Mitgestalten und der konstruktiven Auseinandersetzung im Sinne der freiheitlichen Idee, die gänzlich auf dem Prinzip der Freiheit beruht."

Im Wirtschaftsteil finden sich die alten Anliegen Haiders wieder, wie die Flat Tax und die Besteuerung der internationalen Kapitaltransfers auf Basis der Tobin Tax.

FPÖ-Nachwuchsschmiede „Atterseekreis"

In der FPÖ haben viele Politiker ihr Gewerbe in der Studentenpolitik gelernt. Angefangen bei Götz, der sich seine ersten Sporen noch im B.U.S, dem „Bund Unabhängiger Studenten", verdient hatte, machten Hirnschall, Frischenschlager, Steger oder Krünes den „Ring Freiheitlicher Studenten" (RFS) zu einem Faktor in der Hochschulpolitik. Die freiheitlichen Studenten waren in der zweiten Hälfte der 60er Jahre mit Stimmanteilen um die 30 Prozent bundesweit hinter den ÖVP-Studenten die zweitstärkste Gruppe, an manchen Hochschulen sogar die stärkste. Zumal es 1968 ziemlich rund zuging in der Welt der Studenten, und Ereignisse wie die unappetitlichen Happenings von Otto Mühl und Genossen an der Wiener Universität trieben dem RFS Wähler zu. Auf den Universitäten und in der Hochschülerschaft wurden Kontakte oder Freundschaften geschlossen, die zum Teil lange anhalten sollten, wenn auch nicht bis ans Ende aller Zeiten. Norbert Steger schildert sein Hineinwachsen in die freiheitliche Hochschülerschaft und in der Folge in den „Atterseekreis" so:

„Kennengelernt habe ich auf der Hochschülerschaft Rote, Schwarze und Blaue, wobei mir damals am sympathischsten der Krünes und der Frischenschlager waren. Krünes hat mich intellektuell beeindruckt, Frischenschlager hat mich als Mensch damals überzeugt, aber ich war damals um sehr vieles naiver. Frischenschlager hat die Gabe, dass ihn alle mögen, er löst immer das Helfersyndrom aus, jeder glaubt, man muss ihm helfen, eine wunderbare Eigenschaft, wenn man in der Politik ist, denn dadurch hat er viele Jahre in den verschiedensten Parteien überlebt. Vor allem bei Frauen ist das ganz stark, die haben immer geglaubt, dem Friedi muss man helfen. Und selbst wenn Journalisten in Pressekonferenzen nicht verstanden haben, was er gesagt hat, haben sie gesagt, der ist schon in Ordnung, der ist anständig und nett. Ich damals auch und ich bin erst sehr viel später draufgekommen, dass es vielleicht doch nicht gescheit ist, wenn man jemanden nach solchen Kriterien bis in die Spitzenpolitik unterstützt."

Die jungen Akademiker trafen einander mehr oder weniger zwanglos, zerredeten die Welt und setzten sie wieder zusammen und hatten mit der FPÖ selbst wenig im Sinn. Ihre Bauanleitungen für eine bessere Welt schickten sie an alle drei Parteien, aber Antwort bekamen sie nur von der FPÖ, genau gesagt von Friedrich Peter. Seine Antwort soll sinngemäß so gelautet haben: „Raunzts net, tuts was!" Er lud sie ins Anton-Reinthaller-Haus am Attersee ein und am 23. Jänner 1971 konstituierte sich unter dem Vorsitz von Frischenschlager der „Atterseekreis", eine Kaderschmiede der Liberalen im Dritten Lager.

Peter hatte gute Gründe für sein Wohlwollen: „Die freiheitlichen Akademikerverbände waren einfach nie imstande, den von der Hochschule abgehenden jungen Akademiker aufzufangen und der FPÖ zuzuführen."

Die von ihm vorgegebenen Spielregeln waren einfach: „Ihr seid im Anton-Reinthaller-Haus Gäste der FPÖ, leistet nur diese Grundlagenarbeit und mischt euch in die innerparteiliche Entwicklung nicht ein." Allerdings gelang es Peter nie, die jungen „Liberalen" wirklich unter Kontrolle zu bringen.

Neben den schon genannten Hochschulfunktionären findet man unter den Gründungsmitgliedern noch Namen wie Christian Allesch, Jörg Freunschlag, Hilmar Kabas, Volker Kier, Gerhard Kratky, Manfred Peter, Rainer Pawkowicz, Karl Sevelda oder Hans Jörg Tengg. Nicht aber Jörg Haider, denn der kam, obwohl auch angehender Akademiker, nicht aus dem „Ring Freiheitlicher Studenten", sondern aus dem „Ring Freiheitlicher Jugend" (RFJ), was manche für so einiges, was später passieren sollte, als Erklärung heranziehen.

Im Jahr 1971 wurde der Papierindustrielle Harald Prinzhorn (Vater von Thomas Prinzhorn) zum Obmann des „Rings Freiheitlicher Wirtschaftstreibender" (RFW) gewählt. Prinzhorn war seit jeher dem Dritten Lager verbunden und hatte es seit VdU-Zeiten selbst finanziell unterstützt oder dafür gesorgt, dass die Industrie etwas springen ließ. Prinzhorn baute neben dem RFW einen eher unscheinbaren Verein namens „Wirtschaftspolitisches Institut" zu seiner Machtbasis aus. Auch der „Atterseekreis" bekam viel Geld von ihm. Steger sagt über diese Hintergründe:

„Prinzhorn war ein wirklich toller Kommunikator. Er hat uns alle beeindruckt durch seine Art und seinen Lebensstil. Ich möchte nicht sagen, dass er uns bestochen hat, aber so eine ordentliche Essenseinladung war schon toll. Er hat auch Leute angestellt. Ich glaube heute, dass er sich als Alternative zum Friedrich Peter gefühlt hat. Nur so ist es zu erklären, dass es nach einiger Zeit zu einem massiven Krach zwischen Peter und Prinzhorn gekommen ist. Wir haben das überhaupt nicht durchschaut, als plötzlich die beiden von uns verlangt haben, wir sollen uns für einen von beiden entscheiden."

Prinzhorns Priorität als politischer Mäzen war aber Jörg Haider, der 1971 Obmann des RFJ geworden war. Der Industrielle förderte die „Tangente", das Mitteilungsblatt des RFJ, das sich unter Haider und Sevelda zu einem Peter-kritischen Organ entwickelte. Prinzhorn konnte das nur recht sein. Peter jedoch war das nicht recht und er glaubt, dass Prinzhorn Haider verdorben habe, wie er in einem Brief aus dem Jahr 1974 schreibt:

„Haider hat in seiner Eigenschaft als Bundesjugendführer des RFJ grauenhaftes Parteiestablishment repräsentiert und eine Großzügigkeit im Ausgeben staatlicher Subventionen entwickelt, die man in dieser Partei suchen muß. Prinzhorn hat den Haider verdorben, was das Geldausgeben betrifft. Der junge Mann, der grundsätzlich nur nörgeln kann, war vor 2-3 Jahren ein ganz passabler Bursch. Die Revoluzzerei hat ihm der Harald beigebracht."

Der „Atterseekreis" fand über die Grenzen des Dritten Lagers hinaus Beachtung und einer, der nur allzu gerne als Gast kam, war Bruno Kreisky, ebenso wie Hannes Androsch, der damals mit seinem Mentor noch in vielem übereinstimmte, vor allem aber auch die strategische These vertrat, dass die Sozialdemokratie ihre Kontakte zur FPÖ pflegen müsse, um sie nicht in die Arme der ÖVP – und in einen Bürgerblock – zu treiben.

Steger erinnert sich an Kreiskys Auftritt im „Atterseekreis":

„Er hat uns alle um den Finger gewickelt wie nix und wir sind reihenweise umgefallen. Zum Schluss erklärte er, dass wir aufhören sollen, ihn zu wählen, wir sollen gefälligst aus der FPÖ was machen. Er hat gesagt, er wäre froh, wenn er so eine Gruppe wie uns in der SPÖ hätte, weil er hätte nur lauter so Blöde bei den Studenten, aber die werde er sich auch noch erziehen. Ich war ihm natürlich verfallen."

An prominenten ÖVP-Rednern verzeichnet das Gästebuch nur Josef Taus, aber es gab durchaus Kontakte mit der ÖVP, in der sich um Fritz König und Walter Heinzinger der „Forchtensteiner Kreis" gebildet hatte.

Peters langsamer Abstieg

Kritik an einem Parteiobmann, der nicht einen Wahlerfolg nach dem anderen nach Hause bringt, ist nichts Ungewöhnliches und das bekam auch Peter zu spüren. Im Jahre 1972 nahm die Kritik aber eine neue Qualität an, nämlich die des Widerstandes. Ein erstes ernstes Anzeichen gab es am 11. August 1972 in einer Sitzung des Bundesparteivorstandes, in der Scrinzi gegen Peter auftrat, wie auch Dr. Bruno Müller von der FPÖ Donaustadt. Nun mag die Donaustadt nicht das Gravitationszentrum der FPÖ gewesen sein, aber Müller persönlich war ein Peter-Gegner, der zunehmend an Einfluss gewann, und sechs Jahre später im engsten Kreis um Peter-Nachfolger Götz auftauchte.

Zu Beginn des 11. ordentlichen Parteitags von 22. bis 24. September in Villach verströmte Peter zunächst noch Optimismus („Wir haben die politische Isolation überwunden und werden von den anderen Parteien als gleichberechtigter Konkurrent anerkannt"), aber die Atmosphäre trübte sich bald. Daran beteiligt – wie könnte es anders sein – war der neue Jungstar Jörg Haider, der am 1. November des Vorjahres zum Obmann des Rings Freiheitlicher Jugend gewählt worden war und aus dieser Funktion sofort das Maximum an Öffentlichkeitswirkung herausholte. Unter Haiders Obmannschaft überschwemmte der RFJ den jugendpolitischen Programmmarkt mit Konzepten. Christa Zöchling schreibt in ihrer Haider-Biographie, dass „ein von ihm ausgearbeitetes Lehrlingskonzept von der Gewerkschaftsjugend übernommen worden sei". Benya habe ihm die Hand geschüttelt und bedauert, dass „wir in der SPÖ nicht so Leute wie Sie haben". In seinem Parteitagsantrag forderte Haider eine Regelung der Nachfolge Peters: Binnen eines halben Jahres möge sich der Vorstand auf zwei oder mehrere Personen einigen, „die als potenzielle Nachfolger für das Amt des Bundesparteiobmannes gezielt aufgebaut werden sollten".

Die gegen Peter gerichteten Anträge wurden zwar abgewiesen (der Obmann hatte im Vorfeld die Parteitagsbasis intensiv bearbeitet, aber dennoch endete der Parteitag für ihn mit einer Schramme: Bei der Wahl wurde er mit 293 von 332 Stimmen bzw. 88 Prozent gewählt – ein recht mageres Ergebnis.

Im Jahr 1973 fand zwar kein Parteitag statt, dafür aber eine Wahl, die für Peter, wie sich später herausstellte, der Anfang vom Ende als Bundesparteiobmann werden sollte. Vizebürgermeister Alexander Götz gewann bei den Grazer Gemeinderatswahlen am 25. Februar zwei Mandate dazu (erlangte somit insgesamt neun), die ÖVP stieg um zwei auf 20 und die SPÖ fiel um vier Mandate auf 26. Götz holte das Maximum aus diesem Erfolg heraus: Er wurde mithilfe der ÖVP Bürgermeister von Graz.

Dass in Klagenfurt zur selben Zeit der ÖVP-Spitzenkandidat Leopold Guggenberger mit den Stimmen der FPÖ zum Bürgermeister gewählt wurde, gab natürlich Stoff für allerlei Spekulationen über Absprachen auf höchster Ebene, die aber von Schwarz und Blau so empört wie energisch dementiert wurden. Dieses Dementi ist mittlerweile zum Dogma erhoben worden.

Die schwere Niederlage des SPÖ-Bürgermeisters Gustav Scherbaum in Graz war nicht überraschend. Er wollte unbedingt eine Autobahn durch Graz und sein Rathaus schikanierte die Unterzeichner eines von der FPÖ initiierten Volksbegehrens.

Götz war im Wahlkampf in seinem Element gewesen und erwies sich als begnadeter Wahlkämpfer. So konnte man ihn bei einem seiner Auftritte auf dem Markt am Grazer Hauptplatz erleben, wo er auf eine alte Frau, die alles interessiert beobachtete, aber dennoch etwas verschreckt wirkte, einfach zuging und sie in mildem Steirisch ansprach: „Grüß Gott, i bin der Xandl Götz. Wissen S' eh, i komm Stimmen schnorren!" Da gab es keine geschwollenen Versprechen, nach dem Wahltag, so man ihn nur wähle, Graz ins Paradies zu katapultieren, sondern nur den Versuch, den Leuten den Eindruck menschlicher Wärme und Geborgenheit zu vermitteln. Götz erinnert sich:

„Wir machten zwei Aktionen. Die eine war die ‚Hasen und Igel-Aktion'. Da hat der Scherbaum seinen Veranstaltungskalender veröffentlicht, daraufhin sind wir immer vor Beginn zu seinem Versammlungsort gegangen, haben unser Werbematerial verteilt und sind dann weg, sobald er kam. Wie er fertig war, bin ich zurückgekommen und habe geredet. Zuerst hat es Pfiffe gegeben, aber dann haben die Leute schon zugehört. Die zweite war die ‚Aktion Blechleber'. Da haben wir in allen 16 Stadtbezirken fünf Einsatzgruppen gehabt, die in einem bestimmten Zyklus sämtliche Lokale aufgesucht haben. Ich war mit zwei Begleitern der Springer. Ich bin unvermutet aufgetaucht, habe kontrolliert und dann zu den Leuten Kontakt aufgenommen. Ich denke mir oft, wenn ich jetzt mit Freunden essen gehe, wie das wäre, wenn da einer hereinkommt. Es war die Frage, wie man die Leute anredet. Ich habe gesagt: ‚Ich weiß, ich geh' Ihnen jetzt auf den Geist, es tut mir wahnsinnig leid, aber Wahlen sind, sie müssen wählen gehen und wenn Sie gar nichts anderes zu tun haben, dann wählen Sie mich.'"

Mit seinem Erfolg hatte sich Götz, der schon seit Langem als nächster Parteiobmann im Gespräch gewesen war, selbst zum Kronprinzen geweiht.

Das Jahr 1974 brachte bei Landtagswahlen in Salzburg, Niederösterreich, Steiermark und Vorarlberg Verluste an Stimmen und Mandaten. Diese schlechten Ergebnisse stürzten die FPÖ in eine „Herbstkrise", wie Piringer es nennt. Der Tenor lautete: „So kann es nicht weitergehen!", und Scrinzi äußerte sich sehr kritisch: „Neuwahlen im Zeichen Peters können nicht mehr erfolgreich sein." Es gab eine Sitzung nach der anderen, ein Konzept nach dem anderen wurde ent- und wieder verworfen und im November setzte die Bundesparteileitung einen Arbeitsausschuss für Grundsatzfragen ein. In einem von Götz, Haider und Waldemar Steiner ausgearbeiteten Papier hieß es, die FPÖ leide unter dem Vorwurf der Schaukelpolitik, sei zu wenig glaubwürdig und wolle unbedingt in die Regierung. Eine Personaldiskussion wurde abgewürgt und auf dem Bundesparteitag Mitte September in Innsbruck stärkte Friedrich Peter bei der Obmannwahl seine Position mit 93 Prozent. Doch das war ein zweischneidiger Erfolg, denn er basierte auf einem handfesten Krach. Der junge Bundespressereferent Holger Bauer forderte in einem Antrag, dass die Partei sich vor den nächsten Wahlen deutlich positioniere. Das hätte er nicht tun sollen: Peter vernichtete ihn vom Rednerpult aus und machte ihn, wie man beim Militär wohl sagt, zur Schnecke. Bauer hatte in seiner gut gemeinten Einfalt genau das verlangt, was Peter als „Jännertraumatisierter" vermeiden wollte – nämlich eine Festlegung vor der Wahl. Scrinzi und Götz verpassten dem armen Bauer noch ein paar zusätzliche Abreibungen.

Die Jungen waren über diese Zurechtweisungen fassungslos und empört. Unter den Delegierten fand sich Norbert Steger, seit 1973 Mitglied des Landesparteivorstand der Wiener FPÖ. Dieser Eklat versetzt ihn noch heute in Wut:

„Ich wollte ursprünglich gar nicht reden, aber was die, der Peter, der Götz, der Scrinzi, mit dem Holger Bauer aufgeführt haben, war unvorstellbar. Alle – Peter, Broesigke, Götz. Ich habe so etwas vorher und nachher nicht mehr erlebt. Wie man ihm dann auch noch mit der Kündigung [Anm. d. Autors: als Bundespressereferent] gedroht hat, ist mir auf gut Wienerisch das ‚Geimpfte aufgegangen', und ich bin nach vorne gerannt und habe eine Wortmeldung abgegeben."

Peters gutes Abstimmungsergebnis wird somit klarer nachvollziehbar: In jeder Partei reagiert der Durchschnittsdelegierte mit Unwillen, wenn die „Jungspunde" gegen die Autorität der Alteingesessenen revoltieren. Dass Peter 93 Prozent bekam, war weniger ein Lob für ihn als ein Tadel für die Jungen für ihre Aufmüpfigkeit.

Die Affäre Wiesenthal

Im Wahljahr 1975 schnitt die FPÖ sehr unterschiedlich ab: Teilerfolge bei den Landtagswahlen in Kärnten, schwere Verluste bei den Gemeinderatswahlen in Bregenz, aber Beibehaltung der absoluten Mehrheit in Lustenau; Verluste in den steirischen Gemeinden, dafür aber außerordentliche Erfolge in dem notorischen freiheitlichen Notstandsgebiet Niederösterreich. Der spätere Justizminister Harald Ofner erhöhte bei seinem ersten Antreten in Mödling die Stimmenzahl von 296 auf 927 und wurde in einer rot-blauen „Koalition" Vizebürgermeister.

Im Sommer verunglückte ÖVP-Obmann Karl Schleinzer tödlich. Sein Nachfolger wurde Josef Taus, der der FPÖ sofort die Hand reichte: „Ich halte die FPÖ für eine ebenso demokratisch formierte und regierungsfähige Partei wie die SPÖ oder die ÖVP."

Bei den Nationalratswahlen am 5. Oktober 1975 gewann Bruno Kreisky zum zweiten Mal die absolute Mehrheit.

Das endgültige Wahlergebnis war erst am 7. Oktober bekannt gegeben worden und für 9. Oktober lud „Eichmann-Jäger" Simon Wiesenthal zu einer Pressekonferenz in ein Hotel an der Wiener Ringstraße. Er teilte mit, dass Friedrich Peter Mitglied der 1. SS-Infanterie-Brigade gewesen sei, die im russischen Hinterland zur Partisanenbekämpfung eingeteilt war, aber auch an der Ermordung zahlreicher unschuldiger Zivilisten, vor allem aber Juden, beteiligt gewesen sei. Wiesenthal hielt aber auch fest, dass gegen Peter nichts vorliege, was eine gerichtliche Verfolgung rechtfertigen würde.

Österreichs innenpolitische Journalisten waren mit wenigen Ausnahmen Peter gegenüber kritisch bis feindlich eingestellt. Dennoch machten sie die Erklärungen Wiesenthals betroffen. Nicht wegen des Inhalts, die meisten von ihnen hätten Peter alles zugetraut, aber die professionellen Instinkte funktionierten: Kaum einer, der Wiesenthals Auftritt nicht als Versuch empfunden hätte, sich in die österreichische Innenpolitik einzumischen.

Peter wies alle Verdächtigungen zurück. Er hatte auch nie verschwiegen, dass er freiwillig zur SS gegangen sei, und auch nicht, bei welchen Einheiten er gedient hatte. Kreisky warf sich für Peter in unerhörter Art und Weise in die Bresche. Der Bundeskanzler beschuldigte Wiesenthal, seinerzeit mit der Gestapo zusammengearbeitet zu haben. Gründe für des Kanzlers Furor gab es genug: Das schwierige Verhältnis des Juden Kreisky zum Judentum, sein Zorn, dass Wiesenthal ihn 1970 kritisiert hatte, weil er Ehemalige in sein Kabinett aufgenommen hatte. Diese Kritik galt indirekt auch Kreiskys Strategie, das Dritte Lager, dessen Alleinerbe die FPÖ angetreten hatte, in die österreichische Gesellschaft zu integrieren.

In seinen Erinnerungen machte Kreisky eine kryptische Bemerkung, die darauf hinausläuft, dass Wiesenthals Versuch, Koalitionsverhandlungen zwischen SPÖ und FPÖ zu stören, gar nicht notwendig gewesen wäre. Ausgehend von der allgemeinen Erwartung, er werde nach den Wahlen auf einen Koalitionspartner angewiesen sein, schreibt er:

„Nun bekamen wir aber die Mehrheit, und es bedurfte gar keiner Kleinen Koalition. Die Frage ist also müßig, ob ich eine gebildet hätte oder nicht; ich kann mich nur darauf berufen, daß ich im Sommer zuvor ein Gespräch mit Peter hatte und ihm sagte, ich persönlich könnte eine solche Koalition sicher nicht machen, das heißt, unter Umständen einen Politiker wie Otto Scrinzi in die Regierung zu heben, der meiner Meinung nach noch heute ein Nazi ist."

Der Konflikt eskalierte noch einmal, als der damalige frischgebackene Klubobmann Heinz Fischer einen parlamentarischen Untersuchungsausschuss vorschlug, um zu prüfen, inwieweit der Verdacht gerechtfertigt sei, dass eine Person (Wiesenthal) in Österreich Privatjustiz betreibe. Fischer sagte rückblickend, er habe es gut gemeint, denn er wollte ein sich womöglich lange hinziehendes Gerichtsverfahren verhindern. Doch wie heißt es: Gut gemeint ist allzu oft das Gegenteil von gut. Jedenfalls war die allgemeine Ansicht, dass Fischer sich lauthals und demonstrativ an Kreiskys Seite stellen wollte.

In der FPÖ gab es wegen des schon erwähnten Angriff Scrinzis auf Peter Krach. Der Kärntner entging bei einer Parteileitungssitzung am 29. November knapp einem Parteiausschluss. Er legte alle Parteiämter nieder, blieb aber Abgeordneter. Peter hingegen wurde das Vertrauen ausgesprochen. Noch einer zog Schaden aus der Affäre: Der niederösterreichische Parteiobmann Fritz Rotter le Beau sprach sich in einem Interview für die Ablöse Peters aus. Peter blieb, Rotter le Beau ging und wurde durch Ofner ersetzt. Die große Krise war vorbei, aber es kriselte weiter. Die Kritik an Peter nahm zu. Ein Rücktritt aber kam nicht in Frage: Er hätte als Schuldeinbekenntnis gewertet werden können.

Ein verhängnisvoller Parteitag

Im Jahr 1976 gab es zwei wichtige Ereignisse. Am 1. September wurde der Bundesjugendreferent Dr. Jörg Haider hauptamtlicher Landespartei- und Klubsekretär der FPÖ Kärnten. Geholt hatte ihn Landesparteiobmann Mario Ferrari-Brunnenfeld als eine Kampfansage an Friedrich Peter. Knapp drei Wochen später ersteigerte dieser Friedrich Peter bei einem Erntedankfest am Rande des 13. Parteitages in Villach ein Moped und schenkte es Haider, wenig ahnend, dass der junge Mann bald mit einem Bulldozer und einem Porsche unterwegs sein würde und er, Peter, sich bereits dem Ende seiner Obmannschaft näherte.

Bei aller Gegnerschaft zu Peter oblag es dem gastgebenden Kärntner Landesobmann, Peter zur Wiederwahl als Bundesparteiobmann vorzuschlagen. Zunächst schien alles auf einen Routineparteitag hinauszulaufen. Dann aber stand ein bis dahin unbekannter Vorarlberger Delegierter namens Helfried Fussenegger auf und sagte: „Wir haben 1970, 1971 und 1975 kein Terrain gewonnen, wir haben unsere Mandate gehalten, aber nichts dazu gewonnen." Da war sie, die Personaldebatte, und am Ende des Abends stand Peter mit ärmlichen 74 Prozent der Stimmen da. Er verstand den Wink und kündigte seine Resignation für 1978 an. Fussenegger, ein Textilindustrieller, dementierte, von prominenteren Peter-Gegnern vorgeschoben worden zu sein (im Verdacht stand Stix). Götz lobte ihn für seinen „Mannesmut".

Das Jahr 1977 schien dann für die FPÖ tatsächlich beschaulich zu verlaufen, bis auf ein markantes Ereignis: Am 20. März löste Norbert Steger Tassilo Broesigke als Wiener Landesparteiobmann ab. Bis zum Sommer herrschte Ruhe, als plötzlich eine Kleinigkeit wieder einen großen Krach auslöste: Weil Gustav Zeillinger in die neu geschaffene Volksanwaltschaft übersiedelte, musste ein Ersatz für die Position des stellvertretenden Klubobmanns gefunden werden. Nach allerlei Wirrwarr wurden gleich zwei neue gewählt: Broesigke und Scrinzi. Die Kärntner, die Scrinzi nach seinen Ausfällen gegen Peter hatten ausschließen wollen, tobten. In einem Interview gab Haider eine Kostprobe seines hochentwickelten Talents als Provokateur: „Wenn es jetzt in Wien eine Rehabilitation Scrinzis gegeben hat, besteht überhaupt kein Anlass mehr, eine mögliche Kandidatur Scrinzis als Parteiobmann auszuschließen." Stix hatte einen anderen Favoriten – Götz –, während dem Vorarlberger Bösch Haider einfiel.

Auch dieser „Malariaanfall", wie Piringer ihn bezeichnet, ebbte ab. Mehrere Regionalwahlen verliefen wenig spektakulär, sodass man sich einem der beherrschenden Themen des Jahres, der Zwentendorf-Debatte widmen konnte, an der aber in erster Linie Kreisky schwer zu schlucken hatte.

Auf dem Weg zur Regierungspartei

Götz – frischer Wind aus der Steiermark

Am 30. September 1978 wurde beim 14. ordentlichen Bundesparteitag der FPÖ in der Kurhalle Oberlaa im tiefen Süden Wiens – sehr viel näher zu Graz geht's nicht – der Bürgermeister von Graz, Alexander Götz, zum dritten Bundesparteiobmann der Freiheitlichen Partei seit ihrer Gründung im Jahr 1956 gewählt. Er erhielt fast 96 Prozent der Delegiertenstimmen. Im Interview stellte ich ihm eine – wie mir zunächst vorkam – alberne Frage: „Wie fühlen Sie sich?" Götz schaute mich an und sagte: „Wissen Sie, ich hätte es nicht tun sollen!"

Am 1. Dezember 1979 gab Dr. Alexander Götz im Kurhaus in Salzburg dann seinen Rücktritt als FPÖ-Bundesparteiobmann bekannt: „Mir war es genug, mehr als genug!"

Götz war am 29. Jänner 1978 strahlender Sieger der Grazer Gemeinderatswahlen geworden. Er nahm der ÖVP zwei Mandate ab, der SPÖ drei und erhöhte die Zahl der freiheitlichen Gemeinderatssitze von neun auf 14. Dem Wahlsieg folgte ein klares politisches Signal, das, wie Landeshauptmann Friedrich Niederl es sinngemäß ausdrückte, über die steirischen Landesgrenzen hinaus und in die Zukunft wies. Die ÖVP, die bei 18 Mandaten hielt, lehnte am 22. Februar ein großzügiges Angebot der Sozialisten (20 Mandate) ab: Die SPÖ hätte ihren Spitzenkandidaten Franz Hasiba zum Bürgermeister gewählt.

Für die SPÖ war das ein schwerer Schlag. Bundeskanzler Kreisky, der sich im Wahlkampf sehr engagiert hatte, sagte in einer ersten Reaktion, es sei „ein bedenkliches Prinzip, wenn der Vertreter der kleinsten Partei Bürgermeister werde".

Mein Redaktionskollege Gerold Christian griff nach Bekanntwerden von Kreiskys Stellungnahme zum Telefon und rief Bürgermeister Götz an – was er wohl seinerseits zu sagen habe? Während des Telefonats stockte Christian plötzlich und ich hörte ihn sehr vorsichtig fragen: „Darf ich das schreiben?" Er durfte und schrieb: „Der Kanzler agiert so, als sei ihm Papp ins Gehirn gestiegen!"

Während die SPÖ ob dieser Majestätsbeleidigung wenn schon nicht den Staats-, so doch den Parteinotstand ausrief, herrschte auf bürgerlicher Seite glucksendes Vergnügen über diese „prachtvolle Derbheit". Man sah in Götz jetzt den robusten Herausforderer, der den Sonnenkönig schon vom Thron holen werde. Später, nach den Wahlen im Mai 1979, begannen nachdenkliche Analysten daran zu zweifeln, dass die „prachtvolle Derbheit" tatsächlich so nützlich war. Zwar wusste man im innenpolitischen Zirkus, dass Kreisky nicht mehr ganz der Alte war, aber für die Menschen war er noch am Höhepunkt, wie das beste seiner Wahlergebnisse zeigte. Es kommt nicht gut an, wenn man über einen so geachteten Politiker sagt: „Je mehr man ihm über den Schädel haut, um so eher laufen ihm die Wähler weg." Rückblickend zweifelt auch Götz, ob er nicht weniger aggressiv hätte auftreten sollen:

„Das ist sicher möglich. Ich habe aber auf etwas anderes gezielt. Ich habe bewusst den Rüpel gespielt, der ich an sich nicht bin. Ich wollte, und das ist mir sicher gelungen, den Verdacht, dass wir [Anm. d. Autors: die FPÖ] im Taschl vom Kreisky sitzen, klar und deutlich beseitigen. Ich glaube nicht, dass ich gesagt habe, am Schädel hauen, sondern, wenn man Erfolg haben will, muss man ihnen ununterbrochen auf die Zehen steigen."

Alexander Götz (geboren 1928), Sohn des hoch angesehenen Oberst a. D. Alexander Götz senior, einem der der Gründungsväter und Leitpersönlichkeiten der Freiheitlichen Partei, begann seine politische Laufbahn als Gründer des „Bundes Unabhängiger Studenten" (B.U.S.) in der Hochschülerschaft an der TU Graz, deren Vorsitzender er zwischen 1951 und 1953 mit absoluter bis zu Zweidrittel-Mehrheit war. Annäherungsversuchen des VdU widerstand er: „Ich habe gesagt: ‚Ihr dürft uns helfen, aber wir gehören nicht zu euch.' Ich habe in meinem Leben nur der FPÖ angehört, nie der NSDAP, aber nur, weil ich noch zu jung war, sonst hätte ich ihr angehört."

Sein Weg in die Kommunalpolitik war dann schon echt „Götz". Vor den Gemeinderatswahlen 1958 war er als „einfaches Parteimitglied" beim Stadtparteitag gewesen: „Auf einmal hat es geheißen, der Götz muss aufgestellt werden. Ich war nämlich mittlerweile bekannt geworden." Als junger Diplomingenieur (und dazu noch Doktor der Staatswissenschaften und Dr. jur.) trat er in die Dienste der Stadt Graz. Von seinem Bezug wurde ihm der Gewerkschaftsbeitrag abgezogen, ohne dass er Mitglied gewesen wäre: „Daraufhin habe ich gesagt: ‚Ich bin nicht abgeneigt, der Gewerkschaft beizutreten, aber ich bestehe darauf, dass ihr mir den Beitrag zurückbezahlt und dann lasse ich mich werben.' Da haben alle gesagt, das ist ein kompletter Spinner!" Man sollte dabei bedenken, dass es im öffentlichen Dienst wenigstens damals nicht ratsam war, sich mit den Gewerkschaften anzulegen.

In der FPÖ galt er als Wunderknabe. Schon 1964 wurde er von Mahnert als Obmann vorgeschlagen, er lehnte aber ab. Hätte er die Kandidatur akzeptiert, hätte das möglicherweise ein frühes Ende Peters bedeutet. 1970 wurde er stellvertretender Bundesparteiobmann und nach seinem Husarenstreich 1973 in Graz wuchs der Druck auf ihn, die Partei zu übernehmen. 1978 konnte er diesem Druck nicht mehr standhalten, sein Widerstand zerbröckelte.

Die Geschichte des FPÖ-Bundesparteiobmannes Alexander Götz ist die eines Mannes, der sich heftig dagegen wehrt, das zu werden, wofür andere wer weiß was gegeben hätten, wenn sie es hätten werden (oder bleiben) können. Noch im Jahre 1977 ließ er jedermann wissen, dass er überhaupt nicht daran denke, Graz zu verlassen.

Nach den Grazer Wahlen schwoll den Freiheitlichen der Kamm – wenn auch nicht allen. Steger war Feuer und Flamme: „Die Aufbruchstimmung muß genützt werden!", und Ofner meinte: „Wir müssen uns auf das galoppierende Pferd schwingen." Andere waren zwar auch für Götz, aber sie ließen sich von der allgemeinen Stimmung nicht anstecken, wie beispielsweise Horst Schender: „Götz ist der Mann, wenn er sich für die Parteiobmannschaft von Graz frei spielen kann. Ich persönlich kann mir die Arbeitsgrundlage nicht vorstellen." Sein Schwiegervater Friedrich Peter hatte schon 1965 gesagt: „Götz ist ein ausgezeichneter Kommunalpolitiker, aber er muss erst beweisen, ob er auch in der Bundespolitik seinen Mann steht."

Auch der Salzburger Waldemar Steiner hatte Bedenken: „Götz muss Zeit für die Bundespolitik haben. Wenn die Wahl positiv ausgeht, muss die Bundespolitik für ihn Vorrang haben."

Am 23. und 24. Februar 1978 tagte in Baden bei Wien der Bundesparteivorstand. Peter gab sofort die Parole aus: „Führungsfrage!" Götz konterte: „Es fällt mir nicht im Schlaf ein, mich zu bewerben." Doch am Ende hatten sie ihn weich geklopft und ein ziemlich übel gelaunter Götz entfleuchte rasch nach Graz.

Nun ging es darum, die organisatorischen Voraussetzungen dieser Obmannschaft zu schaffen und man entdeckte die Teilzeit-Parteiführung. Der Chef selbst wollte hauptberuflich Bürgermeister bleiben und nebenberuflich als Bundesparteiobmann agieren. Seine allererste Vertrauensperson, der angesehenen Manager Dipl.-Ing. Dr. Helmut Krünes, wollte hauptberuflich Manager der Wienerberger bleiben und nebenberuflich Götz' Statthalter, Organisator, Projektant und Koordinator in einer Person sein. Im neuen Führungsschema der FPÖ wurde er dann Generalsekretär.

Götz machte bei seinen ersten Auftritten klar, worum es ihm ging: „Die Feststellung, dass die FPÖ in die Regierung will, ist kein Ziel", hieß es da, und: „Vorrang der Grundsätze vor Taktik." Und immer wieder formulierte er in seinen vollen Versammlungen sein Ziel, die absolute Mehrheit seines Intim-Feindes Kreisky brechen zu wollen.

Schon eine Woche nach dem Bundesparteitag gab es einen Testlauf. In der Steiermark machte sich, nicht weiter verwunderlich, der Götz-Effekt bemerkbar, in

Wien ging es weniger gut: Die FPÖ behielt zwar ihre 3 Mandate, verlor aber 1,2 Prozent. Anzumerken ist, dass der Wiener Landesobmann Steger beim Parteitag statt Broesigke zum Bundesparteiobmann-Stellvertreter gewählt worden war.

Man könnte nun seitenweise über Sitzungen der verschiedenen Parteigremien, in denen sich Aufstieg und Fall des Dr. Götz vollzogen, Protokoll führen, aber verkürzt gesagt, bildeten die Nationalratswahlen die Bruchlinie: Kreisky gewann zu seinen 93 Mandaten zwei dazu und errang zum dritten Mal die absolute Mehrheit. Die FPÖ gewann ein Mandat und hatte damit endlich ihre Fußballmannschaft beisammen (11), aber aus der angestrebten Regierung Taus/Götz (von den Gegnern mit dem Zwentendorf-Slogan „Nein, danke!" bedacht) wurde nichts. Taus hatte 3 Mandate verloren und trat im Mai als Parteiobmann zurück. Götz blieb ein halbes Jahr länger.

Der Gewinn des einen Mandats wurde allenthalben pflichtschuldigst bejubelt und auch heute noch sind die Protagonisten davon sehr angetan: „Enttäuscht?! Aber woher denn? Das war ein schöööner Erfolg!"

Doch natürlich war man enttäuscht. Götz vor allem darüber, dass seine Absprachen mit Taus nur mehr Makulatur waren. Der Schwung war vergangen und allmählich regte sich in der Partei Kritik am mangelnden Engagement von Götz, aber auch an seinem Verhalten gegenüber Kollegen. Im Sommer wurde es unruhig. Bei einer Klausurtagung Ende Juni ging zuerst ein Donnerwetter über Krünes nieder: Mangelnder Teamgeist wurde beanstandet und Sand im Getriebe festgestellt. Hauptkritiker war Norbert Steger, der Krünes aufforderte, hauptberuflich der Partei zur Verfügung zu stehen. Zwischen dem Parteiobmann in Graz und dem Klubobmann in Wien bauten sich Spannungen auf, die im Herbst aufbrachen. Bei einer Sitzung der Parteileitung in der Grazer Messehalle stellte Götz die Partei vor die Entscheidung: Wenn er Klubobmann im Nationalrat werde, werde er das Bürgermeisteramt aufgeben. Die Parteileitung ging den bequemen Weg und sprach Götz und Peter das Vertrauen aus. Ein paar Tage später, am 12. November, machte Götz noch einen Versuch: Er werde Bürgermeister und Parteiobmann bleiben, ziehe sich aber aus dem Nationalrat zurück. Das wurde ihm „gestattet".

Am 1. Dezember, einem Samstag, fand in Salzburg eine Sitzung der Bundesparteileitung statt. Zunächst schien sie reine Routine zu sein, eine Pressekonferenz war erst für Nachmittag angesetzt. Ein paar Journalisten, die sich neugierig früher einfanden, bewiesen Instinkt: Götz gab überfallsartig seinen Rücktritt bekannt. Die Kollegen vom ORF, die in Wochenendadjustierung gekommen waren, weil sie ihren Auftritt erst für Nachmittag erwartet hatten, mussten sich, um dem Bacher-Krawattenerlass gehorchen zu können, eiligst Krawatten ausleihen. Werner Mück, damals noch Chefredakteur des Salzburger Landesstudios, fragte Götz: „Sie sind als frischer Wind aus Graz angetreten. Haben Sie sich jetzt verkühlt?"

Götz ist ein Beispiel dafür, dass man eine Führungsposition in der Politik unbedingt haben wollen muss, sonst scheitert man. Ein anderes prominentes Beispiel war Fred Sinowatz, der sich, loyal wie er war, erst dem ausdrücklichen Befehl Kreiskys beugte; er selbst hatte sich dem Amt nicht gewachsen gefühlt. Das dürfte bei Götz nicht der Fall gewesen sein, bei ihm war es viel profaner: Er hatte einfach kein Interesse daran. Krünes sagt über Götz:

„Er hat seine Welt außerordentlich klar verteidigt. Seine Welt war Graz, dann die Steiermark, aber schon nicht mehr mit der gleichen Energie. Er hat daraus aber Vorteile gezogen. Er hat durch seinen Kontakt, nicht nur mit dem Parteivolk, sondern mit der Grazer Gesellschaft, gespürt, was den Menschen unter die Haut geht. Aber er war nicht interessiert daran, in einem Parteimachtgefüge aufgearbeitet zu werden, er hatte eine tiefe Abneigung gegen den echten Apparat und wollte nicht aufgehen darin. Er hat den Machtverlust aktiv ermöglicht. Und wenn du siehst, dass dein Feldherr den Rückzug schon ein wenig mit eingeplant hat, und nicht auf Vorwärtsstrategie geht, obwohl er das Zeug dazu hat, dann bist du natürlich ein bisschen enttäuscht."

Persönlich legte Götz im Umgang mit seinen Kollegen aus der Bundespolitik ein Verhalten an den Tag, das vielfach als autoritär oder sogar als arrogant empfunden wurde: „Ich lehne es ab, Vorstandsbeschlüsse zu transportieren, die meiner Überzeugung widersprechen!"

Dazu kam, dass er sich von der Politik nicht vereinnahmen ließ, was man ihm wiederum als Leichtfertigkeit auslegte. Als sein Sohn eine Nachprüfung bestand, nahm er sich den Nachmittag frei und ließ eine wichtige Parteisitzung sausen. Wenn er als Bürgermeister Dienstschluss hatte, war er einfach nicht mehr erreichbar. Seine Geheimnummer gab er nicht weiter (oder nur an einen ausgewählten Personenkreis). Klubobmann Peter wollte ihn einmal von einem kurzfristig abgesetzten Termin im Parlament informieren, konnte es aber nicht: „Ich kenne seine Privatnummer nicht." Stix sagte hingegen, er habe nie Schwierigkeiten gehabt, ihn telefonisch zu erreichen. Wenn Götz auf Urlaub oder Kur war, hätte wahrscheinlich die FPÖ untergehen können – er wäre auf Urlaub geblieben und hätte weiter die Bäder genommen.

Götz konnte ausgesprochen rüde sein, frei nach seinem Ausspruch: „Ich bin kein Absolvent einer Diplomatenschule." Als er wieder einmal einen seiner einsamen Beschlüsse verkündete, fragte ihn Peter: „Glaubst du nicht, daß es gut wäre, meine Meinung zu hören, auch wenn du sie nicht vollziehst?" Die Antwort von Götz war tatsächlich alles andere als diplomatisch: „Deine Meinung interessiert mich nicht."

Der Vorarlberger Robert Bösch wollte einmal wissen, was in einem von Götz vorbereiteten Papier stünde, worauf Götz entgegnet haben soll: „Das halte ich nicht für notwendig!"

Sein besonderer Freund war Steger, der schon recht bald begann, die Fäden gegen Götz zu ziehen, und Journalisten nur allzu gerne an seinen Bedenken gegen den Grazer teilhaben ließ: „Seit es den Steger gibt, stehen die Dinge ständig in der Zeitung. Daher spreche ich dem Dr. Steger das Mißtrauen aus."

Warum es so gar nicht geklappt hat zwischen ihm und der Bundes-FPÖ, erklärt Götz Jahre später im Gespräch für dieses Buch so:

„Ich habe bei der Vorstandssitzung in Baden im Februar 1978 gesagt, dass es mir nicht möglich erscheint, neben dem Amt als Bürgermeister die Funktion des Bundesparteiobmannes auszuüben, worauf mir von allen Seiten Unterstützung zugesagt wurde. Jeder Landesparteiobmann hat mir gesagt: ‚Natürlich, selbstverständlich, wir nehmen dir ab, was geht.' Ich habe diese Erklärungen in einer – ich möchte sagen – noch zulässigen Naivität für bare Münze genommen. Ich war schon lange im Bundesparteivorstand und ich hätte es besser wissen müssen. Mein eigentliches Wirkungsgebiet war die Steiermark gewesen und da gab es einfach eine andere Einstellung, ein anderes Selbstverständnis von ehrenamtlicher Arbeit und von kameradschaftlicher Arbeit – auch wenn das heute ein verpöntes Wort ist."

„War in der Bundespolitik da so viel anders?"

„Ich erinnere mich, wie mein Vater noch als Landesparteiobmann entsetzt von einer Besprechung zurückgekommen ist, in der es um Landtagswahlen gegangen ist – ich glaube in Salzburg oder Kärnten –, und erzählt hat, dass der Peter in einem Gespräch in Anwesenheit eines zweiten Landesobmannes gesagt hat: ‚Naja, jetzt müssen die erst noch die Landtagswahl verlieren und dann werden sie ihre Aufmüpfigkeit auch verlieren.' Das war eine entsetzliche Vorstellung, dass es so etwas in einer politischen Gruppierung tatsächlich geben kann. Das hat es bei uns nicht gegeben. Es ist aus unserem kleinen Gemeinderatsklub auch nichts, aber wirklich null, an die Öffentlichkeit gedrungen."

„In der Bundespolitik ist es an die Öffentlichkeit gedrungen?"

„Da hat es im Cafe Eiles [Anm. d. Autors: Ein Wiener Kaffeehaus in der Nähe des Parlaments, wo häufig Politiker mit Journalisten beobachtet werden konnten, unter anderem auch Steger.] Sonderfrequenzen gegeben. Während ich wie ein Trottel im ganzen Bundesgebiet in einem 18-Stunden-Tag herumgefahren bin, haben sie blöde Witze über mich, den unbequemen Tölpel aus der Provinz, gemacht."

„Ich kann mich noch gut erinnern, wie groß die Hoffnungen waren, die man auf Sie setzte. Sie hätten doch alles bekommen, was Sie wollten."

„Ich war zu blöd. Dieser Erpressermodus ist eine Geschichte, die mir absolut nicht liegt. Ich war immer der Meinung, dass letztlich der persönliche Einsatz, Überzeugungsarbeit und gewisse, wie ich glaube, politische Qualifikation reichen."

„Aber es muss Ihnen doch bald gedämmert haben, dass es mit Überzeugungsarbeit allein nicht geht, dass Sie sich sozusagen auf die Hinterbeine stellen müssen."

„Das habe ich dann schon gemacht. Ich habe den Katalog mit der Forderung ‚Attackieren statt arrangieren!' und einigen Grundzüge, die ich für notwendig erachtet habe, eingebracht. Ich hätte das früher machen sollen. Aber es ist natürlich die Frage, ob ich mehr als wohlwollende Zustimmung erhalten hätte. Peter hätte sicher nicht mitgespielt und viele andere auch nicht und es wäre bei irgendeinem Wischiwaschi geblieben, bei dem ich hätte sagen müssen: ‚Nein, ich mache es nicht.'"

„Was wollte man mit den Störmanövern? Wollte man sie nur einfach wieder loswerden, damit doch der Peter weitermacht oder irgendjemand anderer?"

„Nein, das glaube ich nicht, dass das unbedingt das Ziel war. Das Ziel lag schon in der politischen Zielsetzung. Meine politische Zielsetzung war der Angriff auf Rot und Schwarz. Da konnte ich keine Kompromisse schließen. Ich kann auch keine Kompromisse bei Wahlprogrammen schließen."

„Nun wird es aber Kompromisse geben müssen, wenn man mitgestalten will. Es sei denn, man hat die absolute Mehrheit. Diese Abneigung gegen Kompromisse in der Partei hat zweimal die Regierungsteilhabe der FPÖ ruiniert."

„Ich kann mir nicht vorstellen – und ich habe ja Gespräche mit Taus geführt –, dass ich von bestimmten zentralen Vorstellungen abgegangen wäre. Ich besitze natürlich Kompromissbereitschaft, ich war ja lange genug in der Kommunalpolitik. Aber ich kann nicht eine Forderung in den Raum stellen und sie vergessen. Ich kann nicht sagen, um beispielsweise etwas aus der jüngeren Vergangenheit zu nehmen, ich werde jedes mir zur Verfügung stehende Mittel anwenden, um eine Aufnahme Tschechiens in die EU so lange zu verhindern, bis die Beneš-Dekrete gefallen sind. Das war immerhin eine Aussage. Dann muss ich bitte dieser Aussage gemäß handeln. Da kann noch alles Mögliche passieren. Ich kann überstimmt werden, gut, nehme ich zur Kenntnis, ich bin ja kein Neudemokrat, aber nicht zur Kenntnis nehme ich, dass ich persönlich meine Einstellung ändere. Der Wähler muss wissen, wofür eine politische Partei steht."

„Jessas, der Teufel!"

An langen Winterabenden haben die Menschen früher „Was wäre, wenn ..." gespielt. Was wäre gewesen, wenn der liebe Gott dem Adam statt der Rippe das Gehirn herausgeschnitten und die Eva statt des Apfels eine Birne gepflückt hätte? Oder was wäre gewesen, wenn Napoleon 1,90 Meter gemessen hätte?

Was wäre gewesen, wenn Taus und Götz 1979 die Wahl gewonnen hätten?

Taus und Götz hatten als Basis ihrer Zusammenarbeit in mehreren Gesprächen jeder für sich ein Papier ausgearbeitet, in dem sie ihre Vorstellungen niederschrieben. Dann schritten sie zur Gegenüberstellung und es zeigte sich, dass sie in der Sache im Wesentlichen übereinstimmten: „Wir haben uns gesagt: Wenn es dazu kommt [Anm. d. Autors: zur Zusammenarbeit] dann gibt es keine Parteienvereinbarung, sondern eine persönliche Vereinbarung zwischen Taus und Götz."

Der intellektuell brillante Wirtschaftsexperte Taus war damals in der ÖVP längst umstritten. Er hatte das Pech, gegen den Ausnahmepolitiker Kreisky bestehen zu müssen. Taus war – im Gegensatz zu Kreisky – nicht telegen und das störte viele in seiner Partei. Es half dem Wahlkämpfer Taus nicht sehr, als der Innsbrucker Finanzwissenschafter Clemens August Andreae, der selbst als Finanzminister im Gespräch war, bei Götz vorfühlte, ob er nicht für eine Grazer Lösung auf Bundesebene (Götz als Bundeskanzler, Taus Vizekanzler) zur Verfügung stünde: „Der Taus ist so öffentlichkeitsscheu!" Das war zunächst nur die skurrile Idee eines Professors (Andreae starb 1991 beim Absturz der Lauda-Maschine in Thailand), aber ÖVP-Generalsekretär Sixtus Lanner wies das nicht zurück, sondern ließ den durchaus ernst gemeinten Vorschlag in eine witzige Bemerkung verschnürt in der Luft hängen.

Die SPÖ führte gegen Götz, den finsteren Nationalen und Konservativen, einen Verteufelungswahlkampf im wahrsten Sinne des Wortes. Steger erzählt die folgende Anekdote:

„Ich ging mit Götz im Wahlkampf durch die Fußgängerzone Favoritener Hauptstraße und plötzlich bleibt ein Mann stehen, starrt, läuft ein paar Meter zurück und schreit: ‚Jessas, der Teufel!' Ein sozialistischer Funktionär hat unserem Vertreter in der Bezirkswahlkommission erzählt, dass der Mann kurz darauf vor Schreck gestorben ist."

Die Frage, was gewesen wäre, hätten Taus und Götz eine Regierung gebildet, ist nicht beantwortbar – das Wahlergebnis ließ dies einfach nicht zu. Doch was wäre gewesen, wenn Götz bis 1983 Parteiobmann geblieben wäre? Es wäre (wahrscheinlich) vieles anders gekommen. Götz hatte Charisma, er war telegen, ein begnadeter

Kommunikator, er hatte bestimmt auch eine Prise Populismus, aber er kannte zum Unterschied von Haider Grenzen. Wahrscheinlich hätte die FPÖ unter seiner Führung nicht diese – letzten Endes fatale – Wählermaximierung erlebt, weil Götz seine Grundsätze nicht opportunistischer Beliebigkeit zu opfern bereit war, aber er hätte gewiss genügend Stimmen gesammelt, um in einer Parteienlandschaft ohne absolute Mehrheiten eine wichtige Rolle zu spielen. Einen Obmann Norbert Steger hätte es nicht gegeben und das politische Super-Talent Haider hätte, um ganz nach oben zu kommen, erst vom Jörgl zum Jörg reifen müssen.

Steger – ein ungeeigneter Obmann?

Der Wiener Rechtsanwalt Dr. Norbert Steger (1944) war der Parteiobmann, unter dem die „Freiheitliche Partei Österreichs" zum ersten Mal in ihrer Geschichte – nach fast 30 Jahren – und vielen gescheiterten Versuchen endlich Regierungspartei wurde. Wie er in die Partei geraten ist, schildert Steger so:

„Friedrich Peter ist zu einer Diskussion zu uns in den ‚Atterseekreis' gekommen. Ich habe ihm gesagt: ‚Ein SSler kann niemals ein Exponent einer liberalen Gruppierung sein und so lange es Sie gibt, kann die FPÖ nie eine liberale Partei sein.' Er hat dann zu mir gesagt: ‚Wissen Sie, so blöd reden wie Sie kann jeder. Wenn Sie glauben, dass das anders sein muss, dann treten Sie bei uns ein und machen es besser!' Und ich habe gesagt: ‚Ah, so, dann geben Sie her ein Formular.' – ‚Dann müssen Sie auch Verantwortung übernehmen!' – ‚Das werde ich schon machen!'"

In die Politik war Steger schon als Student gekommen, hatte aber während des Studiums nicht viel Zeit dafür, denn der ehemalige Sängerknabe wollte unbedingt Musiker werden: „Jus habe ich eigentlich nur studiert, weil auch Karl Böhm, eines meiner Idole, Jus studiert hat. Ich musste nebenbei arbeiten, in der Musik, an verschiedenen Theatern, tagsüber war ich Friedhofssänger, und da blieb nicht viel Zeit für die Politik." Einen Teil seiner Freizeit wird er wohl mit seinem Bundesbruder Frischenschlager in der Sängerschaft „Barden" (Wahlspruch: „Im Denken treu und klar, in Taten frei und stark, im Liede deutsch und wahr!") verbracht haben.

Peter vermittelte Steger nach der Diskussion im „Atterseekreis" weiter:
„Er hat mir später erzählt, dass er am nächsten Tag den Broesigke angerufen hat und gesagt hat: ‚Da kommt einer. Pass auf, der hat ein bisschen Flausen im Kopf.'" Broesigke machte es Steger nicht leicht und schickte ihn in die Bezirke – üblicherweise ein bewährter Weg, um jemanden gleich wieder abzuschrecken und loszuwer-

den: „Es war unerträglich, was dort an Funktionären gesessen ist. Ich habe damals den Ausdruck ‚Kellernazi‘ gebraucht, der es bis zur Titelzeile gebracht hat. Das ist daher gekommen, weil die ihre Parteilokale alle im Keller gehabt haben. Es gab ja liebenswerte Nazis, aber es war nicht so, dass sich alle netten und qualifizierten Nazis in der FPÖ wiedergefunden hätten. Die haben anderswo Karriere gemacht und sich nicht gerade hineingedrängt in die FPÖ. Was übrig blieb, waren die Frustrierten. Also nicht das, woraus man auf Dauer eine Partei machen kann."

Diesen Kreisen der Wiener FPÖ, für die jemand auch die Bezeichnung „Blockwartepartei" geprägt hatte, war beispielsweise der stellvertretende Landesparteiobmann und Gemeinderat Hans Klement zuzurechnen, der in einem Interview sagte, seine Grundeinstellung und seine Erziehung würden ihm eine Koalition mit dem Juden Kreisky unmöglich machen. Er hatte immerhin den Anstand, zurückzutreten, nachdem Peter und Broesigke sich von ihm distanziert hatten.

Es sei ihm, so Steger, gar nicht so sehr darum gegangen, den „rechten" Rand zu eliminieren, wie ihm das von seinen rechten Gegnern vorgeworfen wurde, er habe jedoch Peters Einsicht übernommen:

„Ich wollte die Deutschnationalen nicht umbringen, aber ich habe gewusst, das ist eine Minderheit in der Bevölkerung. Das Absterben der Partei war ja auch darauf zurückzuführen, dass das deutschnationale Element in der Bevölkerung immer kleiner geworden ist, in den Delegiertengruppen war es allerdings überproportional vorhanden. Ich wollte aus der FPÖ eine Partei wie die FDP machen."

Steger machte in der Wiener FPÖ rasch Karriere: 1972 Bezirksobmann Hernals, 1975 stellvertretender Landesparteiobmann, 1977 Nachfolger Broesigkes als Landesparteiobmann. Im Jahr 1978 wurde er auf dem Oberlaaer Parteitag zu einem der Stellvertreter von Götz gewählt – allerdings erst nach einigem Hin und Her im Nominierungsverfahren und einem freiwilligen Verzicht Broesigkes auf die Kandidatur.

Am 2. März 1980 wurde Norbert Steger auf einem außerordentlichen Parteitag im Bruckner Haus in Linz zum Bundesparteiobmann gewählt. Er setzte sich – nach einem Wahlkampf mit Haken und Ösen – gegen Harald Ofner durch.

Die beiden Rivalen hatten ihre Mentoren: Ofner wurde von Götz vorgeschlagen, Steger hingegen vom Parteiestablishment, über das Götz eben gestürzt war. Stegers Kandidatur war alles andere als unumstritten. Es gab böse Kommentare: „So lange der Steger nicht Obmann ist, wird in der Partei keine Ruhe sein!" Auch das Urteil von Otto Scrinzi war deutlich: „Stegers bisher kurze, aber erfolgreiche Parteilaufbahn weist ihn als eine Catilinarische Existenz aus: getrieben von maßlosem Ehrgeiz, wenig wählerisch in seinen Mitteln und an allen Killer-Aktionen in den letzten fünf Jahren der Parteigeschichte beteiligt."

Aber er hatte auch Fürsprecher, obschon sie ihm nicht immer schmeichelhafte Komplimente machten. Der Salzburger Walter Leiter, der in seiner ruhigen, verschmitzten Art auch ganz schön resch werden konnte, meinte: „Wenn es wahr ist, dass der Zwetschkenkrampus Broesigke, Peter und Götz beseitigt hat, kann er nicht so schwach sein, wie manche behaupten. Dann probieren wir es doch und lassen ihn einmal an den Kreisky heran."

Und Steger selbst fand, dass er nicht gerade dem FPÖ-idealtypischen Bild entsprach: „Ich habe mich immer für einen ungeeigneten Parteiobmann gehalten, weil ich gewusst habe, einer der Wiener ist, der so ausschaut wie ich, der urban und intellektuell ist, der ist nicht der richtige Mann, um Parteiobmann der FPÖ zu sein."

Nach langer Diskussion über Termine und Personen stellten sich in einer Vorstandssitzung am 16. Dezember Waldemar Steiner und Norbert Steger (mit Gerulf Stix als Reservekandidat) einer Vorentscheidung. In der Abstimmung setzte sich Steger mit 10:4 Stimmen gegen Steiner durch. Das war aber, wie Götz sagen würde, nicht das Ende der Fahnenstange. Dessen Steirer brachten einen Monat vor dem Parteitag Harald Ofner ins Spiel. Ofner erzählt: „Im Jänner 1980 war ich auf dem Ball der Militärakademie. Irgendwann in der Nacht ist eine Ordonnanz dahergehastet: ‚Herr Abgeordneter, Sie sollen zum Telefon, der Götz ist am Apparat.' Da hat er mir gesagt, dass ich kandidieren soll."

In Wahlkampf ging Ofner klar auf Angriff und kehrte gegenüber dem trotz seiner Größe eher zartgliedrigen Steger das gestandene Mannbild hervor: „Zu der Zeit, als Steger Sängerknabe war, bin ich auf Hochspannungsleitungen gesessen." Eine Anspielung auf Ofners Tätigkeit als Starkstrommonteur, mit der er sich sein Jus-Studium finanziert hatte.

Den Unterschied zwischen sich und Steger beurteilt Ofner so:

„Ich war ein erdverbundener Politiker, der Steger urban intellektuell. Und ich habe gesagt: ‚Ich bin ein österreichischer Deutscher.' Wenn ich das heute sage, lassen sie mich einliefern: entweder ins Landesgericht oder auf die Baumgartner Höhe. Damals hat sich niemand besonders aufgeregt."

Auch Steger streicht die Unterschiede zwischen ihm und Ofner hervor: „Ich war ein großbürgerlicher Kandidat und er ein kleinbürgerlicher. Aber ich lasse über ihn nichts kommen. Er war ein tadelloser Charakter, ein grundanständiger Mensch, ein tadelloser Politiker."

Um ihre Unterstützung für Steger gegen Ofner zu dokumentieren, unterschrieb eine Gruppe von Gründungsmitgliedern der FPÖ einen Aufruf.

Götz konterte und schrieb einen emotionellen Brief an Parteifreunde, in dem er sich noch einmal seinen Ärger über die Ereignisse während seiner Obmannschaft von der Seele schrieb und einen flammenden Appell zur Wahl Ofners anschloss. Als Reaktion auf diesen Brief erschien ein Aufruf aufstrebender junger freiheitlicher Politiker zugunsten Stegers – eine Unterschrift stammte von Jörg Haider.

Hirnschall erzählt, dass er und Piringer einmal einen Vortrag über die Geschichte der Partei gehalten hätten:

„In dem Vortrag kam auch der Wechsel von Götz zu Steger zur Sprache. Da meldet sich der Jörg, der bis dahin zu dem Abend nichts beigetragen hatte, zu Wort, und fragte: ‚Was glaubt ihr, wen habe ich gewählt?' Ich hätte gewettet, dass Haider den Ofner gewählt hat, aber Haider sagte: ‚Ich habe den Steger gewählt.' Und er hat auch gesagt, warum: ‚Wenn der Steger Obmann wird, mit dem werde ich fertig. Mit dem Ofner nicht.'"

An dieser Stelle passt ein kurzer Rückblick auf den Parteitag in Oberlaa 1978: Als Peter in Steger drang, doch noch ein, zwei Jahre zugunsten Broesigkes auf den Posten des Obmann-Stellvertreters zu warten, antwortete der damals: „Ich kann nicht warten, sonst kommt mir der Haider als Nachfolger von Götz zuvor."

Das Parteitagsmanagement funktionierte: In der Abstimmung erhielt Steger von den abgegebenen 451 Stimmen 247 (55,4 Prozent), auf Ofner entfielen 199 (44,6 Prozent).

Der Wahlkampf und das Wahlergebnis hinterließen bei den beiden Rechtsanwälten keine Spuren. Im Gegenteil: Zwischen den beiden entwickelte sich eine Beziehung voll Respekt und Loyalität, wie Ofner sie beschreibt:

„Das Verhältnis zu Steger war sofort tadellos, ich habe erwartet, dass er mich enthaupten lassen wird, aber er hat mich zu allem herangezogen, was für seine menschlichen und politischen Qualitäten spricht. Er hat mich freundlich behandelt, vielleicht auch deshalb, weil wir beide einen Beruf gehabt haben, in dem man weiß, dass man gewinnen und verlieren kann."

In seine Antrittsrede rückte Steger die FPÖ in die politische Mitte und nahm auch wieder – mit Überzeugung – das Wort „liberal" in den Mund: „Die ersten wirklichen Demokraten in Österreich waren die National-Liberalen. Die Erneuerung dieser Bewegung können wir sein, wenn wir den Mut zu einer zukunftsorientierten Politik finden."

Schon im September jenes Jahres wurde Steger zu einem der Vizepräsidenten der „Liberalen Internationalen" gewählt, in die die Freiheitlichen endlich aufgenommen worden waren.

Doch bevor die Delegierten nach der Abstimmung auf dem Parteitag Feierabend machen durften, hatten sie noch einen hochprotokollarischen Programmpunkt zu absolvieren: die Rede des freiheitlichen Kandidaten für die Präsidentschaftswahl, Dr. Willfried Gredler. Wer Gredler kannte, weiß, dass er seine Botschaften nie in leichtfertiger Kürze vorgetragen hätte; jeder, der ihm zuhörte, wusste hinterher sehr genau, was der distinguierte Diplomat, der Österreich in Bonn und Peking vertreten hatte, zu tun oder nicht zu tun beabsichtigte.

Die Bundespräsidentenwahlen fanden am 18. Mai 1980 statt, nachdem das Wahljahr durch einige Regionalwahlen eingeleitet worden war, die für die FPÖ recht ordentlich verliefen.

Die ÖVP (Alois Mock hatte mittlerweile Taus abgelöst), hatte keinen eigenen Kandidaten aufgestellt, aber unter der Hand Präferenzen für Kirchschläger erkennen lassen.

Kirchschläger gewann mit 80 Prozent der Stimmen, Gredler, der stets der Kontaktmann der FPÖ zur ÖVP gewesen war, war trotz achtbarer 17 Prozent enttäuscht: „Selbst Kirchschläger hat gemeint, dass ich mehr als eine Million Stimmen erreichen werde. Dass das nicht gelungen ist, ist das Ergebnis des für mich völlig unbegreiflichen Verhaltens der ÖVP." Durch die 140 000 Stimmen für Burger musste sich Österreich wieder einige Zeit den Vorwurf gefallen lassen, ein Hort der Unbelehrbaren zu sein. In der FPÖ war man der Überzeugung, dass Burger Stimmen aus den national-konservativen Kreisen der ÖVP bekommen hatte.

Der Kontrollor und „sein" AKH-Skandal

Steger hatte einen fulminanten Start: Nur wenige Tage nach seiner Wahl brach der Skandal um den Bau des Allgemeinen Krankenhauses in Wien aus. Die Baukosten waren geradezu explodiert. Der Grund waren sicher die objektiven Schwierigkeiten bei einem so großen, technisch komplizierten Bauvorhaben, Schlampereien bei der Baudurchführung, schlechte Planung – aber es gab auch riesige Durchstechereien, die einen Rattenschwanz von Prozessen nach sich zogen. Die FPÖ war politisch in ihrem Element.

Berühmt wurde zum Beispiel Helene Partik-Pablé, seit ihrer Jugend Parteigängerin der FPÖ. Sie half in der elterlichen Greißlerei, holte die Matura nach, studierte Jus und wurde Richterin. Sie machte unter Steger in der Wiener Partei Karriere und wurde auch Mitglied des Bundesparteivorstandes. Als Untersuchungsrichterin kam sie mit dem AKH-Skandal in Berührung. Sie erhielt verdienten Applaus, als sie Interventionsversuche von Justizminister Christian Broda zurückwies. Am 26. August bestellte sie den ITT-Manager Fritz Mayer, der damals auch Präsident der Industriellenvereinigung war, zu einer Einvernahme ins Landesgericht und ließ ihn verhaften. Mayer saß damals 41 Tage in U-Haft und wurde schließlich vom Korruptionsverdacht freigesprochen; war aber das, was man einen gebrochenen Mann nennt. Partik-Pablé bekam ein Nationalratsmandat – als Belohnung, wie gemunkelt wurde.

Der zweite Freiheitliche, der durch den AKH-Skandal berühmt wurde, war Steger. Er war am 9. Mai zum Vorsitzenden des parlamentarischen Untersuchungsausschusses gewählt worden. Auch er übertrieb es und manövrierte sich in eine beachtliche Bredouille. Mitte Juli sprach er in einem Interview seinen Verdacht aus, dass Schmiergelder im Verhältnis 2:1 auf die SPÖ und die ÖVP aufgeteilt worden seien. Steger hatte sich auf einen Aktenvermerk des im Mittelpunkt des Skandals stehenden AKH-Direktors Alfred Winter bezogen, in dem es hieß: „[…] 2. Prutscher [Anm. d. Autors: ein Wiener ÖVP-Gemeinderat] 2 Prozent. 3. Kopie an Bauer – Wiener ÖVP-Obmann." Die Behauptung Stegers löste heftige Reaktionen aus und Steger steckte umgehend zurück:

„Außer diesem Aktenvermerk ist zum gegenwärtigen Zeitpunkt kein Beweismittel vorhanden, dass eine Parteienfinanzierung in irgendeiner Form erfolgt ist. Weiters lege ich Wert auf die Feststellung, dass ich mein Gespräch nicht als Vorsitzender des Untersuchungsausschusses, sondern als von der FPÖ in diesen Ausschuss entsandter Abgeordneter geführt habe."

Ein Beweis für Parteienfinanzierung wurde nie gefunden. Seine Glaubwürdigkeit war nach seinem reflexartigen brieflichen Rückzug aber bei den Journalisten nachhaltig beschädigt, was sich bis zu seinem politischen Ende in Berichterstattung und Kommentierung niederschlug.

Warum Steger seine Behauptung, es habe Parteienfinanzierung im Verhältnis 2:1 gegeben, am nächsten Tag in einem Brief an die Redaktion abgeschwächt hatte, begründet er selbst so: „Die Sache war ganz einfach. Bis heute weiß niemand, wer das [Anm. d. Autors: die Behauptung] ausgelöst hat. Das hat natürlich der Androsch ausgelöst. Er hat mir die Belege, die er mir versprochen hat, einfach nicht gegeben."

Kreisky hatte nach den Äußerungen Stegers mit der Ausrufung einer Eiszeit reagiert. Das Tauwetter, das später einsetzte, erklärt Steger folgendermaßen:

„Es hat nie ein Journalist nachgefragt, weshalb Kreisky die Eiszeit beendet hat. Beendet hat er sie, nachdem ich doch einige Unterlagen gehabt und ihm gebracht habe. Er hat sie sich angeschaut. Kreisky ist ein großer Kanzler, aber in diesem Gespräch war er kein großer Kanzler. Er hat geschwitzt und er hat gefragt: ‚Was machen wir jetzt?' Ich habe ihm geantwortet: ,Ich glaube das alles nicht, was ich da habe.'"

„Was waren das für Unterlagen?"
  „Kreisky-Unterschriften."

„Kreisky-Unterschriften worunter?"
  „Finanzielle Transaktionen."

„Welche Transaktionen?"
  „Das werde ich auch heute nicht sagen. Aber es war das Ende der Eiszeit. Er hat ab diesem Gespräch gewusst, dass man mit mir auch etwas ausmachen kann, weil ich es wirklich nicht weitergegeben habe."

„Wie hat sich Ihr Verhältnis zu Kreisky dann entwickelt?"
  „Er hat aufgehört, mich zu behandeln wie den kleinen Lehrbuben. Schauen Sie: Der war doch lange genug in der Politik, das gibt es nicht, dass da nichts war. Er musste den ,Vorwärts' sanieren, das geht alles nicht ohne Geld. Die Summen waren relevant. Genau so wie die Sache mit seinem eigenen Haus in der Armbrustergasse relevant war. Er hat es selber gekauft, und hat es, nachdem er es gekauft hat, der Versicherung verkauft. Aber er hat es mit Zahlungsfrist gekauft, die hinter der Zahlungsfrist der Versicherung gelegen ist. Und wie er die Verträge gesehen hat mit den Unterschriften, hat er schon gesehen, dass man einiges in der Hand hatte für einen Parlamentskrach."

„Warum haben Sie den Parlamentskrach nicht veranstaltet?"
  „So ein Material verwendet man oder man verwendet es nicht. Wenn man es verwendet, hat man einmal einen Knallfrosch und es ist vorbei. Oder man verwendet es nicht und dann ist man aufgestiegen in die erste Reihe. Aber man verwendet manche Dinge nicht, weil man weiß, er ist ein großer Kanzler."

Diese Erklärungen Stegers sind starker Tobak. Zeitzeugen bewerten sie als den Versuch des Ex-Vizekanzlers, die Geschichte umzuschreiben. Für Androsch ist Stegers Erklärung jedenfalls völlig absurd:
  „Erstens ist der ,Vorwärts' nie saniert worden, sondern nur das Gebäude ist unter merkwürdigen Bedingungen von Vranitzky, der als Parteivorsitzender die AZ geschlossen hatte, an seinen Freund GKK-Schmid übertragen worden, der dann beim Weiterverkauf ein gutes Geschäft gemacht hat. Stegers Behauptung kann also

schon aus diesem Grund nicht stimmen. Sie kann aber auch aus einem zweiten Grund nicht stimmen. Die Behauptung, dass der Kreisky da was unterschrieben hätte, würde ihn ja zu einem Vollidioten stempeln, und das war er ja nun wirklich nicht. Wenn es stattgefunden hätte, was ich ganz entschieden bestreite, wäre es so sicherlich nicht passiert, das hat sich nur in der hoffnungsvollen Fantasie des Herrn Steger so abgespielt. Steger hatte große Hoffnungen in die Funktion des Untersuchungsausschusses gesetzt, war vom politischen Jagdfieber erfasst und ist draufgekommen, dass partout kein Wild im Revier ist. Mir hat er erzählt, wie sehr der Kreisky ihn gedrängt und von ihm erwartet und erhofft hatte, dass er in dem Untersuchungsausschuss etwas gegen Androsch findet."

Als Ausbund der Fantasie bezeichnet Androsch auch Stegers Behauptung, er, Androsch, habe diesem Belege versprochen, sie dann aber nicht geliefert: „Da ich mit den Parteifinanzen der SPÖ und, wie Sie sich vorstellen können, noch weniger mit denen der ÖVP zu tun hatte, hatte ich und konnte ich keine Belege haben und habe so etwas auch nie behauptet."

Der AKH-Untersuchungsausschuss richtete zwar einigen Kollateralnutzen an (er hatte ein Antikorruptions- und ein Vergabegesetz zur Folge), blieb aber sonst ergebnislos.

Im Dezember 1980 kündigte Androsch seinen Rücktritt als Vizekanzler und Finanzminister an und wurde am 15. Jänner mit der Unterstützung der FPÖ in den CA-Vorstand gewählt.

Die Unterstützung der FPÖ für die Übersiedlung Androschs in den Creditanstalt-Bankverein war die erste Stufe zum Koalitionsthron, aber in der Rückschau auch der erste Sargnagel für Steger, obwohl er für die Vereinbarung mit der SPÖ die fast einstimmige Unterstützung der Parteigremien hatte (einschließlich Haider).

Im Aufsichtsrat der CA – die im Proporzschema die schwarze Bank war, die Roten hatten die Länderbank – hielten SPÖ und ÖVP je 13 Sitze. Es kam somit auf den einen freiheitlichen Aufsichtsrat (Hilmar Kabas) an.

Steger stand im Konflikt zwischen Androsch und Kreisky aufseiten des Jüngeren: „Ich habe den Androsch immer geschätzt, die Korruptionsvorwürfe habe ich nicht geglaubt. Ich bin dem Kreisky nicht hineingefallen, dass er der Gute ist, wenn es ums Geld geht, und der Androsch der Böse."

Er hielt Androsch als Bankdirektor für bestens geeignet, aber ganz ohne Selbstsucht war die Unterstützung für Androsch nicht, wie Steger freimütig zugibt: „Der Dümmste hat bemerkt, dass der Benya auf der Seite Androschs war. Da war natürlich das Kalkül, dass ich, wenn ich Androsch unterstütze, die Gewerkschaft kriege." Das Kalkül war nicht falsch gewesen:

„Nachdem bei einer Aussprache in Kreiskys Villa erste Vereinbarungen getroffen worden waren, hat mich der Benya angeschaut und gesagt: ‚Ich schau mir das schon an, ob Sie das durchbringen!‘ Und mir war klar, dass der Benya, wenn ich es in der FPÖ durchbringe, aufhören wird, dagegen zu sein, dass wir mit der SPÖ regieren.“

Als Bedingung für ihre Zustimmung zur Berufung Androschs in die CA hatte die FPÖ die Beseitigung des Proporzsystems in der Personalpolitik und die Offenlegung und Kürzung der Bezüge der Vorstandsdirektoren verlangt.

Mit der Zustimmung zur Entsendung Androschs in den CA-Vorstand hatte die FPÖ ihr Verhältnis zum ÖGB, also vor allem zu Benya, entspannt und der Weg in eine kleine Koalition mit der SPÖ – sollte diese notwendig werden – war geebnet.

Auch sonst verbesserte sich das Verhältnis zur Außenwelt, insbesondere ab 1981. Schon im Juni 1980 war Broesigke zum Rechnungshofpräsidenten gewählt worden (im Nationalrat rückte Holger Bauer nach).

1981 feierte die Partei ihr 25-jähriges Bestehen mit einem Festakt im Salzburger Kongresshaus. Es gab Lob von Bundespräsident Kirchschläger: Die FPÖ habe zur Anziehungskraft und Lebensfähigkeit der österreichischen Demokratie beigetragen und die notwendige Fairness in der politischen Auseinandersetzung eingehalten. Der Bestand einer Partei, in der sich die sich dem deutschnationalen-liberalen Lager zugehörenden Österreicher zu Hause fühlten, sei nützlich und notwendig.

ÖVP-Parteiobmann Mock sagte zu einer möglichen Zusammenarbeit mit der FPÖ ein paar Wochen später: „Ich halte diesen Schritt in der Demokratie für durchaus möglich, auch in unserer Demokratie.“

In der innerparteilichen Welt gab es hingegen mehr oder weniger spürbare Verwerfungen. Beim ordentlichen Parteitag am 20. und 21. September in Linz bekam Steger mit knapp 88 Prozent zwar erheblich mehr Stimmen als im März (55 Prozent), aber diesmal war es keine Kampfabstimmung gewesen. Für einen Amtsinhaber war das Ergebnis nicht berauschend, vor allem wenn man noch in Rechnung stellt, dass er durch seine AKH-Tätigkeit ein Riesenmedienecho gehabt hatte.

Mitte September 1981 wurde das Thema Ausländer virulent. Innenminister Erwin Lanc hatte angekündigt, dass „Staatsbürgerschaftsehen“ in Hinkunft nicht mehr möglich sein würden. Ofner warnte vor einem unkontrollierbaren Zuwandererstrom.

Am 6. November 1981 war Hans Dietrich Genscher, Vizekanzler und Außenminister der Bundesrepublik Deutschland und Vorsitzender der FDP, in Wien, um einen Vortrag über Europa und die liberale Politik zu halten. Er lobte die Rolle Österreich-Ungarns in Europa: „Die Monarchie war die Vorhaut Europas!“ Was so ein kleines vorwitziges „a" alles anstellen kann! Hirnschall erzählt, dass dem erlesenen Publikum nicht der kleinste Lacher ausgekommen sei. Genscher habe sich, nachdem er das kleine „a" zurückgenommen hatte, für die Disziplin bedankt. Daheim in Deutschland, sagte er, hätten die Leute gebrüllt vor Lachen.

Das Jahr 1982 verlief auf bundespolitischer Ebene eher ruhig. Thema des Jahres war der Skandal um die Wohnbaugenossenschaft Ost (WBO) im Dunstkreis der ÖVP. Es ging um Veruntreuung von Millionen und behauptete Parteienfinanzierung in Richtung ÖVP. Der ehemalige ÖVP-Landeparteisekretär Walter Zimper wurde verhaftet. Der Nationalrat setzte einen Untersuchungsausschuss ein, Vorsitzender wurde Holger Bauer. Die Folge war ein Anti-Korruptionsgesetz.

Am 24. und 26. September fand in Salzburg der 16. ordentliche Parteitag statt. Steger erhielt 89,3 Prozent der Stimmen.

Der Sozialsprecher des Nationalratsklubs, Jörg Haider, rückte in den Parteivorstand auf und übernahm das Sozialreferat und wurde wenig später Obmann der „Arbeitsgemeinschaft freiheitlicher Arbeitnehmer" (AFA). Der junge Mann entfaltete sofort energische Aktivitäten und verbiss sich in Themen, die er nie mehr losließ, wie zum Beispiel die Reform der Sozialversicherungen (Zusammenlegung der Anstalten, Abbau der Privilegien der Funktionäre). Gegen Ende des Jahres erklärte Steger den Privilegienabbau zu einer Priorität der Partei. Zu den zentralen Anliegen zählten: Beamte mit Abgeordnetenmandat sollen auch in ihrem Beruf arbeiten, es dürfe keine arbeitslosen Bezüge geben.

Am 14. Dezember schließlich kündigte Kreisky seinen Rücktritt im Falle eines Verlustes der absoluten Mehrheit an: „Dann wollen die Leute einen anderen Kanzler."

Das Ende der Herrschaft Kreiskys –
Regierungsbeteiligung der FPÖ

Rasche Einigung

Am 24. April 1983 war es so weit: Die absolute Mehrheit der SPÖ ging verloren, Bruno Kreisky trat zurück.

Für die FPÖ hatte das Jahr schlecht begonnen. Nach zehn Jahren war die Ära Götz in Graz zu Ende. Die FPÖ verlor von ihren 14 Mandaten vier an die Alternative Liste Graz und eines an die SPÖ. Götz übernahm die volle Verantwortung und trat als Landesparteiobmann und Bürgermeister zurück.

Im Jahr 1982 hatte die FPÖ schon einmal schlechte Erfahrung mit einer neuen politischen Bewegung gemacht, die noch aufgesplittert und unter verschiedenen Namen und Ideologien antrat. Bei den Gemeinderatswahlen in Salzburg hatte eine Bürgerliste, angeführt von dem Schauspieler und Filmbösewicht Herbert Fux sowie Johannes Voggenhuber, dem Schwiegersohn von Otto Scrinzi, sieben Mandate errungen, von denen zwei auf Kosten der FPÖ gingen. Wie in Graz hatte es auch in Salzburg einen Rücktritt gegeben: Waldemar Steiner ging.

Ansonsten widmete sich die FPÖ wie alle Parteien mit Hingabe den Wahlvorbereitungen. Es gab diverse Wahlplattformen, für Österreich oder für die Frauen, ein langes und gut vorbereitetes Konzept für die „Liberale Marktwirtschaft", das unter der Leitung von Dkfm. Georg Mautner-Markhof erarbeitet worden war, und die Ankündigung eines Volksbegehrens gegen Privilegien.

Steger hatte nie einen Zweifel daran gelassen, dass er Kreisky bewunderte, und deshalb war niemand wirklich überrascht, dass er sich am 13. Jänner 1983 in einem Interview praktisch im Klartext für eine Koalition mit der SPÖ aussprach. Aber er sagt heute, dass er das nicht so sehr aus seiner nicht bezähmbaren Verehrung für den Altmeister getan habe, sondern aus wahltaktischen Gründen. Für ihn war der rüde Wahlkampf von Götz gegen Kreisky ein schwerer Fehler gewesen:

„Götz hat die Wähler vor die Alternative gestellt: Bürgerblock oder Kreisky. Das war für mich der erste Grund dafür, dass Kreisky gewonnen hat. Meine Überlegung war, den Leuten zu signalisieren: Kreisky soll bleiben, aber ich möchte die absolute Mehrheit weghaben."

Stegers Gegner haben nach den Wahlen behauptet, er habe mit dieser Taktik Wähler in die Arme Mocks getrieben.

So sehr die Koalitionsaussage Stegers Beachtung fand, das zentrale Wahlkampfthema war das von Kreisky in seinem Zweitwohnsitz Mallorca gemeinsam mit Androschs Nachfolger Herbert Salcher geschnürte Spar- oder – wenn man so will – Belastungsprogramm, das unter der Bezeichnung „Mallorca-Paket" ins Ehrenbuch der politischen Flops einging. Ein Sparprogramm war sicher notwendig, aber es wurde katastrophal falsch „verkauft", woran man sehen konnte, dass Kreisky, der Meister der Manipulation der österreichischen Seele, nicht mehr der Alte war. Er war krank und verbraucht.

Das Wahlergebnis lautete: SPÖ 90 Mandate (1979: 95), ÖVP 81 (1979: 77), FPÖ 12 Mandate (1979: 11). Der Stimmenanteil für die FPÖ war jedoch von 6,0 auf 4,98 Prozent zurückgegangen.

Für die FPÖ gab es nach der Wahl zwei Möglichkeiten: Eine Koalition mit der SPÖ oder Opposition. Eine Koalition mit der ÖVP würde es nicht geben, wie Steger schildert: „Mock hat mich auf Kuchen und Kaffee in den ÖVP-Klub eingeladen und mir wörtlich gesagt: Selbst wenn er wollte, würde er eine Koalition mit der FPÖ in der Partei nicht durchbringen: Westlich der Enns ja, östlich nicht."

Wenig Freude hatte man in der FPÖ mit Generalsekretär Michael Graff: „Wenn uns Kreisky die Rothaarige nicht gibt, dann nehmen wir eben die Blauäugige."

Am 25. und 26. April berieten die Parteigremien die Lage. Stix formulierte die Ausgangslage so: „Gesamtösterreichisch gibt es zwei Wege, mit denen die FPÖ zugrunde gehen könnte. 1) Wenn es zu eine großen Koalition kommt und wir weitere vier Jahre in der Opposition bleiben. 2) Mit einer Kleinen Koalition, wenn wir versagen."

Haider war nicht gegen Verhandlungen mit der SPÖ, zunächst aber dafür, harte Bedingungen zu stellen. Dafür machte er bei der Nominierung des Verhandlungskomitees Probleme: Nominiert wurden Steger, Peter, Grabher-Meyer und Horst Schender. Der Kärntner Landesparteisekretär forderte jedoch die Aufnahme des Kärntner Landesparteiobmannes Mario Ferrari-Brunnenfeld. Das wurde abgelehnt, Haider enthielt sich der Stimme. 23 Jahre später erklärt Steger, warum er Ferrari-Brunnenfeld nicht im Verhandlungskomitee haben wollte:

„Der Haider und der Ferrari sind, bevor die Verhandlungen ernst wurden, zum Michael Graff verhandeln gegangen, ohne mich zu verständigen. Und der Michael Graff hat es öffentlich gemacht, natürlich um in der FPÖ Unruhe auszulösen. Ich habe dem Ferrari dann gesagt, dass er nicht in das Team kommt, weil es nicht geht, dass einer hinter dem Rücken des Parteiobmannes eigenmächtig Verhandlungen führt."

Schließlich ging alles ziemlich schnell: Am 27. April gab es ein Gespräch mit der ÖVP, am 3. Mai gab es die erste Verhandlung mit der SPÖ, am 4. Mai wurden die Gespräche mit der ÖVP abgebrochen, am 5. Mai folgte die zweite Verhandlungsrunde mit der SPÖ, am 11. Mai wurde ein Arbeitsübereinkommen niedergeschrieben, am 17. Mai segnete ein außerordentlicher SPÖ-Bundesparteitag – nicht ohne ablehnende Geräusche – die Koalition mit der FPÖ ab und tags darauf stimmte die freiheitlichen Gremien zu.

Am 24. Mai wurde die Regierung angelobt.

Das Arbeitsübereinkommen zwischen der großen SPÖ und der kleinen FPÖ war keine Demütigung des Juniorpartners, es enthielt allerdings eine Zeitbombe, die im Mallorca-Paket verschnürte Zinsertragsteuer (ZEST), aus der in der politischen Polemik die Sparbuchsteuer geworden war. Die Österreicher sahen das Abendland gefährdet: Lipizzaner und Sängerknaben hätten sie hergegeben, aber Omas Ersparnisse anzutasten, das durfte nicht sein.

Die FPÖ hatte füglich das Mallorca-Paket abgelehnt und zwei Dinge versprochen: erstens keine Besteuerung von Urlaubs- und Weihnachtsgeld und zweitens keine Besteuerung der Sparbuchzinsen. Als sie im Arbeitsübereinkommen nach den Wahlen die ZEST doch akzeptierte, brach ein Hohngeheul los: „Umfallerpartei!" Dabei hatten sich Steger und Kameraden nicht übel geschlagen. Sie konnten die ZEST zwar nicht ganz wegverhandeln, aber sie wurde reduziert. Statt die Zinsen mit 20 Prozent zu besteuern, wurden es 7,5 Prozent. Steger schreibt, er und Grabher-Mayer hätten lange gezögert, aber ausgerechnet Haider hätte im Parteivorstand die Zauderer überzeugt: „Wir haben uns eben nicht zur Gänze durchgesetzt, aber doch überwiegend." Dennoch: Später wurde in der Partei nicht Haider für den sogenannten Umfaller verantwortlich gemacht, sondern Steger – wieder ein Sargnagel für ihn.

Sinowatz musste bei der Personalauswahl für die Regierung den Vorgaben Kreiskys folgen, der mehr oder minder die Verhandlungen mit der FPÖ allein geführt hatte. Steger hatte es natürlich auch nicht ganz leicht, aber er konnte sich doch unbefangener bewegen. Interessenten für die Positionen hatte er genug: „Nie vergessen werde ich den Gredler, der mir einen Brief geschrieben hat, in dem er zehn oder zwölf Ämter, die für ihn in Frage kommen, aufgelistet hat."

Mit der SPÖ war vereinbart worden, dass die FPÖ Handels-, Justiz- und Verteidigungsministerium sowie Staatssekretariate im Finanz-, Gesundheits- und Landwirtschaftsministerium erhalten sollte. Steger – ein musischer Mensch – wollte ursprünglich die Kultur für sich.

Ich erinnere mich an einen Sonntagvormittag, als mir Steger in einem Restaurant in der Josefstädter Straße seine personellen Überlegungen erläuterte. Da war an die Nationalen zu denken, an die Liberalen, an die Wiener und die aus den Bundesländern, an die Männer und an die Frauen. Es schwirrten unzählige Namen durch den Speisesaal, von denen mir geradezu schwindlig wurde. Da fragte ich ganz hilflos: „Aber zum Verteidigungsminister werden Sie doch den Ofner machen?" Steger sah mich um Verständnis heischend an: „Das kann ich aber nicht!" – „Wieso können Sie nicht?" – „Na, der kommt mir doch am ersten Tag in der Fallschirmjägeruniform ins Ministerium."

Verteidigungsminister wurde dann der junge, als liberal geltende Friedhelm Frischenschlager, eine Wahl, die zwar mit Skepsis, aber doch wohlwollend aufgenommen wurde. Steger erhielt die Funktion des Vizekanzlers und übernahm das Handelsministerium. Androsch hielt das schon damals für keine kluge Entscheidung:

„Steger hat sich ein paar Mal mit mir beraten und ich habe ihm gesagt, er solle nur den Vizekanzler und kein Ressort übernehmen, wie es seinerzeit Schärf getan hat. Er hätte sich frei gehalten und nicht mit dem ganzen Kram eines Ressorts belastet, aber da war er zu geil und zu gierig dazu und hat sich das Handelsministerium genommen, von dem er nichts verstanden hat."

Eine Vorsorge, um sich politische Bewegungsfreiheit zu schaffen, hatte Steger schon getroffen: Er behielt auch als Regierungsmitglied sein Mandat und war damit immun.

Staatssekretäre wurden Holger Bauer (Finanzen), Mario Ferrari-Brunnenfeld (Gesundheit, Umwelt) und Gerulf Murer (Landwirtschaft). Auch bei den Staatssekretären gab es Schwierigkeiten mit der Auswahl. Wie sich später herausstellen sollte, war es ein Fehler, nicht den aufstrebenden Norbert Gugerbauer aus Oberösterreich wie geplant zum Staatssekretär für Gesundheit und Umweltschutz zu machen, weil Steger das Amt aus innerparteilichen Gründen für einen Kärntner gebraucht hatte. Steger ist überzeugt, dass er sich damals den Oberösterreicher zum Feind gemacht hatte – mit weitreichenden Folgen: „Gugerbauer hat mir langfristig gesehen die Obmannschaft gekostet."

Gugerbauer begann seine einflussreiche bundespolitische Karriere im Juni dieses Jahres, als er den oberösterreichischen Landsmann Helmuth Josseck im Nationalrat ablöste; Josseck wurde Nachfolger Zeillingers in der Volksanwaltschaft.

Steger erzählt, dass er jeden Kandidaten für ein Amt getestet habe: „Ich habe sie gefragt, ob sie Staatssekretäre werden wollten. Hat einer gesagt: ‚Nein, Minister', war er draußen." Einer, der nicht Staatssekretär werden wollte, sondern gleich Sozialminister, sei Haider gewesen:

„Der Sozialminister ist für uns überhaupt nicht zur Debatte gestanden. Aber in Wirklichkeit wollte Haider etwas anderes werden. Es hat zwischen Haider und mir eine Absprache gegeben, dass er Klubobmann wird, wenn ich Parteiobmann werde. Haider hat das aber so ausgelegt, dass ich den Platz sofort freimache, also Peter abberufe, ich habe es so ausgelegt, dass die Position besetzt wird, wenn sie frei ist. Zuerst hat es ja auch so ausgeschaut, dass Peter gleich geht, weil er Dritter Präsident des Nationalrates werden wollte, wozu es aber dann nicht gekommen ist."

Haider erinnert sich

Wir sind bisher den Erinnerungen Norbert Stegers gefolgt. Jörg Haider, damals Landesparteisekretär und Abgeordneter zum Nationalrat, erinnert sich – und nicht nur in diesem Kapitel – anders oder auch gar nicht. So kann er sich nicht daran erinnern, dass es wegen der Besetzung des Verhandlungskomitees einen Konflikt zwischen Wien und Klagenfurt gegeben habe. Einen Konflikt habe es vielmehr in der Kärntner Landesgruppe gegeben, die unter Obmann Mario Ferrari-Brunnenfeld nicht gerade blühte. Ferrari-Brunnenfeld, so erzählt Haider in einem Gespräch für dieses Buch, habe gehofft, Verteidigungsminister zu werden. Statt ihm sollte Haider aus dem Nationalrat nach Klagenfurt zurückkehren, was mit der Landesgruppe ohne Haiders Wissen auch so besprochen worden sei. Als Ferrari-Brunnenfeld erfahren habe, dass für ihn nur ein Staatssekretariat herausspringen würde, machte er kehrt marsch: Er bleibe Landesrat in Kärnten, das Staatssekretariat solle Haider übernehmen. Mit diesem Plan sei Ferrari-Brunnenfeld aber abgeblitzt. Die Landesgruppe hatte sich längst dafür ausgesprochen, dass Haider in Kärnten Ferrari-Brunnenfelds Landesregierungssitz übernehmen und als neuer Landesobmann – er wurde im September 1984 gewählt – die FPÖ Kärnten auf die Landtagswahlen vorbereiten sollte, die er 1984 mit dem Slogan „Der Jörg traut sich was" glanzvoll gewann.

Die Beziehungen zwischen der Bundespartei und der Kärntner Landespartei wurden nach der Amtsübernahme Haiders immer schlechter. Im September reiste Steger in die Löwengrube und nahm an einer Vorstandssitzung der Kärntner teil. Es kam zu einer wenig überzeugenden Befriedung, das Klima verschärfte sich bald wieder. Im Nationalrat beschlossen die drei Parteien einen weiteren Abbau der Privilegien. Dieser Vorschlag ging Haider aber nicht weit genug, die Kärntner kündigten ein Anti-Privilegien-Volksbegehren an. Es kam zu einem Kompromiss: Die FPÖ stimmte im Nationalrat dem Entwurf zu, setzte aber eine Anti-Privilegien-Kommission unter dem Vorsitz Haiders ein. Die Kärntner stimmten einer Verschiebung der Einleitung des Volksbegehrens um drei Monate zu.

Ob Haider nun die Klubobmannschaft angestrebt hatte oder nicht, der Posten wurde ohnedies nicht frei, weil eine wütende Kampagne die Wahl Peters zum

Dritten Nationalratspräsidenten verhinderte. Als er für die Funktion nominiert wurde, brach eine wochenlange Kampagne gegen den ehemaligen SS-Angehörigen aus, die Peter schließlich dazu bewegte, seine Kandidatur zurückzuziehen. In einem mit 16. Mai datierten handgeschriebenen Brief setzte er Steger von seinem Verzicht zur Kenntnis. In dem Brief heißt es einleitend:

„Der Verlauf der letzten Wochen machte mir bewußt, daß die gegen mich veranstaltete Menschenjagd durch Medienjustiz in ihrer Wirkung stärker ist, als die von mir in allen meinen Funktionen mit allen verfügbaren Kräften betriebene Ausgleichs-, Versöhnungs- und Verständigungspolitik. Ich gebe zu, daß diese Erkenntnis schmerzlich ist. Das kann mich aber nicht davon abhalten, meine persönliche Entscheidung [...] so zu treffen, wie ich sie für die Republik Österreich für richtig halte."

In der SPÖ war man seiner Kandidatur großteils skeptisch bis eindeutig ablehnend gegenübergestanden, Kreisky setzte sich aber wieder für Peter ein. Fischer schrieb in den „Reflexionen" über ein Gespräch mit dem Altkanzler:

„Und wenn man Kreisky entgegenhielt, daß es doch einen Unterschied geben müsse, ob jemand, der in der Zeit des Dritten Reiches auf der falschen Seite gestanden sei, sich dann aber zur Zweiten Republik loyal verhalten habe, seine staatsbürgerlichen Rechte in vollem Ausmaß ausüben könne, oder ob er obendrein für hohe Funktionen in dieser Zweiten Republik in Frage komme, dann stellte Kreisky die in der Tat heikle Gegenfrage, ab welcher Stufe denn eine ‚Disqualifikation' einzusetzen hätte: Schon als Gemeinderat oder erst als Stadtrat? Ist jemand, der für einen Landtag tragbar ist, für den Bundesrat nicht mehr tragbar oder erst für den Nationalrat? Kann jemand Stadtrat in Salzburg sein, aber nicht in Wien? Kann er Mitglied einer Landesregierung sein, vielleicht sogar Landeshauptmann, aber nicht Mitglied einer Bundesregierung?"

Gewählt wurde mit 133 Stimmen, also doch einer beachtlichen Anzahl, Gerulf Stix.

Regierungsalltag und schwarze Tage

Am 12. Februar 1984 setzte Frischenschlager den zweiten demonstrativen Schritt seiner Laufbahn als Verteidigungsminister. Zum Nationalfeiertag 1983 hatte die Angelobung der Jungmänner im KZ Mauthausen stattgefunden, am 12. Februar – dem 50. Jahrestag des Ausbruchs des Bürgerkrieges – wurde sie vor dem symbolträchtigen Karl-Marx-Hof in Wien-Heiligenstadt abgehalten. Zwar gab es bei beiden Angelobungen Proteste sowohl aus der SPÖ als auch aus der FPÖ, aber im Großen und Ganzen wurden Frischenschlagers Signale damals verstanden.

Der 25. März war für die Koalitionäre ein erster Zahltag für die Spar- bzw. Belastungsmaßnahmen. Bei den Landtagswahlen in Salzburg nahm die ÖVP der SPÖ und der FPÖ je ein Mandat ab und gewann die absolute Mehrheit. Bei den Arbeiterkammerwahlen im April setzt sich der Trend auf gesamtösterreichischer Ebene fort: SPÖ und FPÖ verloren, die ÖVP gewann.

Am 27. März entspannte sich das Verhältnis zwischen Haider und der Bundespartei. Die Anti-Privilegien-Kommission legte das Ergebnis ihrer Arbeit vor – gefordert wurde: Privilegienabbau in Monopolbetrieben und Sozialversicherungsanstalten, Beseitigung der „arbeitslosen" Einkommen, Abschaffung der Multifunktionäre, Neuregelung für Abfertigungen und Pensionen der Politiker. Haider war fürs Erste zufrieden und blies das angekündigte Volksbegehren ab.

Am 27. April gründete Scrinzi eine neue Partei, die „National-freiheitliche Aktion", ein Sammelbecken für „heimatlos Gewordene", eine „Art nationales Gewissen der Partei". Eine Parteienspaltung hatte er nicht im Sinn.

Am 7. Mai startete die Kampagne für das Volksbegehren gegen Hainburg. Im Personenkomitee mit Günther Nenning und Jörg Mauthe war auch RFJ-Obmann Gorbach. Endgültig klar wurde der Partei, dass von Hainburg Gefahr droht, wenige Tage später, am 16. Mai: In der Parteichronik steht vermerkt, dass der Bundesparteivorstand „der Energiepolitik Stegers einmütig seine Zustimmung erteilt habe". Wie diese Politik aussah, ist auf den ersten Blick jedoch nicht erkennbar (außer der kompromisslosen Ablehnung Zwentendorfs). Steger hat, wie er sagte, selbst gegen Hainburg unterschrieben. Auch Frischenschlager sagte, „wir waren eher Anti-Hainburg".

Die tendenziell ablehnende Haltung brachte die Freiheitlichen auf Kollisionskurs mit den Gewerkschaften: Benya richtete ihnen aus, dass sie nicht gleichzeitig gegen die Atomenergie und die Wasserkraft sein könnten. Mit Benya und den Gewerkschaftern war in Sachen Hainburg nicht gut Kirschen essen; am Tag der Energiesitzung des FPÖ-Vorstandes ließ der ÖGB in Wien seine Anhänger sehr deutlich für Hainburg protestieren.

Für Justizminister Harald Ofner wäre Hainburg fast zur persönlichen Katastrophe geworden und er kann heute noch kaum die Tränen zurückhalten, wenn er darüber spricht:

„Meine Tochter, sie hat Biologie studiert, war unter den Aubesetzern. Sie ist jeden Abend mit ihrem Freund heimgekommen, sie haben sich den Rucksack aufgefüllt und sind wieder in die Au gefahren. Eines Morgens kommt ein Anruf: ‚Hier Staatspolizei. Spreche ich mit Herrn Bundesminister Ofner? Ihre Tochter ist schon außer Lebensgefahr.' Die jungen Leute hatten in einem Wohnwagen übernachtet.

Die Gasheizung wurde defekt und alle wurden bewusstlos. Nur einer war noch so weit bei Bewusstsein, dass er sich aufrappeln konnte. Er ist gegen die Tür gestürzt und hat sie dadurch aufgestoßen."

Die FPÖ spielte in dem Konflikt um Hainburg zwar nach außen hin keine auffällige Rolle, aber intern brodelte es. Im Jänner 1985 gab es ein erstes parteiinternes Nachspiel. Die Abgeordneten Gugerbauer und Fritz Probst stellten sich hinter die Gegner des Hainburg-Projekts, Jörg Haider forderte gar das Ausscheiden der FPÖ aus der Regierung. Die Partei-Oberen hielten jedoch Steger die Stange. In der Zwischenzeit hatte Bundeskanzler Fred Sinowatz die Krise ohnedies mit der klugen Bedachtsamkeit, die ihn einerseits auszeichnete, ihm aber sehr oft zum Vorwurf gemacht wurde, entschärft: Er schloss nach den ersten gewalttätigen Auseinandersetzungen zuerst einen Weihnachtsfrieden, legte dann eine Nachdenkpause ein und zum Schluss wurde der Krafwerksbau abgesagt.

Am 20. Mai war in Oberösterreich Denkwürdiges passiert: Friedrich Peter erhielt auf dem Landesparteitag nicht mehr die für den Vorstand nötige Mehrheit. Die Anti-Peter-Fraktion in der oberösterreichischen FPÖ wurde von Norbert Gugerbauer angeführt, der bei dem Parteitag zum Stellvertreter von Obmann Schender gewählt wurde.

Auch Steger hatte zu kämpfen: Am Bundesparteitag im September in Salzburg zeigte sich, dass er ein ungeliebter, wenn nicht sogar umstrittener Parteiobmann blieb. Er hielt magere 82 Prozent der Stimmen – ein Zeichen an der Wand.

Noch ein Zeichen an der Wand: Bei den Landtagswahlen in Kärnten gewann Haider mit dem Slogan vom „Jörg, der sich was traut" ein Mandat (auf Kosten der ÖVP) und steigerte den Stimmenanteil auf 16,6 Prozent. Landeshauptmann Wagner, den Haider als einen seiner politischen Lehrherren bezeichnen sollte, strafte den jungen Landesrat bei der Ressortvergabe. Haider musste die Gewerbe- und Tourismusagenden abgeben und erhielt das sehr undankbare Straßenbauressort.

Wir nähern uns der ersten Katastrophe Stegers und seiner Regierung. Steger, der sich als „Anti-Dallinger" bezeichnete, und der richtige Dallinger gerieten über den 8. Dezember aneinander: Steger wies am 12. Oktober die Landeshauptleute darauf hin, dass sie zu Maria Empfängnis per Verordnung die Offenhaltung der Geschäfte erlauben dürften. Massive Proteste von Arbeitnehmerseite waren die Folge.

Der Salzburger Landeshauptmann Wilfried Haslauer blieb hart und hielt die Verordnung aufrecht. Die Wirtschaft hatte wohl zu Recht beklagt, dass anderenfalls die Salzburger zum Weihnachtseinkauf über die Grenze ins bayerische Freilassing fahren würden. Am 22. November erteilte Dallinger dem Landeshauptmann jedoch die Weisung, die Geschäfte geschlossen zu halten. Der rechtliche Hintergrund hierzu ist ein wenig kompliziert: Steger gründete seine Haltung auf dem Ladenschlussgesetz, Dallinger hingegen auf dem Arbeitszeitgesetz.

Dieser Konflikt zwischen Anti-Dallinger und Dallinger wäre noch nicht so schlimm gewesen. Böse wurde es erst, als die Bundesregierung auf Betreiben Dallingers eine Verfassungsklage gegen Haslauer beschloss. Beschlüsse der Bundesregierung müssen einstimmig gefasst werden, hätten Steger und die blaue Regierungsfraktion also nicht zugestimmt, wäre die Koalition wahrscheinlich geplatzt. Steger und die FPÖ stimmten zu.

Bei der Abfassung der Klage pfuschten die Juristen der Regierung und der Verfassungsgerichtshof wies die Klage zurück. Neue Klage, neue Ministerratssitzung, neuerliche Zustimmung der FPÖ.

Haslauer erhielt einen Verweis vom Verfassungsgerichtshof, sonst gab es keine Konsequenzen, weil die Regierung wenigstens klug genug gewesen war, nicht auf Amtsenthebung zu klagen, sondern nur auf Feststellung der Rechtswidrigkeiten.

Steger, der sich immer als Vertreter der Wirtschaft gepriesen hatte, dann aber der Klage gegen einen Landeshauptmann zustimmte, der im wohlverstandenen Interesse der Wirtschaft gehandelt hatte, entfesselte einen Sturm der Entrüstung. Nicht überraschend war Haider wieder Wortführer: „Ich werde nicht zuschauen, wie die FPÖ scheibchenweise Vertrauen verliert. Entweder Meinung durchsetzen oder Koalition verlassen."

Die Affäre Reder

Am 24. Jänner 1985 begrüßte Verteidigungsminister Friedhelm Frischenschlager im militärischen Bereich des Flugplatzes Graz Sturmbannführer (Major) Walter Reder.

Walter Reder (1915–1991) war im ehemaligen Freiwaldau im heutigen Tschechien geboren worden, ging später nach Deutschland und nahm 1934 auch die deutsche Staatsbürgerschaft an. Im Zweiten Weltkrieg wurde er Kommandeur einer Panzeraufklärungsabteilung der 16. Panzergrenadier-Division „Reichsführer SS", die für das Massaker von Marzabotto verantwortlich war. Als Vergeltung für Partisanenanschläge waren zwischen 29. September und 1. Oktober 1944 770 Zivilisten (laut einigen Quellen sogar bis zu 1836 Personen) ermordet worden. Reder war später auch an der Niederschlagung des Warschauer Aufstandes beteiligt.

Er wurde 1948 an Italien ausgeliefert und 1951 von einem Militärgericht in Bologna wegen des Massakers von Marzabotto zu lebenslanger Festungshaft in Gaeta verurteilt.

Für den „Gefangenen von Gaeta", den „letzten österreichischen Kriegsgefangenen" und seine Freilassung setzten sich die höchste Geistlichkeit, die höchsten Vertreter von Staat, Regierung und Ländern und viele Persönlichkeiten aus allen Lebensbereichen ein. In freiheitlichen Kreisen wurde Walter Reder zum Symbol.

Die italienische Regierung stimmte nach schwierigen Verhandlungen der beiden Außenministerien der Entlassung und Repatriierung Reders zu. Am 22. Jänner 1985, es war ein Dienstag, traf die Mitteilung aus Rom ein, dass Reder am Donnerstag mit einer italienischen Militärmaschine überstellt werde. Am 23. Jänner setzte Außenminister Gratz Frischenschlager von der Überstellung in Kenntnis und teilte ihm auch die Bedingungen der Italiener mit. Eine davon war strengste Geheimhaltung.

Frischenschlager schildert seine persönliche Erinnerung an diese Ereignisse:

„Wie Gratz mich im Ministerbüro angerufen hat, war gerade der damalige Fliegerchef Bernegger bei mir und der hat das Gespräch mitbekommen. Ich sagte, mehr zu mir, dass das mit der Geheimhaltung wird nicht so einfach sein. Bernegger wusste einen Ausweg: ‚Es gibt eine Möglichkeit: den Ministerflug. Da brauchen die Passagiere nicht namentlich angeführt werden, da heißt es nur: Minister und Begleiter.' Die Vorbereitungen gingen in aller Stille los. Ich habe nicht einmal meinen Kabinettschef Reiter eingeweiht. Der ist mir heute noch böse: Er hätte mich gewarnt. Viele hätten mich gewarnt, wenn ich es gesagt hätte. Es wurde angeordnet, dass der militärische Teil von Graz-Thalerhof geräumt wird, es durfte nur das unbedingt notwendige Personal anwesend sein. Geplant war alles ganz einfach: Die Reder-Maschine landet, rollt parallel zur österreichischen Maschine, Reder steigt um und so hätte in Thalerhof eigentlich niemand mitbekommen dürfen, was los ist. Also die Maschine landet, Reder steigt aus, ich begrüße ihn mit dem berühmten Handschlag. Ich habe weiter nichts gesagt als ‚Grüß Gott' oder so etwas, es war ein Mordslärm."

Dieser Handschlag machte Schlagzeilen, ähnlich jenem zwischen Rösch und dem Terroristenanführer Carlos nach dem OPEC-Anschlag 1975. Auf die Frage, ob auch er von einer Art „Reflex" sprechen würde, antwortet Frischenschlager folgendermaßen:

„Nein, ich hatte keine Bedenken. Er war für mich der letzte Kriegsgefangene. Wie mich Gratz angerufen hatte, habe ich mir gedacht: ‚Na Gott sei Dank ist das alles vorbei. Im Jahre 1985 ist für Österreich endlich der zweite Weltkrieg vorbei.' Also der Reder kommt heraus ins Schneegestöber und es quellen eine Menge Italiener aus der Maschine heraus: Bewacher, Rechtsanwalt, Arzt, Begleitpersonal und die sagen: ‚Jetzt müssen wir ein Übergabeprotokoll machen.' Ich sage: ‚Machen wir es hier.' Die sagen: ‚Nein, wir brauchen eine Schreibmaschine!' Eine Stunde lang wurde das Protokoll aufgenommen. Reder war, wie soll ich sagen, nicht ganz nüchtern. Er war angeblich auch erst spät in der Nacht verständigt worden, dass er nach Österreich überstellt wird, und hat sich mit einem Umtrunk von der Wachmannschaft verabschiedet."

Nach der Übergabe wurde Reder nach Baden gebracht, wo er zehn Tage blieb. Anschließend nahm ihn der Kärntner ÖVP-Abgeordnete Wilhelm Gorton auf. Reder starb 1991.

Bei den Gesprächen für dieses Buch war es nicht möglich, zweifelsfrei festzustellen, mit wem Frischenschlager vor der Übernahme gesprochen hat. Steger geht mit Frischenschlager jedenfalls hart ins Gericht:

„Rückblickend: Es war ein Wahnsinn, so etwas zu machen, ohne dass die Parteispitze darüber redet, bevor es passiert. Ich habe ihm gesagt auf einem Spaziergang bis 3 Uhr Früh in Grinzing: ‚Friedhelm, du musst vielleicht gehen, aber du musst freiwillig gehen.' Und dann hat er die Trottelaktion begangen und ist nach Israel gefahren, um sich beim israelischen Volk zu entschuldigen: Wenn man sich entschuldigt, entschuldigt man sich beim eigenen Volk."

Die Koalition und Frischenschlager überlebten die Affäre nur mit Mühe, aber das ist eine ohnehin gut dokumentierte Geschichte. Es ist viel darüber gerätselt worden, ob die Sozialisten Frischenschlager hereingelegt hätten. In Verdacht standen Außenminister Gratz und Innenminister Karl Blecha, dessen Ressort für Kriegsgefangene zuständig gewesen war. Blecha erinnert sich an ein Gespräch mit Gratz (mit Frischenschlager habe er nicht gesprochen), in dem ihm dieser sinngemäß mitgeteilt habe: „Ich habe die Sache nicht dir aufs Auge gedrückt, weil dir das politisch sicher nicht angenehm ist, sondern dem Frischenschlager übertragen."

Frischenschlager nimmt Gratz in Schutz: Dieser habe die ganze Zeit über mit offenen Karten gespielt und gemeint, dass es Frischenschlager nützen könnte, wenn er die Sache federführend durchziehe. Tatsächlich hatte Frischenschlager in der Partei bis zu der in einem Interview mit einer israelischen Zeitung geäußerten Entschuldigung Unterstützung. Nach dem Interview kippte die parteiinterne Stimmung.

Am 19. Februar kam es dann – nicht nur, aber auch wegen dem Fall Frischenschlager – zum offenen Konflikt zwischen Steger und Haider. Haider kritisierte die Arbeit der Bundesregierung, Steger bezeichnete Haider als eine Gefahr für die Demokratie. Haider revanchierte sich und beschuldigte Steger, seine Befehle von der SPÖ zu erhalten, und kündigte einen Bruch mit der FPÖ-Bundesführung an, falls

Steger seine Kritik an ihm nicht zurücknehme. Er drohte auch damit, allenfalls eine eigene Partei zu gründen – im Jahr 1985!

Der Bundesparteivorstand warf Haider mit 20:1 Stimmen vor, er habe mit der Ankündigung, aus der FPÖ auszutreten und allenfalls eine eigene Partei zu gründen, „das Ansehen der FPÖ schwer geschädigt". In weiterer Folge wurde ihm im Wiederholungsfall der Ausschluss angedroht. Steger verhinderte, dass es zum Äußersten kam. Anders als Haider wollte er seine innerparteilichen Gegner nie köpfen.

In dieser Auseinandersetzung fiel auch einer seiner berüchtigten Sprüche: „Die FPÖ ist sicher keine Nachfolgeorganisation der NSDAP, denn wäre sie das, hätte sie in Österreich die Mehrheit."

Friedrich Peter begann übrigens, Zitate Haiders zu sammeln: Steger, der „inkompetente, autoritäre Spieler"; Steger, der „ziemlich erfolglose Parteiobmann"; „Ich bin ein Opfer der Koalitionsregierung in Wien … ich muss meinen Wählern die traurige Wiener Politik verkaufen"; „Alles können wir den Leuten verkaufen – das Maßnahmenpaket, den Ofner, sogar den Frischenschlager in Mauthausen. Nur eins nicht: den Steger"; Steger, der „Umfaller und Schmähbruder".

Nachdem die Turbulenzen um Frischenschlager und Reder vorerst einmal überstanden waren, erschien der ganz normale Koalitionswahnsinn geradezu wie eine Erholung. Die ÖVP versuchte, die Koalition in der Frage Zwentendorf auszuheben. Das Konrad-Lorenz-Volksbegehren gegen Zwentendorf hatte mit 350 000 Unterschriften ein mageres Ende gehabt. Die Regierung stand vor der Wahl: Das Atomkraftwerk endgültig zuzusperren oder neuerlich eine Volksabstimmung durchzuführen (die Volksabstimmung im Herbst 1978 hatte mit einem knappen „Nein" geendet).

Eine Volksabstimmung hätte der Zweidrittel-Mehrheit, also auch der Zustimmung der ÖVP, im Nationalrat bedurft. Die ÖVP nannte für diese Zustimmung ihren Preis, der den inneren Zusammenhalt der Koalition auf den Prüfstand stellte: Der Ministerrat müsse einen einstimmigen Beschluss fassen, was angesichts der Festlegung des Energieministers Steger gegen die Atomenergie nicht zu erwarten war. Sollte sich Steger querlegen, müsse ihn Sinowatz eben entlassen. Die SPÖ ging auf diesen Erpressungsversuch nicht ein. Eine neuerliche Volksabstimmung hätte möglicherweise eine Mehrheit für die Eröffnung des praktisch fertigen Kraftwerks im Tullnerfeld gebracht. Allerdings kam es ein Jahr später zur Katastrophe von Tschernobyl und eine Woche danach erklärte die Regierung das endgültige Aus für Zwentendorf.

Nach der Zwentendorf-Debatte hatte sich die Regierung im Allgemeinen und Frischenschlager im Besonderen mit der „Draken"-Entscheidung herumzuplagen.

Im März und April fanden Gemeinderatswahlen in der Steiermark, in Niederösterreich und Vorarlberg statt (FPÖ-Stimmenverluste zwischen 0,4 und 0,8 Prozent): Mit Verlusten endeten auch die Wahlen in die Handelskammern. Am 19. Mai durfte sich Steger endlich über ein Wahlergebnis freuen: Er wurde mit über 96 Prozent als Wiener Landesobmann bestätigt.

Nächster Höhepunkt des Jahres war der Parteitag in Salzburg, bei dem – wie bereits geschildert – ein neues Programm beschlossen wurde.

Die Ankündigung von Otto Scrinzi, sich entgegen eines Parteibeschlusses, für die Bundespräsidentschaftswahlen 1986 keinen eigenen Kandidaten zu nominieren, von einem „Komitee zur Aufstellung eines nationalfreiheitlichen Bundespräsidentschaftskandidaten" aufstellen zu lassen, löste hingegen einen folgenschweren Konflikt aus. Er wurde zum Parteiaustritt aufgefordert, in Kärnten sollte ein Schiedsgerichtsverfahren gegen ihn eingeleitet werden.

Das Sommerloch des Jahres wurde bis zum Überlaufen mit Glykolwein gefüllt.

Ende August verschärfte sich die Krise um die verstaatlichte Industrie. In erster Linie war die SPÖ von dieser Krise betroffen, aber als Koalitionspartner blieb auch die FPÖ vom Ansehensverlust nicht verschont.

Ein Problem teilte die FPÖ allerdings mit der SPÖ: Der Fall „Lucona" wurde zu einem Politikum, in dem Justizminister Ofner zögerte, von seinem Weisungsrecht für ein strafferes Vorgehen bei den Untersuchungen Gebrauch zu machen. Er sprach die bald mit Flügel versehenen Worte aus: „Die Suppe ist zu dünn."

Personalnachrichten kamen aus den Ländern: Neue Landesparteiobleute übernahmen in der Steiermark (Ludwig Rader statt Klaus Turek), Salzburg (Frischenschlager statt Sepp Wiesner) und Tirol (Hermann Eigentler statt Stix) ihre Posten.

Beim Landesparteitag in Kärnten wurde Haider mit 94 Prozent bestätigt. Seine Bilanz war beeindruckend, er hatte in seinem Bundesland alle Wahlen gewonnen und bot Kärnten der Bundesregierung als Beispiel an: „Es wäre an der Zeit, dass man auch in Wien erkennt, wie die FPÖ zu neuen Erfolgen zu führen ist." Steger, der von seiner Wiener Landesgruppe um 1,5 Prozent mehr Vertrauen geschenkt bekommen hatte, verteidigte die Regierungspolitik.

Mit dem Herbstnebel wurde es für die FPÖ wieder düster. Bei den Landtagswahlen in Oberösterreich ging ihr Stimmenanteil von 6,4 auf fünf Prozent zurück; sie verlor ein Mandat an die ÖVP und hielt bei drei Sitzen. Schender kündigte als Konsequenz eine schärfere Oppositionspolitik an und schlug die ihm angebotene Funktion des Dritten Landtagspräsidenten aus.

Peters Abschied

Das Jahr 1986 war ein Jahr der politischen Polarität. Für die SPÖ ging es zuerst nach unten (Waldheim), dann nach den Nationalratswahlen wieder nach oben (Vranitzky). Für die ÖVP kam nach der Bergfahrt Bundespräsidentenwahl die Talfahrt Nationalratswahl. Für die FPÖ ging es ebenfalls zuerst nach unten (durch Stegers Negativbilanz) und dann wieder – steil – nach oben (Haider).

Der Mann der folgenden zwei Jahrzehnte wurde auf dem 18. Bundesparteitag in Innsbruck zum fünften Bundesparteiobmann der FPÖ gewählt. Und eine Wahl war es – kein Putsch, wie es von linken Politikern und zeitgeistigen Medien immer wieder behauptet wurde und wird. Und selbst wenn es ein Putsch gewesen wäre, dann einer zur Rettung des Vaterlandes. Die Umfragewerte für die FPÖ im ersten Halbjahr 1986 ließen jedenfalls zu wünschen übrig: 3,8 Prozent im Jänner; 4 Prozent im Februar; 3,8 Prozent im März; 4 Prozent im Mai und 3,4 Prozent im Juni.

Der Stein kam am 4. April ins Rollen, als Friedrich Peter seine letzte Rede im Hohen Haus hielt und sein Mandat zurücklegte. Damit war die Neubesetzung der Funktion des Klubobmannes nötig, des neben dem Parteiobmann wichtigsten Amtes in der Partei.

Die oberösterreichische FPÖ beschloss am 19. April, als Nachfolger des Oberösterreichers Friedrich Peter den Oberösterreicher Norbert Gugerbauer zu nominieren. Das war aus lokalpatriotischen Gründen verzeihlich und wäre auch aus persönlichen und sachlichen Gründen vertretbar gewesen, nur widersprach es der politischen Etikette: Der Klubobmann wird vom Klub gewählt und nicht von einer Landesgruppe nominiert. Entscheidend war aber etwas anderes: Steger hatte sich personalpolitisch wieder einmal heillos verheddert.

Die Begrüßung Reders per Handschlag hatte Frischenschlagers Reputation als Mitglied der Bundesregierung unrettbar angeschlagen, was sich auf die gesamte Koalition auswirkte. Als das einflussreiche Amt des Klubobmannes frei wurde, hatte Steger die Gelegenheit, seinen Bundesbruder ohne weiteren Gesichtsverlust aus der Feuerlinie zu nehmen. Er hielt es nicht für nötig, den Oberösterreichern zu erklären, warum er so handelte.

Als Nachfolger Frischenschlagers im Verteidigungsministerium nominierte er einen zweiten Kameraden aus Studenten- und Atterseetagen, den tüchtigen Manager Helmut Krünes.

Steger mag politische Gründe gehabt haben, Gugerbauer nicht zum Zug kommen zu lassen, aber auch persönliche. Er mochte ihn einfach nicht:

„Gugerbauer war immer ein Gegner von mir, er war viel weiter rechts, denn er war ein Burschenschafter. Er hat in einer Korporation einmal einen Vortrag gehalten –, Deutschland ist mehr als die Bundesrepublik' – und er ist vor einer Landkarte gestanden, in der keine Grenze zwischen Deutschland und Österreich eingezeichnet war."

Jörg Haider hatte zu den Personalentscheidungen aus Klagenfurt wissen lassen, die FPÖ Kärnten trage diese Entscheidungen nicht mit und friere die Verbindungen mit der Bundespartei ein. Die Bundespartei antwortete am 30. April mit einem Ultimatum: Die Kärntner FPÖ habe bis 2. Mai, 24 Uhr, diese Beschlüsse zurückzunehmen. Die Kärntner lehnten das Ultimatum ab. Am 6. Mai rief die Bundespartei das Parteischiedsgericht an und erstattete Anzeige gegen die Kärntner wegen Schädigung des Ansehens und Gefährdung des Zusammenhalts der Partei. Das Parteigericht entschied, die Kärntner Beschlüsse seien statutenwidrig.

Ein außerordentlicher Landesparteitag am 20. und 21. Mai sprach Haider das Vertrauen aus; Ferrari-Brunnenfeld, der die Position der Bundespartei unterstützt hatte, flog aus dem Landesparteivorstand. Am Rande des Parteitages beschlossen Steger und Haider: „Seien wir (vorläufig) wieder gut!" Die Versöhnung wurde am 1. Juni bei einer Landesobleutekonferenz besiegelt. Haider sollte beim Parteitag in Innsbruck stellvertretender Obmann werden. Die Obmann-Kandidatur hatte er schon am 25. Mai abgelehnt und in der nächsten Zeit hielt er sich aus den Nachfolgespielchen heraus.

Mit der oberflächlichen Versöhnung waren auch die Ausschlussdrohungen gegen Haider und den Vorstand der Kärntner Landesgruppe vom Tisch. Haider war schon 1983 vom Ausschluss bedroht gewesen, weil ihm die Haltung der Bundespartei zum Abbau der Privilegien zu wenig konsequent erschienen war. Im Zuge der Auseinandersetzung um die Begrüßung Reders durch Frischenschlager war gleichfalls von Ausschluss die Rede gewesen.

Haider erinnert sich, das wurde während des Gesprächs für dieses Buch mehrfach deutlich, mit größtem Vergnügen an seine damaligen Auseinandersetzungen mit den Partei-Oberen. Am Vorabend einer Sitzung der Bundespartei im konfliktgeladenen Frühjahr 1986, so erzählt er, sei er mit Alois Huber in Kärnten noch bei einem Hausbesuch gewesen:

„Dort haben uns die Leute eine Flasche Schnaps und Stamperln mitgegeben und gesagt: ‚Wenn sie euch in Wien echt betonieren, dann trinkt's einen Schnaps.' Bei der Sitzung ist es dann wirklich hoch hergegangen und die Wiener haben gesagt: ‚Eigentlich gehört's ihr alle hinausgeschmissen.' Da hat der Lois Huber die Flasche aus der Tasche genommen und wir haben einen Schnaps getrunken. Da waren alle fertig, mit welcher Provokation wir schon wieder reagieren."

Nicht weniger vergnüglich seine Erinnerung an den oben erwähnten außerordentlichen Parteitag, der ein paar Wochen später stattfand. Das war eine für Haider denkwürdige Veranstaltung – nicht nur, weil sein alter Förderer Ferrari-Brunnenfeld endgültig „abgestunken" war (das Schicksal, das die meisten seiner Förderer und Freunde erlitten). Kurz vor der Vertrauensabstimmung seien, erzählt Haider, Kolporteure der Kärntner SPÖ-Zeitung KTZ in den Tagungssaal gekommen: „Die Zeitung hat die Meldung gebracht, dass mir jetzt das Bärental gehört. Da bin ich aufgestanden, zum Pult gegangen und habe gesagt: ‚Seht Freunde, jetzt bin ich ein echter Kärntner!'"

Mit weniger Aufregung reagierten die Oberösterreicher auf die umstrittenen Personalentscheidungen Stegers. Gegen den Widerstand von Landesparteiobmann Schender setzte Gugerbauer am 9. Juni die Einberufung eines Sechserausschusses ein, der den Parteitag sachlich und personell vorbereiten sollte. Es wurden keine Namen von Kandidaten genannt, aber man weiß heute, dass spätestens ab diesem Tag die Lunte – auch in Oberösterreich – brannte.

Scharf kritisierten die Oberösterreicher – und nicht nur sie – Friedrich Peter, der mittlerweile über den Antrag des Energieministers Steger zum Aufsichtsratspräsidenten der Verbundgesellschaft gewählt worden war. Dieser Schritt führte innerhalb und außerhalb der Partei zu Protesten. Man warf Peter vor, er habe sich das Ausscheiden aus dem Nationalrat mit viel Geld, einem Büro und einen Dienstwagen ablösen lassen (die Energiewirtschaft war nicht kleinlich). Obwohl Peter dann auf seine Bezüge verzichtete und das Parteischiedsgericht am 15. Juli keinen Verstoß gegen Parteibeschlüsse sah, hatte die Angelegenheit seinem Ruf schwer geschadet.

Haider reagierte auf die ihm typische Weise: Er stellte schon wieder die Zusammenarbeit mit der Bundespartei ein. An dieser Stelle scheint eine kurze Zwischenbilanz angebracht: Es dauert noch 60 Tage, ehe Jörg Haider überhaupt Bundesparteiobmann sein wird, und dennoch hat er schon dreimal die „Bin schon weg"-Parole ausgegeben (Februar 1985, 22. April und 15. Juli 1986) und einmal mit der Gründung einer eigenen Partei gedroht (Februar 1985).

Die Entsendung in den Aufsichtsrat hatte nicht nur Peter, sondern auch Steger geschadet. Dieser begründete die Nominierung Peters nicht unplausibel damit, dass er im Verbund-Aufsichtsrat eine Vertrauensperson brauchte. Aber Steger konnte damals schon sagen, was er wollte, er wurde nicht mehr ernst genommen. Man lachte darüber, dass er bei der Verleihung einer Auszeichnung den Waschmittelkonzern mit dem Sektfabrikanten Henkel verwechselt habe; er soll beim Empfang für eine Delegation aus einem islamischen Land Schweinefleisch servieren haben lassen – es gab eine Menge sehr unfreundlicher Geschichten. Nachhaltigen Schaden, weil immer

wieder kolportiert, richtete der Ausruf eines Haider-Fans an: „Mit dem Haider geh'
ich wieder nach Russland, mit dem Steger nicht einmal auf Urlaub."

Während in Oberösterreich der Sechserausschuss überlegte, was gegen Steger zu
unternehmen sei, begann sich anderswo der Widerstand schon zur formieren,
schon geraume Zeit, ehe sich der später sogenannte „Lorenzener Kreis" zu-
sammenfand, wie Ewald Stadler erzählt:

„Ein Bundesbruder und ich haben schon früh ein Treffen mit Haider organi-
siert. Es fand im Ferienhaus meines Bundesbruders, der später mein Trauzeuge
wurde, in dessen Ferienhaus in Velden statt. Das war im Juni und war als Geburts-
tagsfeier getarnt. Anwesend waren Leute aus fast allen Bundesländern – allerdings
nicht aus Oberösterreich. Wir haben von Haider keine endgültige Zusage [Anm. d.
Autors: zur Übernahme der Obmannschaft] erhalten, aber er hat zugesagt, dass er
es sich überlegen werde."

Ein Zentrum des Widerstandes gegen Steger war der „Lorenzener Kreis", benannt
nach dem Ort St. Lorenzen in der Steiermark, wo sich die Mitglieder erstmals getroffen hatten. Als Gründer des „Lorenzener Kreises" galt der Bezirksobmann von
Linz-Land, Raimund Wimmer, ein extremer Nationaler, der Jahre später vor den
„Bejkeles-Juden" warnte. Teilnehmer an den Gesprächen, in denen anfangs zwar
Unmut formuliert, aber noch keine Aktionen entworfen wurden, waren unter anderem Kriemhild Trattnig aus dem in Kärnten hoch angesehen Huber-Clan, der
lange Zeit Haider hätschelte und förderte, oder Paul Tremmel, der Nachfolger von
Götz in Graz. Im Laufe der Zeit stießen die Salzburger dazu, die schon in Velden
dabei gewesen waren. Natürlich war auch Haiders Ur-Buberl-Partie in der Person
des engsten Haider-Vertrauten Gernot Rumpold schwer aktiv.

Während da und dort schon mehr oder weniger lautstark und radikal die Ablöse
Stegers verlangt wurde, gab es Versuche, Persönlichkeiten zu finden, durch deren
Kandidatur die Krise halbwegs im Guten zu lösen gewesen wäre, denn eines war
klar: Die überwiegende Zahl der Freiheitlichen wollte an der Regierungsbeteiligung festhalten. Einer davon war der Salzburger Helmut Haigermoser:

„In den letzten Nationalratssitzungen vor dem Sommer 1986 haben Gugerbauer
und ich und ein paar Vertraute gesagt, wir wollen den Steger nicht abschießen, und
haben nach einer Bangemann-Lösung [Anm. d. Autors: Synonym für Trennung
zwischen Parteichef und Vizekanzler nach FDP-Muster] gesucht. Das haben Gugerbauer und ich dem Steger in seinem Zimmer im Klub vorgeschlagen. Er hat uns
nur kurz zugehört, angeschaut und gesagt: ‚Hinaus!' Kein Wort, hinausgeschmissen hat er uns zwei. Für uns wäre die Regierungsteilnahme schon wichtig gewesen.

Nicht, weil wir die Roten geliebt haben, sondern weil wir gerade in Salzburg gesehen haben, dass Regieren nicht unwichtig ist."

Gugerbauer trat auch an Ofner heran, der aus Loyalität zu Steger ablehnte, und Krünes, der es sich überlegen wollte. Manche sagen, Gugerbauer wollte selbst Obmann werden, andere meinen, er habe es nicht werden wollen, aber Übereinstimmung herrscht darüber, dass er sich in seinen Aktivitäten lange bedeckt gehalten hat. In einem Brief an Jörg Haider vom 28. August 1986 schreibt er:

„Lieber Jörg! Ich habe mich gefreut, als mich Dein Landesgeschäftsführer heute morgen anrief und mir über das Ergebnis Eurer Sitzung am Vorabend berichtete: Gerade im Hinblick auf die letzten personellen Weichenstellungen in Wien scheint es mir wichtig zu sein, daß Du die Sache entschieden in Deine Hand nimmst. Dafür bedarf es vielfältiger Überlegungen. Ohne Deinen Gedanken vorgreifen zu wollen, möchte ich zur Vorbereitung unseres Gesprächs drei Punkte herausgreifen, denen aus meiner Sicht zentrale Bedeutung zukommt:

Erstens: Selbst die gegenwärtigen Traumnoten der Öffentlichkeit für Franz Vranitzky haben die SPÖ noch nicht zur relativen Mehrheit zurückgeführt. Die daraus resultierende Absicht der SPÖ-Spitze, die Zeit bis zum normalen Auslaufen der Legislaturperiode zu nutzen, muß auch bei unseren Überlegungen berücksichtigt werden: Deine guten Sympathie-Werte als neuer Mann müssen erst auf die Partei ,überspringen'. Der Obmannwechsel wird die FPÖ nicht sofort über die Vier-Prozent-Marke hinauskatapultieren. [...] Schlußfolgerung: Der Führungswechsel in der FPÖ muß so akkordiert werden, daß er nicht zum Bruch der Regierung und zu sofortigen Neuwahlen führt, bei denen der personelle und inhaltliche Wechsel noch nicht ,durchschlägt'.

Zweitens: [...] In Österreich pendeln sich die verschiedenen Grüngruppen, eine gemeinsame Kandidatur vorausgesetzt, nach dem Urteil aller Meinungsforscher bei fünf bis sechs Prozent der Stimmen ein. Sollte dies bis zum Wahltag gelten und es dann tatsächlich zur Bildung einer großen Koalition kommen, würden die von allen Erbsünden unbelasteten Grünen mit ihrer Fundamentalkritik auch uns jede Show stehlen. [...] Insoferne ist also die Oppositionsrolle – zumindest gegenwärtig – für die FPÖ kein an sich erstrebenswertes Ziel. Schlussfolgerung: Das Bessere ist Feind des Guten. Bei so unbequemen Nachbarn wie den Grünen bringt solide Regierungspolitik noch allemal mehr als selbst bemühteste Opposition. Der Führungswechsel muss daher entweder die fixe Option auf eine bürgerliche Koalition bringen, oder – bei Vorliegen entsprechender Wahlergebnisse und inhaltlicher Absprachen – eine Fortsetzung des gegenwärtigen Regierungsmodells ermöglichen.

118

Drittens: Alexander Götz ist vor allem deswegen gescheitert, weil er versuchte, die Partei von Graz aus zu führen, während in Wien tatsächlich Friedrich Peter das Heft in der Hand behielt. Soll sich diese verhängnisvolle Entwicklung nicht wiederholen, ist es unbedingt erforderlich, daß Du unmittelbar nach dem Bundesparteitag nach Wien übersiedelst: Du mußt entweder in die Regierung eintreten, oder die Führung der Nationalratsfraktion übernehmen. Natürlich müsstest Du auch in Wien bleiben, wenn wir nach der Wahl nicht mehr in die Regierung kommen sollten. Jede andere Lösung würde nur permanente Streitereien nach sich ziehen und Substanz kosten. Ich betrachte eine Einigung über diese drei prinzipiellen Fragenkomplexe als Grundlage aller weiteren personellen und inhaltlichen Planungsschritte. Bitte überlege aber auch noch vor der Sitzung des oberösterreichischen Parteivorstandes vom 1. September, wie der endgültige Entscheidungsprozess ablaufen soll. Mit anderen Worten: Hängt Deine Kandidatur wirklich noch von einem entsprechenden Antrag eines Salzburger Parteigremiums ab und ist nach dem letzten Stand der Dinge diesmal tatsächlich mit einem entsprechenden Beschluss zu rechnen. Ich habe mir jedenfalls den ganzen Sonntag-Nachmittag freigehalten, damit wir das ganze eingehend durchkauen können."

Am 3. September fand im Salzburger Stadtteil Itzling ein FPÖ-Stammtisch statt. Die Veranstaltung war für den weiteren Verlauf der Dinge wichtig, aber sie brachte noch nicht die Entscheidung. Haider sagte dort, er sei bereit, den „Baumeister" zu spielen, aber er verlange die Unterstützung der Bundesländer. Zwei Tage später präzisierte er:

„Die Frage der Führung einer Partei kann nicht an einem Stammtisch gelöst werden. Es ist notwendig, daß die wesentlichen Landesgruppen in Österreich sich deklarieren müssen, was sie wollen: Wollen sie den bisherigen Bundesparteiobmann weiter an der Spitze haben oder wollen sie eine Änderung durch meine Person haben."

Auftritt Haider – Eine neue Ära für die FPÖ

Wer kandidiert?

Steger hat nicht tatenlos zugesehen, wie sich der Widerstand gegen ihn formierte, jedoch unterlief ihm bei der Gewichtung der Argumente eine Fehleinschätzung. Zwar war er vielen in der Partei schon unerträglich geworden, aber so ein Traumkandidat, wie die St. Lorenzener und ihre Gesinnungsfreunde es darstellten, war Haider auch (noch) nicht. Es gab schon Funktionäre, die sein irrlichterndes Wesen ahnten, und einer von ihnen soll damals gesagt haben, dass Haider für die FPÖ nach außen ein Segen, nach innen aber eine Katastrophe sein werde. Und Willfried Gredler, der geistreiche Spötter, sollte dereinst sagen: „Wir haben einen genialen Obmann, nur leider ist er wahnsinnig."

Auf die – vereinzelten – Widerstände gegen Haider setzte Steger und begann im Sommer damit, seine Verteidigungsstellungen aufzubauen.

Wir folgen jetzt Steger Darstellungen und weiter unten den – ziemlich lakonischen Schilderungen – Haiders. Eine unmittelbare Gegenüberstellung würde zu einer vollständigen Unübersichtlichkeit führen.

Steger gab bekannt, dass Haider und Krünes Bundesparteiobmann-Stellvertreter würden. Ende August bzw. Anfang September habe er, erinnert sich Steger, mit Haider im Wiener Ringstraßenhotel „Bristol" ein Abkommen geschlossen:

„Haider wird Obmann-Stellvertreter und statt mir Handelsminister. Ich bleibe bis zu den Nationalratswahlen Vizekanzler und behalte mir nur die Energiesektion. Haider hat das akzeptiert und damit auch, dass ich Parteiobmann war. Was ich ihm nicht gesagt habe, war, dass der Krünes Parteiobmann werden soll. Das war auch mit der SPÖ so abgesprochen. Vranitzky war auch einverstanden, dass Haider Minister wird, er müsse nur etwas arbeiten. Grundverständnis dieser Abmachung war: Haider wird nicht Obmann."

Haider habe im Gegenzug gefordert, dass der Spitzenkandidat für die nächsten Nationalratswahlen (termingemäß im März 1987) auch der neue Parteiobmann werden müsse.

Die Idee mit Krünes als Obmann habe er nicht nur Haider, sondern der Partei überhaupt verschwiegen. Diese Variante legte Steger in Innsbruck in allerletzter Minute vor – zu spät.

Sowohl Krünes wie Ofner fanden Stegers Verhalten von damals unverständlich. Beiden gelang es nicht, mit Steger vertrauliche Gespräche über dessen Absichten zu führen. So wollte Ofner bereits vor dem Parteitag in Innsbruck wissen, was Steger vorhatte – ohne Erfolg:

„Ich habe öfter um ein Gespräch unter vier Augen mit ihm gebeten, aber es waren immer ein paar Leute dabei. Wir haben dann am Vorabend des Parteitages einen Spaziergang durch das nächtliche Innsbruck gemacht und der Steger hat den Krünes mitgenommen. Steger hat mich gefragt, ob ich kandidieren würde. Ich habe ‚Ja‘ gesagt, und dann hat er den Krünes gefragt und der hat auch ‚Ja‘ gesagt, aber nur wenn er keinen Gegenkandidaten hat. Daraufhin hat uns der Steger gesagt: ‚Wenn morgen der Parteitag beginnt, treffen wir uns beim Türl und ich sage Euch, wer kandidieren wird.‘ Am nächsten Morgen frage ich den Steger: ‚Na, wer kandidiert?‘, und er sagt: ‚Ich selbst!‘"

Krünes wurde zunächst auch im Unklaren gelassen, aber zu Beginn des Parteitages habe Steger ihn angesprochen: „Du, ich werde dich vorschlagen, aber du versprichst mir, dass ich Vizekanzler bleibe."

Für Krünes stellte sich die Lage zu diesem Zeitpunkt so dar: Steger ist Vizekanzler, Haider sitzt in Kärnten und ich als Parteiobmann dazwischen. Keine schönen Aussichten! Er wollte Näheres wissen: „Ich habe meinen Adjutanten und Parteikollegen, der auch Delegierter der Steiermark war, mit einer ganz kurzen Botschaft zum Haider geschickt, dass der Steger Vizekanzler bleiben will und ich bitte zu klären, wie eine solche Lösung im Detail ausschauen soll. Mein Adjutant ist eifrigst in Richtung Haider, der war von anderen umgeben, und er hat einem Adlatus vom Haider die Botschaft ausgerichtet, aber leider eine falsche: ‚Der *Krünes* will Vizekanzler werden.‘"

Haider ergriff sofort die Gelegenheit und laut Steger sei dann Folgendes passiert:

„Der Haider ist mit dem Krünes hinausgegangen und hat zum ihm gesagt: ‚Ja, bist du denn verrückt, du machst dem Steger [Anm. d. Autors: als Parteiobmann] die Arbeit und er bleibt Vizekanzler? Bei mir ist es anders: Ich mache [Anm. d. Autors: als Obmann] die Arbeit und du wirst Vizekanzler.‘"

Stegers später Vorschlag, Krünes zum Obmann zu wählen, hatte bei vielen Delegierten Erleichterung bewirkt, denn mit Krünes als Obmann wäre die Fortsetzung der Koalition – und daran war der größere Teil der Partei interessiert – gesichert gewesen. Dann aber sei, erzählt Steger, Gugerbauer ans Pult getreten und habe sinngemäß gesagt: „Alles nicht wahr, der Krünes ist im Lager Haiders." Was Krünes jedoch umgehend dementierte: Er sei Steger im Wort.

Haider rief den Delegierten zu: „Ich stelle mich der Wahl und das ist die stärkste und fürchterliche Kampfansage für die beiden anderen Parteien." Krünes als Vizekanzler sei die optimale Ergänzung.

Es kam zur Kampfabstimmung. Jörg Haider erhielt 263 Stimmen, Norbert Steger 179.

Steger wartete das Abstimmungsergebnis nicht ab, sondern blieb im Foyer, wo er sich um die Versorgung des kollabierten Generalsekretärs Grabher-Mayer kümmerte.

Nach dem Sieg herrschte aufseiten der Haider-Anhänger tumultöse Freude, bei den Steger-Anhängern Entsetzen und eine Gruppe Unbelehrbarer grölte Nazi-Parolen und Antisemitismen. Bundesgeschäftsführer Mario Erschen, der früher unter Friedrich Peter Klubdirektor gewesen war, trat sofort an Ort und Stelle aus der Partei aus. Am 25. September legte Peter alle seine Funktionen in der Bundespartei und in der oberösterreichischen Landespartei nieder. Er blieb – die Bezeichnung sollte man später noch einmal hören – „einfaches Parteimitglied".

Freiheitliche Delegierte, die in Innsbruck dabei waren und einen klaren Kopf bewahrten, waren und sind überzeugt davon, dass Haider seine Mehrheit *auch* dem Glauben vieler Delegierter verdankt, dass die SPÖ die Koalition mit der FPÖ fortsetzen würde. Die meisten Delegierten wollten Steger nicht, aber einen freiheitlichen Vizekanzler wollten sie schon. Haider hat nichts getan, den Delegierten diesen Glauben zu nehmen, im Gegenteil, er hat ihn gefördert, was ihm später als glatte Lüge und bewusste Irreführung der Delegierten ausgelegt wurde. Aber es ist nicht ganz auszuschließen, dass Haider die Delegierten unbewusst in die Irre geführt hat, weil auch er selbst ein in die Irre Geführter war.

Über die Kontakte zwischen Haider und dem neuen Bundeskanzler gibt es unterschiedliche Darstellungen. Es soll zwei Telefonate gegeben haben, von denen allerdings nur eines von Vranitzky bestätigt wird. Er schreibt in seinen „Politischen Erinnerungen":

„Am Donnerstag davor [Anm. d. Autors: vor dem Parteitag] erreichte mich ein telefonischer Anruf Haiders. Er werde, so meinte er, am kommenden Wochenende Parteiobmann der FPÖ werden und stelle die Frage, ob ,wir zwei Dynamischen dann eh gemeinsam weitermachen'. Ich meinte, ich hätte ein aufrechtes Regierungsbündnis mit Steger und hielte es für schlechthin ausgeschlossen, hinter dessen Rücken respektive überhaupt mit jemand anderem eine solche Vereinbarung zu treffen. ‚Selbstverständlich, selbstverständlich, diese Einstellung ehrt Sie sehr‘, gab Haider zurück. Angeblich teilte er am Parteitag in Innsbruck ein oder zwei Tage später mit, er habe bezüglich seiner Vizekanzlerschaft mit mir schon alles geregelt.“

Innsbrucker Augen- und Ohrenzeugen schildern, Haider habe seinerzeit behauptet, während der kritischen Stunden vor der Abstimmung noch ein zweites Telefonat mit Vranitzky geführt zu haben, um nochmals dessen Meinung zur Fortführung der Koalition auch unter einem Obmann Haider zu erkundigen. Steger, der sicher keinen Grund hätte, Haider aus Gefälligkeit ein Alibi zu geben, bestätigt, dass es während des Parteitages ein Telefonat zwischen den beiden gegeben habe und nennt er auch Details: Das Gespräch sei über Vermittlung Gustav Zeillingers zustande gekommen:

„Zeillinger hat den Kanzler angerufen und ihm gesagt, er würde ihn gern über den Verlauf des Parteitages informieren und hat dann den Hörer an Haider weitergegeben. Haider hat ihm gesagt: ‚Herr Bundeskanzler, ich möchte Ihnen nur versichern, wir wollen die Koalition fortsetzen‘, und der Vranitzky hat getan, was er immer getan hat, nämlich undeutlich geantwortet, sodass der Haider geglaubt hat, die Koalition geht weiter und er ist zum Gugerbauer gegangen und hat ihm berichtet, die Koalition ist eh nicht tot. Darum hat der Haider auf dem Parteitag auch beschließen lassen, dass es weitergeht.“

Haider erinnert sich

Anders als Steger macht Haider um den Innsbrucker Parteitag und dessen Vorgeschichte wenig Worte – er scheint sich an Details tatsächlich nicht zu erinnern, was nicht weiter verwunderlich wäre, denn für ihn waren auf Innsbruck zwei Jahrzehnte unmenschlicher politischer Belastungen gefolgt, während Steger doch Zeit hatte, seine Wunden zu lecken und ihre Geschichte zu interpretieren.

Haiders Erinnerungen an das Gespräch im Hotel „Bristol“: „Es ist damals nur die Frage besprochen worden, ob Steger noch einmal kandidiert oder nicht. Er hat starken Widerstand verspürt und Bereitschaft erkennen lassen, dass Krünes Obmann wird und die Führung des Regierungsteams übernimmt und er bleibt Minister oder so etwas. Wir haben das akzeptiert. Wir waren immer für Krünes. Wir wollten nicht aus der Regierung, wir wollten nur, dass die Regierungsmannschaft anders aufgestellt wird, weil der Steger schwer vermittelbar war.“ Er selbst, sagt Haider, habe sich erst zur Kandidatur entschlossen, nachdem sich die Mehrheit der Delegierten für ihn ausgesprochen habe.

Auf die Frage, was er mit Vranitzky abgesprochen habe, in einem oder zwei Telefonaten, gibt Haider eine überraschende Antwort: „Gar nichts, ich habe mit ihm überhaupt nicht telefoniert. Weder einmal noch zweimal. Ich habe Vranitzky damals überhaupt nicht gekannt." Den Einwand, Vranitzky selbst schreibe doch in seinem Buch von einem Telefonat, lässt Haider nicht gelten: „Das muss eine Verwechslung sein. Gugerbauer hat mit Vranitzky – und anderen Sozialisten – telefoniert. Das hat er dem Parteitag auch mitgeteilt: ‚Gespräche mit führenden Sozialdemokraten haben ergeben, die Koalition wird halten.‘"

Ein Telefonat habe es nach dem Parteitag mit dem SPÖ-Vorsitzenden Fred Sinowatz gegeben:

„Ich bin am Montag nach dem Parteitag zu Landeshauptmann Wagner gegangen und der hat gesagt: ‚Jetzt müssen wir schauen, wie es weitergeht, ich rufe Sinowatz an.‘ Sinowatz' Antwort: ‚Von unserer Seite gibt es keine Probleme, wir müssen nur ein paar Sachen bereden, wie wir miteinander umgehen. Ich habe ohnedies das Parteipräsidium und ich werde mich für die Fortsetzung der Koalition aussprechen.‘ Das war um elf Uhr und eine Stunde später hat Vranitzky das Ende der Koalition bekannt gegeben."

Vereinbart wurde, dass die Regierung ihre Arbeit noch bis zu den Neuwahlen am 23. November in unveränderter Besetzung fortführen werde.

Die kleine Koalition war, auch von den politischen Inhalten her, keine Erfolgsgeschichte. Aber selbst an den mageren Ergebnissen ließen die Sozialisten den Freiheitlichen nur einen ganz bescheidenen Anteil. Steger, der mehr als einmal – aus welchen Gründen immer – über den blauen Schatten gesprungen war, um die Fortführung der Koalition zu ermöglichen, hat sich über diese mangelnde Solidarität des Partners beklagt. Und er fand Unterstützung bei manchen Sozialisten. So sagt der ehemalige Innenminister Franz Löschnak:

„Es war einer der Fehler der SPÖ, dem Koalitionspartner keine Luft gelassen zu haben. Bei Parteiveranstaltungen [Anm. d. Autors: der SPÖ] hieß es immer dann, wenn eine Unstimmigkeit nach außen gedrungen ist: ‚Ja, wieso darf die FPÖ das überhaupt? Könnt ihr das nicht abstellen?‘ Es war in den Köpfen immer die Vorstellung, die SPÖ regiert allein. Diese Vorstellung war offenbar bis in die höchsten Kreise präsent. Man hätte Steger ein wenig Spielraum lassen müssen, zu zeigen, was er einbringen kann – inner- wie außerparteilich."

Löschnak, der immer für einen fairen Umgang mit der FPÖ eingetreten war, hat übrigens später umgekehrt die Rücksichtslosigkeit Haiders gegenüber politischen Gesprächspartnern erfahren, als dieser ihn als den „besten Mann der FPÖ in der Regierung" bezeichnete. Das hat Löschnak innerparteilich schwer geschadet.

Mit der Vergangenheit nicht ins Reine gekommen

In der Medienberichterstattung aus Innsbruck wurde über die Ereignisse nach der Wahl mindestens ebenso ausführlich berichtet wie über die Wahl selbst. Man erinnert sich gewiss an das Foto von zwei Delegierten, die den triumphierenden Haider auf den Schultern durch die Menge tragen. Wer diese Männer waren, hat man erst später erfahren: Der eine wurde als NAZI-Buchstabierer Reinhart Gaugg identifiziert, der andere war Siegfried Kampl, Bundesrat in spe, der Deserteure als Kameradenmörder bezeichnete und von „brutaler Nazi-Verfolgung" nach dem Krieg sprach.

Was Medienberichterstattern und anderen Augen- und Ohrenzeugen am stärksten in Erinnerung geblieben sein wird, war das antisemitische Gebrüll. Man hörte Rufe wie „Saujud" und – an Frau Steger gerichtet: „Ihr gehört's vergast!". Diese Hassausbrüche kamen nicht von ungefähr, in ihnen wurde noch einmal Stegers Herkunft thematisiert. Der Adoptivvater von Stegers Vater war Jude gewesen und im KZ Theresienstadt ermordet worden. Aber immer wieder wurde in rechtsnationalen Zirkeln behauptet, Steger selbst sei jüdisch. Es hat Steger nicht geholfen, dass er – bevor die Medien sich mit dem Thema beschäftigten – über seine Herkunft wenig gesagt hatte.

Die FPÖ nimmt in Anspruch, Alleinerbin des Dritten Lagers zu sein, das im Nationalsozialismus aufgegangen war. Der Vorwurf, dass sie mit diesem Erbe nie ganz ins Reine gekommen sei, ist keine verleumderische Erfindung ihrer Gegner. In den Programmen ist explizites nationalsozialistisches Gedankengut nicht zu finden. Wer sich zum deutschen Volk oder zur deutschen Kulturgemeinschaft bekennt, ist damit nicht automatisch auch schon ein Nazi oder ein Neonazi.

Dennoch setzte und setzt sich die FPÖ immer wieder Zweifeln an ihrem Verhältnis zur Vergangenheit aus. Schuld daran sind missverständliche oder unmissverständliche provokante Aussprüche oder Aktivitäten von Mitgliedern und Funktionären aller Ebenen bis hinauf zu Heinz-Christian Strache, über den noch zu gegebener Zeit zu sprechen sein wird.

Es gibt viele Beispiele, die vom Dokumentationsarchiv des österreichischen Widerstandes und anderen Institutionen penibel gesammelt wurden. Antisemitische Äußerungen und Äußerungen von unverhülltem NS-Gedankengut sind nicht allzu häufig, weil das Strafgesetz zum Teil drastische Strafen vorsieht; Äußerungen, deren Inhalt von dokumentierenden Institutionen als rechtextrem klassifiziert wird, gibt es viele, wie folgende Auswahl zeigt:

Im November 1989 sagte der Oberösterreicher Raimund Wimmer, den wir schon als einen der Wegbereiter Haiders an die Parteispitze kennengelernt haben, unter anderem Folgendes:

„Hier 50 000 Juden anzusiedeln, wie [ich] das gehört habe von Zilk, das ist unmöglich. Was täten wir damit, der kennt die Juden nicht. Ich war im Krieg überall.
Ich hab sie überall kennengelernt […] na ja, die würden sich wundern, wenn die
Bejkelesjuden würden herumrennen in Wien. Machen wir doch lieber unser eigenes Volk."

Jüngeren Datums sind die Äußerungen des John Gudenus, im Jahr 1995 sagte er:
„Gaskammern? Ich halte mich da raus. Ich glaube alles, was dogmatisch vor-
geschrieben ist.", hier ergänzt durch ein Zitat aus dem Jahr 2005: „Es gab Gaskammern, aber nicht im Dritten Reich, sondern in Polen. So steht es auch in den Schul-
büchern."

Und noch einmal wurde er 2005 auffällig: Beim Besuch einer Ausstellung im KZ
Mauthausen stellte er fest, dass viele der Häftlinge körperlich besser aussähen als er
selbst.

Gudenus wurde aus der FPÖ ausgeschlossen, gerichtlich verurteilt, aber verkehrt
noch immer in Spitzenkreisen der Partei und findet auch unter der neuen Parteiführung Fürsprecher.

Der niederösterreichische FPÖ-Obmann Ernest Windholz sagte im Juni 2000
bei einer Ehrung von langjährigen Funktionären: „Unsere Ehre heißt Treue."

Dass dies der Wappenspruch der SS war, habe er nicht gewusst – eine Äußerung,
die für Außenstehende durchaus die Qualität der Auswahlverfahren für Parteifunktionäre in Frage stellen kann.

Wiederholte Angriffe gab es gegen Andreas Mölzer, beispielsweise wegen dessen
Thesen zur „Umvolkung". Diese Bemerkung führte sogar zu einer Krise in der FPÖ.

Jörg Haider hat, vor allem was antisemitische Äußerungen betrifft, lange Zurük-
khaltung geübt, was ihm auch von Simon Wiesenthal bestätigt wurde. Dennoch
war es eine an antisemitische Ressentiments appellierende Äußerung, die geradezu
ein geflügeltes Wort wurde, als er während der federführend vom Jüdischen Welt-
kongress geführten Kampagne gegen Kurt Waldheim „von gewissen Kreisen an der
(US)-Ostküste" sprach; damit war ein zunächst unverdächtig scheinendes Code-
wort für die Juden geprägt.

Äußerungen, mit denen er an den Nazis anstreifte, gab es mehrere. Der be-
rühmteste und auch folgenreichste Ausspruch war jener vom 13. Juni 1991 im
Kärntner Landtag: „Na, das hat's im Dritten Reich nicht gegeben, weil im Dritten
Reich haben sie ordentliche Beschäftigungspolitik gemacht, was nicht einmal Ihre
Regierung in Wien zusammenbringt."

Es ist darüber gestritten worden, ob Haider das einfach herausgerutscht ist, oder
ob er bewusst provozieren wollte, was aber letzten Endes nicht relevant ist. Es

wurde auch darüber diskutiert, ob er nicht – irgendwie – recht gehabt habe. Ein Historiker soll es auf den Punkt gebracht haben: „Die Beschäftigungspolitik der Nazis basierte auf der Kriegswirtschaft und konnte deshalb nicht ordentlich sein. Hätte Haider das Wort ‚ordentlich' weggelassen, hätte man ihm jedoch nur schwer widersprechen können."

Nicht viel weniger Aufsehen erregte seine Rede vor ehemaligen Mitgliedern der Waffen-SS in Krumpendorf im Jahr 1995. Ein Teilnehmer zeichnete Haiders Auftritt per Videokamera auf. Das Band wurde dann im deutschen Fernsehen veröffentlicht:

„Und das ist für mich letztlich auch der Grund, warum ich glaube, dass man auch ein Gegengewicht setzen muss, denn sonst würden wir wirklich in einer Welt von Chaoten leben, und dafür habt Ihr letztlich nicht gekämpft und auch Euer Leben riskiert, sondern dass die jüngeren Generationen und die Jugend eine Zukunft in einem Gemeinwesen hat, in dem auch Ordnung, Gerechtigkeit und Anständigkeit noch Prinzipien sind."

Nach den Wahlen 1999 dürfte Haider gedämmert sein, dass sein fahrlässiger Umgang mit Rassismen und Nazismen den Ruf seiner Partei, die sich auf den Weg machte, eine Regierungspartei zu werden, belastete. In einer Rede am 12. November trat er zur Generalbeichte an: „Freilich hat es in der Vergangenheit auch einige Äußerungen gegeben, die mir zugeordnet werden, die im Zusammenhang mit dem Nationalsozialismus gewesen sind, die durchaus unsensibel oder missverständlich waren. Mir tut das persönlich leid."

Unnötig zu sagen, dass seine guten Vorsätze nicht lange anhielten. Während des Wiener Wahlkampfes sagte er im März 2001 in der Stadthalle über den Wiener Bürgermeister: „Häupl hat einen Wahlkampfstrategen, der heißt Greenberg. Den hat er sich von der Ostküste einfliegen lassen. Liebe Freunde, ihr habt die Wahl, zwischen Spindoctor Greenberg von der Ostküste oder dem Wienerherz zu entscheiden."

Auch sein Angriff auf Ariel Muzicant, den Präsidenten der Israelitischen Kultusgemeinde, beim „Politischen Aschermittwoch" der FPÖ in Ried im Innkreis wurde als antisemitisch aufgenommen: „Ich verstehe nicht, wie jemand, der Ariel heißt, so viel Dreck am Stecken haben kann."

Unbestritten muss in einem Land, das auf seine Humanität und halbwegs zivilisierten politischen Umgang hält, die Toleranz für rassistische und nazistische Untertöne in sehr engen Grenzen gehalten werden. Aber es ist auch bei diesen heiklen Themen passiert, was in der „normalen" politischen Auseinandersetzung mit Haider gang und gäbe war und ist. Seine Gegner geben ihm durch Übertreibung die Möglichkeit, sich zu wehren und auf Zustimmung zu stoßen. Das ständige Missverhältnis zwischen Aktion und Reaktion war einer der Gründe für seinen Aufstieg, der uns noch ausführlich beschäftigen wird.

Im Februar 1995 sagte Haider im Zuge der Debatte um die Bombenanschläge in Oberwart in einer Sondersitzung des Nationalrates:

„Denn das Nichtintegrieren einer ethnischen Minderheit, die schon einmal vor 50 Jahren fast vernichtet wurde in den Straflagern des Nationalsozialismus, sie wieder auszusiedeln und auszugrenzen, hängt damit zusammen, daß man den Willen, den man hier bekundet, in der praktischen Politik gar nicht einbringt."

Es brach Tumult aus: Man warf ihm vor, durch den Ausdruck „Straflager" die „Konzentrationslager" zu verharmlosen. Nun geht aus dem Wortlaut eindeutig hervor, dass Haider ein „Vernichtungslager" gemeint hatte. Damit aber nicht genug: Die grüne Abgeordnete Gabriela Moser sprach einige Zeit später in ihrer Rede auch von „Straflagern". Im stenographischen Protokoll fand sich dann aber der Zusatz „gemeint sind KZs", der in der Rede nicht vorgekommen war. Die Abgeordnete hatte die ihr von der Geschäftsordnung eingeräumte Möglichkeit, das Protokoll „stilistisch" zu ändern, zu nicht erlaubten inhaltlichen Änderungen benutzt.

Haider hatte wieder einmal einen Persilschein, der sich trefflich nutzen ließ.

Oppositionsführer Haider

Das Jahr 1986 war ein Jahr politischer Weichenstellungen. Der Innsbrucker Parteitag der FPÖ war der Beginn einer Entwicklung, deren Höhepunkt erst im Jahr 1999 erreicht wurde, als die Partei des Dritten Lagers dank Jörg Haider zur zweiten politischen Kraft wurde.

Schon im Mai hatte eine Wahl stattgefunden, deren Auswirkungen auf die Zukunft damals nicht abzusehen waren. Sie löste eine bis heute andauernde Diskussion über Österreichs NS-Vergangenheit aus. Abgesehen davon war Kurt Waldheim der erste Bundespräsident der Zweiten Republik, der nicht von der SPÖ nominiert worden war.

Die FPÖ hatte in diesem Wahlgang eine kleinere Kalamität zu bereinigen. Obwohl die Partei beschlossen hatte, keinen eigenen Kandidaten aufzustellen, ließ sich Otto Scrinzi von einem „Komitee zur Aufstellung eines nationalfreiheitlichen Bundespräsidentschaftskandidaten" nominieren. Es wurde ein Schiedsgerichtsverfahren eingeleitet, aber schließlich eine gütliche Einigung erreicht. Im Einvernehmen mit Landesobmann Haider legte Scrinzi am 10. März seine FPÖ-Mitgliedschaft zurück.

Bei den Nationalratswahlen ein paar Wochen nach dem Innsbrucker Parteitag wurde der Haider-Effekt sofort wirksam. Den historischen Meilenstein setzten jedoch die Grünen, die erstmals in das Hohe Haus gewählt wurden, womit nach 27 Jahren (1959 wurde die KPÖ hinausgewählt) wieder vier Parteien im Hohen Haus vertreten waren.

In den Wahlkampf zog die FPÖ als geeinte Partei. Die Wiener FPÖ, die in Innsbruck geschlossen für Steger gestimmt hatte, schwor dem neuen Obmann die Treue. Steger verzichtete auf die Wiener Spitzenkandidatur, die Wiener Liste wurde von Holger Bauer angeführt. Steger ging auf den zweiten Platz und kündigte an, einen Vorzugsstimmenwahlkampf führen zu wollen, der aber nicht sehr erfolgreich war. Er gab sein Mandat an Helene Partik-Pablé ab. Während des Wahlkampfes stürmten die Leute Haiders Versammlungen, ein Vorzeichen des Erfolges: Die FPÖ erhöhte ihren Stimmenanteil aus dem Jahr 1983 von 4,98 Prozent auf 9,73 Prozent und die Zahl der Mandate von 12 auf 18. Meinungsumfragen vor dem Parteitag hatten einen Absturz ins Bodenlose vorhergesagt.

Arithmetisch war die SPÖ der größte Verlierer: Die Sozialisten verloren zehn ihrer 90 Mandate; die ÖVP kam mit dem Verlust von vier Mandaten (sie erreichte 77) optisch besser davon. De facto hieß der Wahlsieger aber Franz Vranitzky: Die SPÖ blieb für weitere 13 Jahre die Regierungspartei Nr. 1.

Die ÖVP wurde am Wahlabend aber nicht nur durch ihr schlechtes Abschneiden geschockt: Alois Mock war, als er vor die Kameras trat, in erschreckend schlechter Verfassung. Es waren die ersten Anzeichen seiner schweren Erkrankung gewesen.

In der konstituierenden Sitzung des Nationalrates am 17. Dezember saß Jörg Haider als Klubobmann der FPÖ in der ersten Bankreihe des Plenarsaals. Zu seinem Stellvertreter und parlamentarischen Geschäftsführer war Friedhelm Frischenschlager gewählt worden.

Haider hatte als Oppositionsführer einen einladenden Einstieg. Schon am 24. Oktober hatte Norbert Gugerbauer, der nach dem Innsbrucker Parteitag Generalsekretär der FPÖ geworden war, eine Untersuchung der Abfertigungen des Bankdirektors und nunmehrigen Bundeskanzlers Vranitzky gefordert. Er hatte beim Wechsel von der CA, wo er den Platz für Hannes Androsch räumen musste, in die Länderbank 800 000 Schilling und beim Wechsel von der Länderbank ins Finanzministerium drei Millionen Schilling Abfertigung erhalten.

Beim Neujahrstreffen der FPÖ am 11. Jänner 1987 in Salzburg kündigte Jörg Haider ein Volksbegehren gegen Privilegien an: „Es soll eine Art zweite Nationalratswahl werden."

Am 21. Jänner 1986 wurde das Kabinett Vranitzky/Mock angelobt. Die Verhandlungen waren schwierig gewesen, denn in der ÖVP gab es – angeführt von

Mock und Generalsekretär Graff – Bestrebungen, mit der FPÖ zu koalieren. Dagegen sprach sich vor allem der Wirtschaftsbund und ganz besonders Wirtschaftssprecher Robert „Bobby" Graf aus. Graf verabscheute die Freiheitlichen. Als ein FPÖ-Abgeordneter nach den burgenländischen Landtagswahlen entgegen der Absprache zwischen Schwarz und Blau nicht den ÖVP-Kandidaten Franz Sauerzopf wählte und so den Sozialisten Hans Sipötz zum Landeshauptmann machte, vergaß Graf seine sonst so gepflegte Ausdrucksweise: Er nannte die Freiheitlichen „eine Bande von Wortbrüchigen" und ein „Brechmittel". Mitte Dezember wurde Graf zu einer Geldstrafe von 30 000 Schilling verurteilt.

Wer eine Stricherlliste führt, kann an dieser Stelle wieder eine Eintragung machen: Bundesparteiobmann Haider drohte mit Rücktritt, falls sich der burgenländische Skandal auf die Wiener Landtagswahlen am 8. November negativ auswirken sollte. Tat er nicht, im Gegenteil. Das Ergebnis lautete: SPÖ 62 (61), ÖVP 30 (37) und FPÖ 8 (2) Mandate. Dieser Wahlerfolg trug der FPÖ einen Sitz im Stadtsenat ein (Rainer Pawkowicz) und dem Bundesrat ein neues Mitglied, das in der österreichischen Innenpolitik noch von sich reden machen sollte: Heide Schmidt, Mitarbeiterin der Volksanwälte Zeillinger und Josseck.

Auch die anderen Wahlen des Jahres (Gemeinderatswahlen in der Stadt Salzburg und Krems) gingen für die FPÖ gut aus.

Es wurde in der Partei auch Schmutzwäsche gewaschen: Alexander Götz war seine Beamtenpension, die er neben seiner Bürgermeisterpension bezog, stillgelegt worden. Er focht die Stilllegung gemeinsam mit anderen von der Regelung betroffenen Politikern vor dem Verfassungsgerichtshof an und bekam Recht. Das Erkenntnis wurde ausgerechnet mitten in einer Kampagne für ein Anti-Privilegienvolksbegehren bekannt gegeben. Götz wurde am 2. Juni aus der Partei ausgeschlossen. Am 21. Februar 1988 wurde sein Ausschluss wegen eines Formfehlers wieder aufgehoben.

Das Volksbegehren für Leistung und Gerechtigkeit – gegen Parteibuchwirtschaft und Privilegien im Juli blieb mit 251 461 Unterschriften unter dem Soll.

Als Privilegierte hatte Haider übrigens auch die Verfassungsrichter genannt: „Die kassieren zweimal, arbeiten aber nur einmal."

Gugerbauer – die Alternative

Das nachhaltigste Ereignis des Jahres 1988 war ein schwerer Konflikt zwischen Haider und Gugerbauer. Anfang Juni wurde durch Indiskretionen bekannt, dass Gugerbauer beim Parteitag im Oktober sein Amt als Generalsekretär aufgeben werde, um sich voll seiner Funktion als Obmann der oberösterreichischen Landespartei widmen zu können. Am 24. Juni stellte Haider Heide Schmidt als Nachfolgerin Gugerbauers vor; als zweiter Generalsekretär und Aufpasser Haiders wurde der Landwirt Matthias Reichhold nach Wien geschickt.

In Wien hatten es seit geraumer Zeit die Spatzen von den Dächern gepfiffen, dass es zwischen Haider und Gugerbauer, dem die Buberl-Partie auf die Nerven ging, nicht mehr so ganz stimmte. Es herrschte die allgemeine Überzeugung vor, dass Haider Gugerbauer aus dem Machtzentrum Wien weghaben wollte. Landesobmann Schender wurde zum Nachfolger Jossecks als Volksanwalt nominiert, um Gugerbauer Platz an der Spitze der oberösterreichischen Landespartei zu machen, die übrigens ohnehin schon hinter Gugerbauer stand.

Norbert Gugerbauer und Jörg Haider, beide Jahrgang 1950, kannten einander seit Kindertagen. Auch wenn sie manchmal ein Stück des Weges gemeinsam gingen, so waren sie doch weniger Gefährten als Konkurrenten, verbündete Gegner, um ein Paradoxon zu verwenden. Norbert und Jörg standen sich zuerst in Redewettbewerben des Turnerbundes gegenüber. Einmal gewann der eine, dann der andere. Einen Redewettbewerb des Bundesheeres 1968 gewann Gugerbauer. Der Jus-Student Gugerbauer engagierte sich im „Ring Freiheitlicher Studenten", Haider im „Ring Freiheitlicher Jugend". Aber beide waren, wie es sich für Sprösslinge aus nationalen Familien gehörte, Burschenschafter. Gugerbauer war bei den „Oberösterreichischen Germanen" (Spitzname: Obergermanen), Haider in der „Silvania". Anders als in der Schülerverbindung wurden bei den Burschenschaftern scharfe Pflicht-Mensuren geschlagen, also ohne Gesichtsschutz. Die erste scharfe Mensur haben die beiden, so wird erzählt, gegeneinander gefochten.

Gugerbauer war hochintelligent, strategisch denkend, zurückhaltend. Er wäre eine Alternative zu Haider gewesen. Irgendwann musste es zwischen den ungleichen Persönlichkeiten zum Krach kommen.

Als Gugerbauer 1988 ging, wusch Haider seine Hände in Unschuld: Er habe nichts damit zu tun, es sei alles der Wunsch Gugerbauers.

Haider stellt in dem Gespräch für dieses Buch die Pläne Gugerbauers so dar:

„Gugerbauer wollte das Modell Kärnten auf Oberösterreich übertragen und Landeshauptmann von Oberösterreich werden. Dafür hat er schon lange kampagnisiert. Erst wie Umfragen ergeben haben, dass er nicht der Typ eines Landeshauptmannes ist, hat er das Projekt aufgegeben und [Anm. d. Autors: für die Landtagswahlen 1991] den Achatz herausgezogen."

Die oberösterreichische Landespartei sei auf Gugerbauer nicht sehr gut zu sprechen gewesen, weil er für seine eigene Kampagne „die wohlgefüllte Kasse der oberösterreichischen FPÖ für seine Zwecke aufgebraucht habe".

Dass Gugerbauer den späteren Landesparteiobmann Hans Achatz „herausgezogen" hat, steht im Widerspruch zu jener Darstellung der Ereignisse, die man im Buch des Oberösterreichers Grillmayer nachlesen kann. Er schreibt nämlich, dass Haider Achatz aus dem Hut gezaubert habe. Auch Haiders Schilderung des endgültigen Abgangs von Gugerbauer wird sich von den Beobachtungen anderer Zeitzeugen erheblich unterscheiden.

Haider selbst kam 1988 zweimal lautstark ins Gerede. Im März wurde bekannt, dass er im Sommer 1987 im Hause von Otto Scrinzi den rechtsextremen NDP-Führer Norbert Burger getroffen habe. Haider sagte, es sei ein privates Treffen ohne politische Bedeutung gewesen. Gugerbauer machte aus seinem Herzen keine Mördergrube und äußerte sich unverhohlen kritisch.

Am 18. August ging Haider in das österreichische Lexikon der Zitate ein: „Die österreichische Nation war eine ideologische Mißgeburt, denn die Volkszugehörigkeit ist die eine Sache, und die Staatszugehörigkeit eine andere."

Am 16. Oktober fanden in Niederösterreich Landtagswahlen statt, deren Ergebnis sehr erfreulich war: Die FPÖ zog unter ihrem Spitzenkandidaten Helmut Krünes erstmals in den Landtag ein: ÖVP 29 (32), SPÖ 22 (24), FPÖ 5 (0) Mandate. Die Folgen waren nicht so erfreulich: Zuerst wurde die Landesverfassung so geändert, dass die Freiheitlichen mit ihren fünf Mandaten kein Antragsrecht erhielten, und dann wurde ihnen die Mitgliedschaft in den Ausschüssen verwehrt. Es sollte aber noch schlimmer kommen: Krünes wurde beschuldigt, als Verteidigungsminister eine Parteispende in Höhe von 100 000 Schilling von der Firma Noricum übernommen zu haben, was Krünes selbst jedoch bestritt. Das war aber noch nicht das Ende: Landesobmann Ofner nominierte im Alleingang den Abgeordneten Hintermayer als Nachfolger von Krünes als Klubobmann. Der Parteivorstand bestätigte die Nominierung, kritisierte Ofner jedoch wegen seiner „einsamen Entscheidung". Ofner trat zurück.

Weitere Personalia: Haider ließ in Kärnten Mario Ferrari-Brunnenfeld, der ihn nach Kärnten geholt hatte, mit einem zweijährigen Funktionsverbot belegen, weil der gegen Säuberungen in der Kärntner FPÖ protestiert hatte. Der „Ring Freiheitlicher Wirtschaftstreibender" (RFW) wählte den Salzburger Geschäftsmann Helmut Haigermoser zum Obmann. Beim Bundesparteitag wurde er als Nachfolger Frischenschlagers in den Bundesparteivorstand gewählt.

Am 20. Juni kündigte Haider vor Journalisten seinen bereits mehrfach bekannten „Rückzug aus der Politik" an, sollte die Partei nicht bereit sein, seinen Reformvorschlägen (u. a. Bildung einer Akademie für die Ausbildung von Führungskräften) zu folgen: „Ich bin nicht mehr bereit, mich physisch und psychisch zu Grunde zu richten."

132

Gegen Jahresende publizierten Medien Auszüge aus privaten Briefen von Friedrich Peter. Darin beschuldigte er Haider der „Politik-Dreckschleuderei", unter ihm sei die FPÖ ein „Saustall" geworden.

Norbert Gugerbauer konnte sich nicht lange um die oberösterreichische Partei und seine Rechtsanwaltskanzlei in Vöcklabruck kümmern. Am 20. März 1989 löste er die Rückfahrkarte nach Wien und wurde Klubobmann der FPÖ im Nationalrat.

Acht Tage vorher, am 12. März, hatte die FPÖ bei drei Landtagswahlen überwältigende Siege errungen: In Tirol gewann sie drei Mandate dazu, in Salzburg zwei und in Kärnten sechs (von fünf auf elf)! Haider entschloss sich, Landeshauptmann zu werden und wurde es mit Hilfe der ÖVP am 30. Mai 1989.

Bärental und Steuerfragen – Landeshauptmann Haider in Kärnten

Im Wahlkampf lernten die Österreicher, wenigstens dem Flurnamen nach, ein Stück Kärnten kennen, das Bärental. Im Jahr 1986 hatte der 69-jährige Südtiroler Kaufmann Wilhelm Webhofer, ein Onkel Haiders, die 1565 Hektar große Liegenschaft, deren Einheitswert mit rund fünf Millionen Schilling festgesetzt wurde. Der Verkehrswert wurde unterschiedlich bewertet, dürfte aber zwischen 200 und 300 Millionen Schilling betragen haben. Das Bärental war im Jahr 1941 von einem Onkel der Mutter Haiders, dem Vater Wilhelm Webhofers erworben worden – wie sich später herausstellte, von einer Jüdin, Mathilda Roifer, die dann nach Israel emigrierte.

Haider war finanziell ein gemachter Mann, auch wenn er über das Bärental nicht unumschränkt verfügen durfte, denn Webhofer hatte sich den Fruchtgenuss vorbehalten. Dennoch: Haider war seine materiellen Sorgen los, er war finanziell unabhängig – kein Nachteil für einen Politiker. Jedenfalls konnte er unbesorgt gegen die so genannten Politikerprivilegien kämpfen. Auch für den Kampf gegen Steger fühlte er sich gerüstet. Ende des Jahres 1986 war er Herr des Bärentals und der FPÖ.

Für seine politischen Gegner war ein Großgrundbesitzer (in den parlamentarischen Archiven wurde Haiders Beruf fortan als „Unternehmer" angegeben) ein gefundenes Fressen. Im Landtagswahlkampf war es um die Steuern gegangen, die Haider für das Bärental bezahlte oder nicht bezahlte, und dieses Thema wurde in den folgenden Jahren immer wieder strapaziert. Im Jahr 1995 hatte Bundeskanzler Vranitzky behauptet, Haider zahle überhaupt keine Steuer. Haider klagte und drei Jahre später musste Vranitzky öffentlich widerrufen.

Im Verlauf der Diskussion um den Steuerakt „Bärental" wurde bekannt, dass auch Haiders Generalsekretärin ihre Probleme mit dem Finanzamt hatte. Heide

Schmidt hatte die insgesamt 350 000 Schilling, die sie vom ORF pro „Volksanwalt"-Sendung bekommen hatte, nicht versteuert. Für sie sei das kein Honorar gewesen, sondern ein Spesenersatz. Nach jahrelangen Verhandlungen mit dem Finanzamt wurde sie dann zu einer Nachzahlung verdonnert.

Zu Beginn des Jahres kündigte Haider wiederum ein Volksbegehren an, diesmal gegen das ORF-Monopol. Der Zweck dieser zahlreichen Referenden war, die Partei von Zeit zu Zeit zu aktivieren und zu motivieren. Besonders erfolgreich war keines der Volksbegehren, aber das störte Haider nicht so sehr, denn die Verantwortung übertrug er auf andere, im konkreten Fall auf Heide Schmidt. Am 4. Dezember lag das Ergebnis vor: Mit 109 000 Unterschriften wurde die Marke von 100 000 Stimmen, die für die Behandlung im Parlament erforderlich sind, gerade erreicht. Schmidt war enttäuscht, ihr Chef gnädig: Das Ziel, das Monopol zur Debatte zu stellen, sei erreicht worden.

Ende Oktober, Anfang November kam es zu einem kurzen, aber heftigen Schlagabtausch zwischen Haider und dem Präsidenten des Rechnungshofes, Tassilo Broesigke. Es ging um die Abfertigung, die Vranitzky bei der Übersiedlung aus der Länderbank ins Finanzministerium erhalten hatte. Nach Medienberichten habe Broesigke den Rohbericht „geschönt", Haider drohte mit innerparteilichen Konsequenzen, falls die Vorwürfe zuträfen. Broesigke beharrte darauf, dass die Abfertigung gerechtfertigt gewesen sei, weil die Übersiedlung im öffentlichen Interesse gelegen sei; Kritik übte der Rechnungshofpräsident an der Höhe der Abfertigung und der Pension sowie am Zeitpunkt der Auszahlung.

Haider selbst hatte auf alle Abfertigungen bei seiner Übersiedlung aus dem Nationalrat in die Kärntner Landesregierung verzichtet und ließ das auch jedermann wissen.

Am 28. Dezember 1989 veröffentlichte der Verfassungsgerichtshof ein Erkenntnis zu den Kärntner Minderheitenschulen, das dem Landeshauptmann nicht gefiel: Es sei gefährlich und schüre Emotionen. Mit dem Verfassungsgerichtshof hatte Haider sich schon im Juli 1987 angelegt, als er die Verfassungsrichter als Privilegienrichter bezeichnet hatte: einmal arbeiten, zweimal kassieren. Ähnliche Töne würde es weiterhin geben.

Das Jahr 1990 wurde von drei Themen beherrscht: Ausländer, der Privilegienritter Alois Rechberger und die Nationalratswahlen.

Nach dem Zusammenbruch des Ostblocks war die Zahl der nach Österreich einreisenden Ausländer sprunghaft angestiegen. Nach und nach entschloss sich die Bundesregierung, den Forderungen der FPÖ zur Einführung der Visumspflicht für Türken, Rumänen und Polen nachzugeben; an der Ost-Grenze leistete das Bundesheer Assistenzeinsatz.

Haider sorgte für eine hitzige Diskussion, als er die Kirchen aufforderte, nicht nur mahnende Erklärungen zum Flüchtlingsproblem abzugeben, sondern selbst aktive Hilfe zu leisten, etwa durch die Bereitstellung von Räumlichkeiten.

Ende März, Anfang April fiel Jörg Haider das politische Glück in den Schoß. Es wurde bekannt, dass der sozialistische Mulit-Funktionär Alois Rechberger aus seinen Bezügen als Präsident der steirischen Arbeiterkammer, als pensionierter Abgeordneter zum Nationalrat und als Vorsitzender des Böhler-Zentralbetriebsrates über beträchtliche 200 000 Schilling monatlich verfügte. Selbst gestandenen Sozialisten grauste es vor diesem Genossen. Die FPÖ reagierte mit parlamentarischen Anti-Privilegien-Anträgen und startete eine Kampagne gegen den Kammerstaat. Daneben musste sie einen Fall aus den eigenen Reihe bereinigen, denn just als die FPÖ gegen den Privilegienritter Rechberger kämpfte, wurde auch ihr Abgeordneter Eigruber auffällig – gegen Rechberger war er freilich ein kleiner Fisch. Eigruber, der für die Wahlen 1990 nicht mehr aufgestellt worden war, hatte die Berufsunfähigkeitspension beantragt, weil er die für die Abgeordnetenpension erforderlichen Jahre noch nicht erreicht hatte. Er weigerte sich, nach einer Aufforderung Gugerbauers den Antrag zurückzunehmen, und trat aus der FPÖ aus.

Bei den Nationalratswahlen am 7. Oktober wuchsen die Bäume der FPÖ weiter in den Himmel: Ihr Mandatsstand stieg von 18 auf 33; die SPÖ war mit 80 Mandaten gleich geblieben, die ÖVP verlor 17 Mandate und hielt bei 60, die Grünen gewannen zwei dazu und erreichten 10 Mandate.

Im Wahlkampf freilich war nicht alles eitel Sonnenschein gewesen, der Konflikt zwischen Haider und Gugerbauer war eskaliert. Gugerbauer war als höchster Bundespolitiker der FPÖ zum Spitzenkandidaten gekürt worden. Am 10. September traten die Landesparteiobleute von Salzburg, Tirol und des Burgenlandes jedoch mit der Forderung an die Öffentlichkeit, Haider solle zusätzlich zu Spitzenkandidat Gugerbauer als Kanzlerkandidat nominiert werden. Gugerbauer sagte später, Initiator der Aktion der drei Landesobleute sei Bundesgeschäftsführer Walter Meischberger gewesen.

Und das war nicht die einzige Gemeinheit, die sich Haider Gugerbauer gegenüber leistete. Am 12. September stellte Haider bei einem Vortrag in München sowohl Staatsvertrag als auch Neutralität zur Diskussion. Tags darauf berichtete die APA über diesen Vortrag – nur wenige Stunden, bevor sich Gugerbauer der Fernsehdiskussion mit Vranitzky, Riegler und Voggenhuber stellen musste. Kein Wunder, dass Gugerbauer nicht aus der Defensive herauskam. Das Üble an der Sache war der Zeitpunkt, nicht der Inhalt, denn Gugerbauer selbst hatte im Mai gemeint, man könne die Neutralität nicht unter einen Glassturz stellen.

Vor und nach den Wahlen gab es einige personelle Veränderungen. Beim Parteitag wurden der Industrielle Georg Mautner Markhof, Wirtschaftsberater Haiders, und Reinhard Gaugg, Lastenträger vom Innsbrucker Parteitag, zu stellvertretenden Bundesparteiobleuten gewählt.

Nach der Übersiedlung Heide Schmidts in den Nationalrat (sie wurde Dritte Präsidentin) folgte ihr im Bundesrat einer nach, der auch noch von sich reden machen sollte: John Gudenus.

Die FPÖ im Wandel

Haiders „Sager"

Der 13. Juni 1991 veränderte Jörg Haiders Leben. Auf der Tagesordnung des Kärntner Landtages standen – unter anderem – Arbeitslosigkeit und der Missbrauch der Arbeitslosenunterstützung. Der Chef der Kärntner Arbeiterkammer, Erwein Paska, hatte für die Probleme auf dem Arbeitsmarkt den hohen Anteil ausländischer Arbeitskräfte verantwortlich gemacht. Haider sah eine Lösung in der Verschärfung der Zumutbarkeitsbestimmungen. Aus den Bänken der Sozialisten kam ein Zwischenruf: „Das hat es alles schon einmal gegeben. Im Dritten Reich!" Haider, der sich keine Möglichkeit entgehen lässt, auf provozierende Zwischenrufe provozierend zu antworten, schoss, wie es ein Chronist beschrieb, aus der Hüfte auf den Abgeordneten Gerhard Hausenblas zurück: „Na, das hat's im Dritten Reich nicht gegeben, weil im Dritten Reich haben sie ordentliche Beschäftigungspolitik gemacht, was nicht einmal Ihre Regierung in Wien zusammenbringt."

Nun ist man in Kärnten mit Bezügen zum Dritten Reich nicht immer heikel und der sozialistische Landeshauptmann Leopold Wagner hatte mit seinem augenzwinkernden Eingeständnis, ein hochgradiger Hitlerjunge gewesen zu sein, bei seinen Landsleuten eher augenzwinkerndes Einverständnis als eine antifaschistische Gegenrevolution bewirkt. So wird man sich nicht gewundert haben, als im Kärntner Landtag zunächst gar nichts passierte. Aber allmählich muss es einem Abgeordneten gedämmert sein, dass man mit dem „Sager", wie man künftig der Einfachheit halber sagte, Haider politisch am Schlafittchen zu packen bekam. Nach einer Viertelstunde hatte sich das bei SPÖ und ÖVP herumgesprochen und es wurde sehr laut im Plenarsaal. Haider schien zu ahnen, dass Gefahr im Verzug war, denn er tat etwas, was er sonst nicht tut und wenn ja, mit monate- oder jahrelanger Verspätung – einen Fehler eingestehen und sich entschuldigen:

„Herr Abgeordneter Hausenblas, ich habe unmißverständlich zum Ausdruck gebracht, daß ich diese Äußerung nicht in dem von Ihnen gemachten Sinn verstanden habe und daß ich sie auch nicht gemacht habe. Wenn es für Sie eine Beruhigung ist, dann nehme ich sie auch mit dem Ausdruck des Bedauerns zurück."

Man hat viel gerätselt, ob der Sager Schlagfertigkeit auf einen Zwischenruf oder ein durch seine tief nationale Erziehung herausgebildeter Reflex war. Haiders Entschuldigung kam zu spät. Dem Landeshauptmann Haider wurde am 21. Juni das Misstrauen ausgesprochen und am 25. Juni wurde Zernatto mit den Stimmen von ÖVP und SPÖ zum Landeshauptmann von Kärnten gewählt; die Stimmen der ÖVP machten Haiders Wahl zum Landeshauptmann-Stellvertreter möglich.

Niemand konnte sich der Einsicht verschließen, dass Haiders Platz nach der Abwahl in Kärnten Wien war, und da gab es nur eine Funktion, die ihm angemessen war: Klubmann im Nationalrat.

Haiders Statthalter in Wien waren Gugerbauer als Obmann des Klubs und Heide Schmidt, die aus dem FPÖ-Generalsekretariat in das Präsidium des Nationalrats gewechselt war. Schmidt hatte schon als Generalsekretärin bewiesen, wie gut sie sich in der Telekratie zurechtfand. Haider, der ohnehin das Gras politischer Entwicklung sprießen hörte, blieb auch das Offenkundige nicht verborgen: Zwischen Gugerbauer und Schmidt bildete sich eine Allianz heraus, auf die man aufpassen musste.

Es sprach also alles für eine Übersiedlung nach Wien und bald fand sich auch jemand, der das verlangte: Es war derselbe Walter Meischberger, der ein Jahr zuvor Haiders Ernennung zum Kanzlerkandidaten als Gegenpol zum Spitzenkandidaten Gugerbauer betrieben hatte. Meischberger verlangte am 9. August Haiders Rückkehr nach Wien – „als Klubobmann selbstverständlich". Aber so selbstverständlich war das wiederum nicht, denn am 10. August lehnte der Nationalratsklub ab, und am 12. August ließ Gugerbauer wissen, dass er nur bei „demokratischer Abwahl" gehen würde. Haider ließ wissen, er allein werde die Entscheidung treffen. Am 13. August traf er sie: Gugerbauer bleibe Klubobmann.

Obwohl sich Haider gerne als Brachialpolitiker feiern ließ, ließ er seine Streitereien, Konflikte und politischen Meuchelmorde lieber von anderen austragen. Gugerbauer war aber nicht irgendein Gegner: Er hatte im Klub eine Basis, ebenso in Oberösterreich. Ein offen ausgetragener Konflikt mit Gugerbauer hätte die Partei schwer irritiert, was gerade in diesem Jahr nicht wünschenswert war, in dem wichtige Landtagswahlen anstanden. Haider vertagte den Konflikt, begann aber, im Hintergrund die Fäden zu ziehen. In Oberösterreich hatte er in Hans Achatz einen treuen Anhänger, der sich nicht scheute, auch in der Öffentlichkeit gegen Gugerbauer aufzutreten.

Das Wahljahr 1991 begann am 23. Juni, als die „Sager"-Diskussion noch in vollem Gange war, im Burgenland. Zwar gewann die FPÖ bei den Landtagswahlen ein viertes Mandat auf Kosten der ÖVP (15) dazu, aber glanzvoll war das Ergebnis nicht. Am 18. Juli konstituierte sich der Landtag (bei der SPÖ, die die absolute

Mehrheit verfehlt hatte, löst Karl Stix Hans Sipötz ab). Auch die Stricherlliste kann wieder hervorgeholt werden, Haider erklärte gleichfalls am 18. Juli: „Sollte die Freiheitliche Partei in der Steiermark und in Oberösterreich einen Mißerfolg haben, dann werde ich als Bundesparteiobmann zurücktreten und mich aus der Bundespolitik gänzlich zurückziehen."

Als Erfolg nannte er eine Verdoppelung der Mandate in den jeweiligen Landtagen.

Die Drohungen wirkten und das Ergebnis der Landtagswahlen in der Steiermark am 22. September sah folgendermaßen aus: ÖVP 26 (30), SPÖ 21 (22), FPÖ 9 (2) und Grüne 0 (2) Mandate.

Bei den Landtagswahlen in Oberösterreich am 6. Oktober nahm die FPÖ der ÖVP (26) und der SPÖ (19) je vier Mandate ab und gewann elf Sitze.

In Wien ging es noch besser weiter. Bei den vorgezogenen Landtagswahlen räumte die FPÖ ordentlich ab. Die Freiheitlichen gewannen 23 Mandate, was einem Plus von 15 Sitzen entsprach. Die Sozialisten erhielten 52 Mandate (62), die ÖVP 18 (30), die Grünen 7 (0). Die FPÖ hatte in der Bundeshauptstadt die ÖVP überholt und war zweistärkste Partei. Bei den Wahlen in die Bezirksvertretungen erhöhte die FPÖ ihre Mandatszahl von 92 auf 216.

Die Landtagswahlen des Herbstes, insbesondere die in Wien, leiteten eine grundlegende Zäsur in der österreichischen Parteienlandschaft ein: Die Freiheitlichen waren tief in die Wählerschaft der Sozialisten eingebrochen. Sie waren dabei, das bürgerliche Lager zu verlassen und zu einer Arbeitnehmerpartei und zur Partei des Gemeindebaus zu werden.

Fremdenfeindlichkeit und Privilegien

Die Freiheitlichen hatten zwar triumphale Wahlsiege errungen, aber ihr Ruf außerhalb ihrer Wählerschaft war angeschlagen. Der Wahlkampf in Wien unter dem Motto „Wien den Wienern" war als fremdenfeindlich empfunden worden; es wurde das Ende der Zuwanderung und der Beschäftigung ausländischer Arbeitskräfte gefordert.

Ein Angriffspunkt war die hohe Anzahl ausländischer Kinder in den Pflichtschulen, die in Wien auch Menschen, die beileibe nicht als fremdenfeindlich eingestuft werden können, Sorgen bereiteten. Mit diesem Argument hatten die Freiheitlichen im September ihren Antrag auf vorgezogene Landtagswahlen in Wien begründet, der von der SPÖ unterstützt wurde. Was damals noch nicht viele gewusst haben dürften, war, dass der starke Mann in der Wiener SPÖ, Hans Mayer, Erwin Hirnschall zu diesem Antrag überredet hatte.

Es gab zahlreiche Protestaktionen gegen die FPÖ und im Ausland blätterte der liberale Lack der FPÖ gewaltig ab. Schon im Mai hatte Haider den polnischen Präsidenten Lech Walesa beschimpft: Er sei seit seinem Amtsantritt mehr breit als hoch geworden. Was im Klartext wohl bedeuten sollte: Die Polen sind faul. Dann kam der „Sager" und im Herbst der Wiener Wahlkampf.

Im Oktober bezeichnet das EG-Parlament die FPÖ als „rechtsextrem" und „neonazistisch". Am 27. November verlor die FPÖ für zwei Jahre ihr Stimmrecht in der „Liberalen Internationale".

Am 30. November meldet sich eine Stimme innerhalb der FPÖ zu Wort: Heide Schmidt sagte in einem Interview, das Ausländerproblem dürfe nicht als ethnisches Problem, sondern ausschließlich als ein soziales Problem gesehen werden. Es war ein Versuch, der Kampagne ihrer Partei den rassistischen Beigeschmack zu nehmen. Schmidt sprach damals schon mit der Reputation einer Präsidentschaftskandidatin, zu der sie am 21. November ernannt worden war.

Und noch ein paar Personalia: Am 7. Oktober wurde Andreas Mölzer Obmann des Freiheitlichen Bildungswerkes, am 12. Oktober stellte Haider den Saalfeldener Arzt Dr. Karl Schnell als Generalsekretär vor und nach den Wiener Landtagswahlen wurde Dr. Susanne Riess, die seit 1988 Bundespressereferentin der FPÖ gewesen war, Bundesrätin.

Das Jahr 1992 hatte dann zwei Jahresregenten: Der eine hieß Andreas Mölzer, der andere war der unbekannte Ausländer. Ersterer besiegelte das Ende Norbert Gugerbauers in der Politik; der Zweite stand am Ende der Freiheitlichen Heide Schmidt.

Am 12. Februar 1992 hielt der Vorsitzende des „Freiheitlichen Bildungswerkes", Andreas Mölzer, einen Vortrag, in dem er seiner Befürchtung Ausdruck verlieh, dass die deutsche Volks- und Kulturgemeinschaft in der Bundesrepublik und in Österreich erstmals in seiner tausendjährigen Geschichte vor einer Umvolkung stehe.

Wirtschaftssprecher Georg Mautner Markhof zog als erster die Konsequenzen und trat als stellvertretender Bundesparteiobmann zurück, behielt aber das Abgeordnetenmandat.

Am 3. und 4. März zeigte Haider, wer Herr im Hause war. Er werde die Kritik Mautner-Markhofs zum Anlass nehmen, in den Gremien die Vertrauensfrage zu stellen. Er machte seinen Verbleib als Bundesparteiobmann davon abhängig, dass alle Funktionäre „hundertprozentig" hinter ihm stünden. Eine Sonderbehandlung gab es für Heide Schmidt: Das sie für Mautners Kritik Verständnis gezeigt habe, werde er sie nicht mehr im Präsidentschaftswahlkampf unterstützen, sie durfte aber Kandidatin bleiben. Auch Gugerbauer stand auf der Seite der Kritiker – er verlor mehr als nur die Unterstützung des Parteichefs.

Mölzer gab am 3. März das Ruhen aller seiner Funktionen bekannt (am 27. Mai wurde er durch ein Parteischiedsgericht rehabilitiert: „Kein Verstoß gegen das Parteiprogramm.").

Noch am Abend dieses Tages flogen Gugerbauer und Schmidt zu einem kurzfristig angesetzten Gespräch mit Haider nach Kärnten, um sich die Köpfe waschen zu lassen. Nach dem Gespräch trat Haider mit seinen Gästen vor die Fernsehkameras. Niemand, der die Bilder damals gesehen hat, wird vergessen haben, wie gnadenlos er Schmidt demütigte und wie wehrlos sie das über sich ergehen ließ.

Heute – im Gespräch für dieses Buch – sagt sie: „Ich habe die Bilder wiedergesehen. Da ist mir etwas bewusst geworden, was ich damals vielleicht nicht so artikuliert habe: Der Haider hat Dinge ausgesprochen, die einfach nicht wahr waren. Meine Körperhaltung war eine Abwendung von diesen Unwahrheiten."

„Dass er manchmal die Unwahrheit sagt, konnte doch keine Überraschung gewesen sein?"
„Natürlich habe ich das gewusst, aber ich habe es damals so unmittelbar erlebt. Es war ein Baustein für den Anfang vom Ende. Der Baustein hat in diesen Stunden noch einen zweiten dazubekommen. Ich habe auch erlebt, wie Haider seine Entscheidungen trifft. Wie er dem Gugerbauer quasi im Weggehen sagt: ‚Wir müssen einmal drüber reden, wie wir auf einen Nenner bringen, dass ich in Klagenfurt und du in Wien bist.' Und der Gugerbauer hat ihm gesagt: ‚Ja, reden wir darüber.' Und am nächsten Tag hat er die Entscheidung, nach Wien zu gehen, verkündet, ohne mit ihm geredet zu haben."

Für den nächsten Tag, den 4. März, hatte Haider die erweiterte Bundesparteileitung, das zweithöchste Gremium der Partei, nach Neuhofen im Innkreis einberufen. Frischenschlager erinnert sich an die entscheidenden Minuten der Sitzung, deren Höhepunkt schon vorbei zu sein schien: „Ich saß neben Stadtrat Siegfried Mitterdorfer, zu dem plötzlich die Riess-Passer mit einem Zettel kam, auf dem geschrieben war: ‚Jetzt stell' den Antrag, dass der Haider jederzeit wieder Klubobmann werden kann.' Mitterdorfer hat den Zettel verlesen."

Es kam, wie es kommen musste: Haider wurde Klubobmann.

Gugerbauer verließ die Sitzung und das Gasthaus, je nach Erinnerung von Zeitzeugen durch ein Fenster oder eine Hintertür.

In Wien schrieb Gugerbauer einen noch mit 4. März datierten Brief an Haigermoser, einen seiner Stellvertreter als Klubobmann: „Lieber Helmut! Aus beruflichen Gründen bin ich gezwungen Dich zu ersuchen, bis zur Neuwahl des Obmannes der freiheitlichen Parlamentsklubs die Geschäftsführung des Klubobmannes zu übernehmen. Danke! Norbert"

In Haiders Gedächtnis hatte die Sitzung der erweiterten Bundesparteileitung einen anderen Verlauf genommen:

„In Neuhofen wurde den Funktionären mitgeteilt, dass ich zwar wieder der Bundespartei zur Verfügung stünde, aber in Kärnten bleiben wolle, um die Funktion des Landeshauptmannes wieder zurückzuerobern. Gugerbauer ist dann ohne Absprache mit uns ans Rednerpult gegangen und sagte, er erwarte von mir, dass ich jetzt sofort eine Entscheidung treffe. Er hat das richtig rotzig gesagt und ich war wirklich verärgert. Ich bin ans Pult gegangen und habe gesagt: ‚Ich bin nicht der Jagdhund, der an der Kette liegt, und wenn eine Jagd ist, lässt man ihn aus, bis er die Beute bringt, und die Beute verteilen die anderen unter sich! Ich gehe nach Wien!' Ich wurde von einer Minute auf die andere gezwungen, eine Entscheidung zu treffen."

Haider wurde am 10. März von den Abgeordneten mit 35 von 38 Stimmen zum Klubobmann gewählt. Obwohl Haider sich auf der ganzen Linie durchgesetzt hatte, dürfte er das Gefühl gehabt haben, dass die Atmosphäre allzu sehr aufgeladen war. Er wollte die staatsmännische Fassade der Partei und vor allem seine eigene neu streichen. Er gab in einem Ringstraßen-Hotel am 7. April seine „Wiener Erklärung" ab: „Ich werde in Zukunft weder pubertären Dogmatismus noch ideologischen Fundamentalismus in unseren Reihen dulden. Wir sind weder ein nationaler Geschichtsverein noch eine liberale Sekte pseudointellektueller Standortlosigkeit."

Fast das ganze Jahr über hatte die Nationalbank Haider reichlich Gelegenheit gegeben, die teilweise obszönen Privilegien der Funktionäre und Bediensteten in der Öffentlichkeit darzulegen. Auch SPÖ und ÖVP erkannten, welch verheerende Auswirkungen die Diskussion auf die öffentliche Meinung hatte. Bundeskanzler Vranitzky kündigte sogar den Verkauf der Anteile an, die die SPÖ an der Nationalbank hielt, an. Haider mehrte seinen Ruf als Robin Hood.

Und noch etwas geschah im Jahre 1992: Am 8. September gab Friedrich Peter seinen Austritt aus der FPÖ bekannt. Haiders Reaktion: „Ich werde keine Verlustmeldung für jemand erstatten, der sich bereits als Wahlhelfer der SPÖ betätigt hat."

Die Eltern Haiders werden vielleicht etwas anderes gedacht haben. Robert Haider möglicherweise daran, dass Peter ihn zum Bezirksparteisekretär von Gmunden gemacht hatte – oder dass Peter nichts dagegen hatte, dass sich das Ehepaar Haider das Dienstauto ausborgte, weil man vor den wohlhabenden Verwandten nicht den Eindruck erwecken wollte, man könne sich nicht einmal einen Wagen leisten.

Das „Ausländer-Volksbegehren" und die Geburtsstunde des LIF

Am 6. Oktober wechselte Haider von den Privilegien zu einem neuen Thema und Österreich erlebte einen heißen politischen Herbst: Weil ihm das von Innenminister Franz Löschnak vorgelegte Fremdenpolizeigesetz nicht genügte (dem Asylgesetz hatte die FPÖ am 3. Juni zugestimmt), kündigte der FPÖ-Obmann ein Volksbegehren für „eine positive Reform der Ausländer- und Einwanderungspolitik" an, um fremdenfeindliche Ausschreitungen wie in Deutschland zu verhindern.

Eine Woche später brach in der FPÖ eine Krise aus. Heide Schmidt, die im ersten Wahlgang zur Bundespräsidentenwahl am 26. April 16,4 Prozent der Stimmen erreicht hatte, sagte in einem Interview, die Ausländerfrage sei für ein Volksbegehren ungeeignet. Haider schlug zurück: „Schmidt spielt eine Primadonna, sie hat sich im Klub und in der Partei so isoliert, dass sie befürchten muss, von der Wiener Landesgruppe nicht mehr für die Nationalratswahlen aufgestellt zu werden."

Am 20. und 21. Oktober wurden zwölf Forderungen, die auf einem Entwurf von Hilmar Kabas basierten, formuliert: Eine Verfassungsbestimmung, dass Österreich kein Einwanderungsland ist; ferner: Einwanderungsstopp, generelle Ausweispflicht, Aufstockung der Exekutive, ständiger Grenzschutz, Begrenzung des Ausländeranteils in den Schulen auf 30 Prozent, Deutschkurse in Vorbereitungsklassen, kein Wahlrecht für Ausländer, keine vorzeitige Verleihung der Staatsbürgerschaft, Maßnahmen gegen Missbrauch der Sozialleistungen, Abschiebung ausländischer Straftäter, Errichtung einer Osteuropastiftung.

Es gab an den Forderungen der FPÖ nicht nur Kritik: „Caritas"-Direktor Helmut Schüller sah „Diskussionssignale" und führte auch Gespräche mit Haider; wenig erstaunlich wurde Schüller dafür von den Koalitionsparteien, der Kirche und den Medien schwer kritisiert. Aber schon ein paar Tage später erklärte die „Caritas", dass Teile des FP-Ausländervolksbegehrens „harmloser seien als die Regierungspolitik".

Schmidt sagt im Gespräch für dieses Buch, Haider sei es nicht um eine sachliche Einigung mit den Regierungsparteien gegangen:

„Es ging ihm nicht um den Inhalt, sondern um die Stimmung, die heraufbeschworen werden sollte. Es war klar, dass es als Marketinginstrument zur Emotionalisierung eingesetzt wurde. Es ist vorher ein Fremdenpaket vom Löschnak geschnürt worden und in der Klubsitzung hat die Helene Partik-Pablé damals berichtet: ‚Der Löschnak hat mich gefragt, was wir wollen, und ist bereit, uns entgegenzukommen.' Und der Haider hat sinngemäß gesagt: ‚Das fällt uns doch nicht im Traum ein, da stechen wir unser Volksbegehren ab.'"

Löschnak sagt heute, ein Angebot, der FPÖ entgegenzukommen, habe es sicher nicht gegeben, aber natürlich habe man die anderen Parteien um ihre Meinung gefragt. Der damalige Innenminister räumt heute unverblümt ein, dass er damals Fehler gemacht habe und bezieht sich auf einen konkreten Fall:

„Damals brannte der Hut und er brennt noch heute. Wir waren nicht vorgewarnt oder gewappnet, um die Öffnung der Ostgrenzen angemessen unter Kontrolle zu bekommen. Der Hauptfehler des Innenministers war damals, sich nicht eine Regelung geschaffen zu haben, die es ermöglicht hätte, aus rein humanitären Gründen in dem einen oder anderen Fall eine Ausnahme zu machen, zum Beispiel bei einem todkranken Kind in einem Autobus an der Kärntner Grenze. Das Motto unsere Politik hätte lauten müssen: ‚Noch rigoroser, aber mit humanitären Löchern.‘"

Tief getroffen hat Löschnak die Bemerkung Haiders, er sei der beste Mann der FPÖ in der Regierung:

„Nicht die Feststellung hat mich getroffen, sondern die Reaktion darauf in der eigenen Partei. Die Äußerung wurde mir fest um die Ohren gehaut. Man hat mich an den rechten Rand gestellt."

Am 22. November beschloss die Bundesparteileitung, das Volksbegehren „Österreich zuerst" – zur passenden Begleitmusik. In Linz hatte es am Tag vorher eine wüste Prügelei zwischen Türken und Kurden gegeben, bei der auch Schüsse fielen. Erst 100 Polizisten konnten – unter Abgabe von Warnschüssen – die Ruhe wiederherstellen. Am 22. November wurde in Wien eine Gegendemonstration von Türken anlässlich der Eröffnung einer Moschee aufgelöst.

Der Beschluss war mit einer Gegenstimme gefallen. Heide Schmidt blieb bei ihrem „Nein". Sie warnte davor, dass die Emotionen außer Kontrolle geraten könnten. Haiders Antwort: „Da müssen wir durch!"

Der Jänner 1993 wurde so gut wie ausschließlich durch die Diskussion um das Ausländer-Volksbegehren beherrscht. Die Kontrahenten gerieten in ihrer Wortwahl zeitweise außer Rand und Band. Beim Neujahrstreffen in Graz beschimpfte Haider den Vorsitzenden der FDP, Otto Graf Lambsdorff, der das Volksbegehren der FPÖ als unvereinbar mit liberalen Grundsätzen kritisiert hatte: „Ich bin lieber ein anständiger Populist als ein straffälliger Paradeliberaler." Lambsdorff war seinerzeit wegen einer Parteispendenaffäre verurteilt worden. Das Volksbegehren bezeichnete Haider als „Stunde der Patrioten".

Nach Kritik von Bundespräsident Klestil am Volksbegehren bezeichnete Generalsekretär Meischberger das Staatsoberhaupt als „Hampelmann der linken Schikkeria". Haider riet seinem Generalsekretär, sich nicht zu entschuldigen. Reaktion der ÖVP: „Haider, der tollwütige Einzelgänger", „Haider, der Schmuddelideologe und Polit-Pyromane".

Taten statt Worte setzte die Industriellenvereinigung, die traditionellerweise der FPÖ finanzielle Zuwendungen zukommen ließ: Sie strich das Geld.

Am 23. Jänner kam es in Wien zu einer eindrucksvollen Kundgebung: 200 000 Menschen bildeten ein Lichtermeer gegen Ausländerfeindlichkeit.

Die Eintragungsfrist für das Volksbegehren begann am 25. Jänner; als das letzte Eintragungslokal am 1. Februar schloss, hatten 417 278 Personen unterzeichnet – ein vergleichsweise mageres Ergebnis.

Die FPÖ führte als Erklärung Psychoterror gegen Unterzeichnungswillige, bürokratische Hindernisse und alle möglichen sonstigen Widerstände an. Es gab tatsächlich Unregelmäßigkeiten. In ORF-Kindersendungen wurde an die Kinder appelliert, ihre Eltern zur Teilnahme am Lichtermeer aufzufordern, auch in anderen Sendungen wurde gegen das Volksbegehren Stellung bezogen. Schulkindern wurden von Lehrern Briefe an ihre Eltern mitgegeben. Das alles waren gewiss Gründe für das mäßige Resultat, aber Haider und seinen Leute musste klar sein, dass der Hauptgrund ein anderer war: Das Volksbegehren und die Art und Weise, wie es von der FPÖ vertreten worden war, lagen außerhalb des österreichischen Grundkonsenses.

Am 23. September wurde das Volksbegehren im Nationalrat zu Grabe getragen.

Drei Tage nach Bekanntgabe des Ergebnisses des Volksbegehrens, am 4. Februar 1993, gab Heide Schmidt ihren Austritt aus der FPÖ bekannt. Sie wurde begleitet von Klara Motter, Friedhelm Frischenschlager, Hans Helmut Moser und Thomas Barmüller. Die Dissidenten schlossen sich zum „Liberalen Forum" zusammen, einer Partei, von der zunächst viele hofften, sie werde im Dritten Lager Österreichs eine liberal-freisinnige Alternative zur national-freiheitlichen FPÖ werden. Diese Hoffnung hat sich nicht erfüllt.

Der Beifall für Schmidt in den Medien war ohrenbetäubend, auch in SPÖ und ÖVP gab es entzückten Beifall, die FPÖ selbst tobte. Haider nannte die fünf Dissidenten „Drecksgesindel" und „Gaunerpack".

Was die FPÖ besonders empörte, war, dass Nationalratspräsident Heinz Fischer dem „Liberalen Forum" Klubstatus einräumte, was die fünf zu vollwertigen Mitgliedern der parlamentarischen Gesellschaft machte. Die FPÖ war in dieser Richtung allerdings nicht allein mit ihren Angriffen, auch die ÖVP bezeichnete Fischers Entscheidung als nicht im Einklang mit der Geschäftsordnung des Nationalrates stehend, dieser blieb jedoch dabei.

Es hieß, dass Fischer überhaupt ein Geburtshelfer des „Liberalen Forums" gewesen sei und Schmidt geholfen habe, den Coup vorzubereiten, durchzuziehen und erfolgreich zu beenden. Es wundert daher kaum, dass den beiden nicht nur politische Komplizenschaft, sondern auch eine besondere private Verbundenheit unterstellt wurde. Aber mit solchen Spekulationen muss eine attraktive Frau wohl immer rechnen. Als sie (es muss im Wahljahr 1990 gewesen sein) mit Haider und Gugerbauer auf einem Plakat der Werbekampagnen erschien, analysierte ein Tiefenpsychologe sofort, dass bei diesem Plakat die „Belebt die Sinne"-Erotik von Römerquelle Pate gestanden sei.

Die FPÖ erlitt durch die Abspaltung keinen besonderen Schaden. Mit Ausnahme Barmüllers waren alle anderen Proponenten in der Partei insgesamt eher am Ende ihrer Karriere. Massenflucht aus der FPÖ zum „Liberalen Forum" (LIF) gab es nicht, da und dort ging ein Lokalpolitiker, Georg Mautner Markhof hatte sich der neuen Gruppe zunächst angeschlossen, zog sich aber im Mai wieder zurück. Im August trat Helmut Peter, der Jugendfreund Haiders, aus der FPÖ aus und schloss sich dem LIF an.

Unter dem Strich lässt sich sagen, dass sich die Abspaltung innerparteilich eher positiv ausgewirkt hatte; sie hatte einen Solidarisierungseffekt zur Folge, der nach dem enttäuschenden Ergebnis des Volksbegehrens und manchen resignativen Reaktionen nicht unerwünscht war.

Neben Volksbegehren und dem neu gegründeten „Liberalen Forum" wurde Haider von einem dritten Thema in Anspruch genommen. Er musste die FPÖ vollends auf Gegenkurs zur Europäischen Gemeinschaft bringen. Das war gar nicht so leicht, denn die FPÖ hatte sich immer gerne als *die* Europa-Partei gesehen. Anzeichen für den Kurswechsel hatte es schon ab 1991 gegeben, als Haider zum Beispiel eine Volksabstimmung über einen EG-Beitritt gefordert hatte. Am 10. Februar 1993 warf er der Bundesregierung vor, bei den zum Beitritt in die EG nötigen „Hausaufgaben" säumig zu sein, worunter er auch die parlamentarische Behandlung eines Paktes von 28 Entschließungs- und Initiativanträgen der FPÖ verstand. Der Kufsteiner Siegfried Dillersberger wurde Haiders EG-Beauftragter. Dillersberger umriss das Szenarium: „Die bürgerlichen Schichten in der FPÖ sind für die EG, die neuen Sympathisanten aus dem Arbeiterstand kontra EG." Am 8. Mai richtete die FPÖ in Wien einen „Europa-Parteitag" aus, vor dem Haider die Bedingungen der FPÖ formulierte, wie zum Beispiel die Sicherung der hohen österreichischen Umweltstandards. Haiders Credo: „Entweder eine ordentliche Verhandlungsarbeit oder ein klares Nein zum Weg Österreichs in die EG."

Ende Mai gerieten wieder einmal Haider und Vranitzky aneinander: Dieser nannte Haider einen „Rattenfänger", jener unterstellte dem Bundeskanzler „faschistoide Charakterzüge". Der erwiderte, er werde nicht klagen, Haider solle sich „in dem Mist [...] wälzen, solange er will". Ein vereinbartes Gespräch zwischen ihm und Haider über die EG sagte Vranitzky ab.

Am 30. September warf Mag. Karl-Heinz Grasser, der am 19. August zum (dritten) Generalsekretär der FPÖ bestellt worden war, der Bundesregierung bei den Verhandlungen über den EG-Beitritt „Dilettantismus" und „Fahrlässigkeit in der Wahrnehmung österreichischer Interessen" vor.

Noch einer betrat die politische Bundesbühne: Der 26-jährige Ing. Peter Westenthaler löste Dr. Susanne Riess als Bundespressereferent ab; Riess kümmerte sich fortan um die Außenpolitik.

Am 11. 11. beginnt der Fasching. Wozu die Narren in Kärnten fähig sind, weiß man mittlerweile aus dem Fernsehen, man findet sie aber offenbar auch in den Printmedien. Die sozialistische „Kärntner Tageszeitung" fragte den stellvertretenden Landesparteiobmann Reinhart Gaugg, was ihm zum Begriff „Nazi" einfalle. Der antwortete: „Neu, Attraktiv, Zielstrebig, Ideenreich" – wahrlich ein entspanntes Verhältnis zur Vergangenheit!

Am 3. Dezember war es mit allen dummen Sprüchen schlagartig vorbei: Es explodierten Briefbomben in Österreich. Ehe knapp vier Jahre später der Täter Franz Fuchs verhaftet wurde, wurden 25 heimtückische Sprengfallen in sechs Serien (Dezember 1993, Oktober 1994, Juni und Oktober 1995, Dezember 1995, Ende 1996) von einer „Bajuwarischen Befreiungsarmee" verschickt. Schrecklicher Höhepunkt des Terrors war am 6. Februar 1995 das Rohrbombenattentat in Oberwart, bei dem vier Roma getötet wurden. Schon im August 1994 war in Klagenfurt eine Rohrbombe explodiert. Zahlreiche Menschen, darunter mehrere Prominente (erinnert sei nur an Helmut Zilk) wurden teilweise schwerst verletzt.

Die FPÖ, atmosphärisch noch immer durch das Ausländervolksbegehren ein Jahr zuvor belastet, wurde von ihren Gegnern reflexartig mit dem Terror in Verbindung gebracht. Haider predigte zwar gegen Rechtsextremismus und Terror, tunkte aber die Partei durch infantile Trotzreaktionen noch tiefer hinein. So ließ er justament wissen, dass er die Bemerkung von der „ordentlichen Beschäftigungspolitik" nicht bereue.

Die FPÖ wurde unverblümt beschuldigt, das Klima für die Anschläge vorbereitet zu haben. Die Grenzen des politischen und auch menschlichen Hasses wurden im Februar 1995 in der parlamentarischen Diskussion um den Terroranschlag in Oberwart überschritten (es war dies die Debatte, in der Haider von NS-Straflagern sprach). Als der Abgeordnete Holger Bauer berichtete, dass bei einer Wahlversammlung in Linz ein Behälter mit Unkrautsalz (ein Material zum Herstellen von Bomben) gegen Haider geschleudert worden sei, rief die stellvertretende SPÖ-Klubobfrau Ilse Mertel zweimal dazwischen: „Wäre eine Möglichkeit!"

Der Vollständigkeit halber sei erwähnt, dass den Vorwürfen, die FPÖ habe das Klima für ausländerfeindlichen Gewalttaten geschaffen, in Diskussionen, die mit ruhigeren Köpfen geführt wurden, entgegengetreten wurde. Das gegenteilige Argument lautete, dass die Freiheitlichen durch ihren jedenfalls nicht ausländerfreundlichen Kurs dazu beigetragen hätten, dass es in Österreich – abgesehen von den Verbrechen eines einzelnen psychisch Kranken – im Unterschied zu anderen europäischen Ländern zu keinen weiteren größeren Ausschreitungen gekommen sei. Die FPÖ habe durch ihre verbale Aggression gegen Ausländer eine Ventilfunktion ausgeübt.

Die Sprengung eines Starkstrommastes bei Ebergassing am 19. April 1995 durch zwei Linksextremisten, die bei dem Attentat ums Leben kamen, wurde von der FPÖ für eine Gegenoffensive genützt. Ihre Angriffe konzentrierte sich auf den eben erst angelobten Innenminister Caspar Einem, als sich herausstellte, dass dieser einige Jahre vorher das linksextreme „Tatblatt", zu dessen Umfeld die Attentäter gehört hatten, mit Spenden von 5000 Schilling unterstützt hatte. Auch gab es Kritik an der Professionalität der Fahndung nach einem dritten Täter, der flüchtig war. Einem hat sich als Innenminister von den Vorwürfen politisch nie mehr erholt.

Niederlage und Triumph

Das Jahr 1994 brachte der FPÖ eine – wenig nachhaltige – Niederlage, ansonsten aber Siege und Triumphe. Das Thema Europa überlagerte allmählich die Diskussion über Briefbomben und Rechtsextremismus. Die Freiheitlichen ließen kaum eine Gelegenheit ungenutzt, um vor den Folgen des Beitritts zu warnen. Mal um Mal malten Haider und der Apparat Schreckensbilder an die Wand. Blutschokolade, Schildläusejoghurt und portugiesische Bauhilfsarbeiter würden uns ins gemeinsame Haus Europa stehen, nur weil die Regierung ihre Hausaufgaben nicht gemacht habe. Ein Argument Haiders, das bei seinen Anhängern viel Beifall fand, war, dass die EU aus einem Beitritt Österreichs mehr Vorteile ziehe als umgekehrt.

Spät in der Nacht des 1. März schloss Österreich seine Verhandlungen mit der EU ab, was Haider so kommentierte: „Österreich hat die Fahne der Kapitulation gehisst."

Bei einem EU-Sonderparteitag der FPÖ in Villach, bei dem die Bundesregierung durch Außenminister Mock und Staatssekretärin Ederer vertreten war, blieben die Befürworter des Beitritts, darunter Wiens Dritter Landtagspräsident Hirnschall, RFW-Obmann Haigermoser und der Vorarlberger Hubert Gorbach, klar in der Minderheit. Der Parteitag fasste schließlich einen „Doppelbeschluss": Den freiheitlichen Fraktionen im Nationalrat und Bundesrat wurde empfohlen, in ihren Kammern „gegen die Änderung des Verfassungsrechtes und die EU-Begleitgesetze zu stimmen". Für die Volksabstimmung sprach der Parteitag hingegen keine Empfehlung aus.

Ein Wortführer der EU-Befürworter war FPÖ-Gründungsmitglied Erwin Hirnschall (geboren 1930). Auch er war über die Studentenpolitik zur FPÖ gekommen und war 1956 eines ihrer Gründungsmitglieder. 1964 wurde er in den Wiener Gemeinderat gewählt, dem er bis zu seiner Pensionierung 1996 angehörte. Er war Klubobmann, Dritter Landtagspräsident und schließlich Vorsitzender des Kontrollausschusses. In der Partei war er nach Stegers Wahl zum Bundesparteiobmann geschäftsführender Landesparteiobmann, von 1983 bis 1991 Landesparteiobmann. Politisch ist er als ein gemäßigt Nationaler zu sehen, der auch bei politischen Gegnern hohen Respekt genießt. Haider war klar, dass Erwin Hirnschall kein zu unterschätzender Gegner war, und versuchte, ihn einzubinden. Hirnschall erinnert sich:

„Eines Tages kriege ich von Haider einen Brief, in dem er mir vorschlägt, dass wir – er und ich – in allen Landeshauptstädten Reden halten. Mir war sofort klar, wie das ausgehen wird. Ich wäre quer durch ganz Österreich ausgepfiffen worden. Ich habe ihm zurückgeschrieben, dass ich kein Feigenblatt sein wolle und es auch nicht genügen werde, eine Rede zu halten, das Thema müsse in Podiumsdiskussionen abgehandelt werden."

Haider ließ nicht locker und bot Hirnschall an, ihn zum Obmann-Stellvertreter zu machen. Hirnschall lehnte ab, er werde sich in die Pension zurückziehen.

Bei der Volksabstimmung waren über 66 Prozent der Österreicher für den Beitritt. Haider verwandelte sich in einen Anwalt der EU-Skeptiker, steckte sich die 33 Prozent „Nein"-Stimmen in sein Portefeuille. Eine Woche nach der Volksabstimmung versuchte er bei einem Parteitag, die Partei wieder aufzurüsten. Seine Buberl-Sturmtruppen ließ er auf die EU-Befürworter und namentlich auf Erwin Hirnschall los.

Haider mimte den ins Herz getroffenen Parteivater:

„Manche in den eigenen Reihen glauben, die hohe Kunst der öffentlichen Loyalitätsverweigerung praktizieren zu müssen! Es schmerzt, wenn bei Siegesfeiern der Koalition auch Freunde aus den eigenen Reihen sichtbar werden! Ich wünsche mir sehr, bei der Siegesfeier der FPÖ am 9. Oktober [Anm. d. Autors: nach den Nationalratswahlen] auch meinen langjährigen Freund Erwin Hirnschall dabeizuhaben."

Die Delegierten staunten nicht schlecht, als ihnen Hirnschall eröffnete, Haider habe ihn zum Obmann-Stellvertreter machen wollen. Perfid war Haiders Vorwurf, Hirnschall habe das Abstimmungsergebnis mit politischen Gegnern gefeiert. Er hatte zwar an einer „Siegesfeier" teilgenommen, aber an der der Industriellenvereinigung, die das dritte Lager und deren politischen Arm, die FPÖ, stets unterstützt hatte.

Was war aus der begeisterten Europa-Partei FPÖ geworden, die – wie ihr Vorgänger, der VdU – in einem gemeinsamen Europa einen Ersatz für die verlorene Heimat aller Deutschen gesucht hatte?

Auch nach der Machtübernahme Haiders war die FPÖ noch eine begeisterte Europa-Partei gewesen. Im Wahlprogramm 1986 wurde eine EG-Mitgliedschaft Österreichs (unter Neutralitätsvorbehalt) als notwendig bezeichnet; am 27. November 1987 beantragte die FPÖ im Nationalrat, Österreich möge so rasch wie möglich Verhandlungen mit der Europäischen Gemeinschaft (EG) über eine Vollmitgliedschaft aufnehmen.

Das Klima änderte sich nach Haiders Rücktritt als Landeshauptmann. Aus dem begeisterten „Ja" wurde zunächst ein vorsichtiges „Ja, aber" – ein Beleg hiefür sind die Weißensee-Gespräche vom September 1991 – und dann zu einem „Nein, es sei denn", das immer mehr und mehr unrealistische Auflagen für die Regierung enthielt.

Die Irritation in der FPÖ über das Ergebnis des Volksbegehrens war bald vorüber und wich nach und nach der Genugtuung. Denn als die Brüsseler „Gurkenbieger" begannen, sich bis über beide Ärmelschoner regelfreudig in österreichische Angelegenheiten zu mischen, die Marmelade streichen und den Jagatee schutzlos den Nordlichtern überlassen wollten, begannen die Zweidrittel wegzutröpfeln und die Bevölkerung fragte sich langsam, ob der Bärentaler nicht vielleicht doch recht gehabt hatte. Die Sanktionen besorgten dann den Rest.

War es in der Europa-Politik nicht ganz nach Wunsch gelaufen, so konnte sich die FPÖ das ganze Wahljahr über genüsslich in zahlreiche Privilegien- und Wirtschaftsskandale verbeißen: Aufdeckung von Privilegien bei den Donaukraftwerken, fragwürdige Geschäfte und Pleiten bei der DDSG und der AMAG, fette Abfertigungen für mäßig erfolgreiche Manager und dazu noch die skandalöse Bemerkung von Christine Vranitzky, dass sie nichts davon halte, wenn Frauen Kinder bekämen, sie um sieben Uhr Früh ablieferten, um dann für 4000 bis 5000 Schilling arbeiten zu gehen.

Haider holte sich in seinem Feldzug gegen Skandale und Privilegien auch Helfer: Hans Pretterebner, durch ein Buch über den Fall „Lucona" bekannt geworden, und die couragierte Staatsanwältin Liane Höbinger-Lehrer bekamen sichere Listenplätze für die Nationalratswahlen. Haider liebte es, die Kandidatenlisten mit Prominenten aufzuputzen, die in der Regel aber keine politischen Spuren hinterließen. Das störte Haider aber nicht, denn er brauchte keine Politiker, sondern Schlagzeilen.

Am 21. September, der Nationalratswahlkampf strebte seinem Höhepunkt entgegen, fand eine Fernsehkonfrontation statt. Haider hielt dem Bundeskanzler ein

Taferl hin, auf dem für alle Zuschauer gut lesbar stand, was der Direktor der steirischen Arbeiterkammer, Kurt Zacharias, verdiente: 181 295 Schilling monatlich und darüber hinaus eine Pension von 260 000 Schilling. Vranitzky wurde auf dem falschen Fuß erwischt. Er werde, sagte er hilflos, den „Wahrheitsgehalt" überprüfen.

Am 2. und 3. Oktober fanden die Arbeiterkammerwahlen statt. Völlig unüblich ließen sich die Kämmerer mit der Verlautbarung des Endergebnisses bis nach den Nationalratswahlen Zeit. Kammerpräsident Heinz Vogler hatte unmittelbar nach der Wahl von einem „ganz, ganz großartigen Erfolg gesprochen", weil die SPÖ die absolute Mehrheit gehalten hatte. Ansonsten war sie arg gerupft worden: Sie fiel von 510 auf 461 Mandate. Die Freiheitlichen hingegen konnten von 63 auf 116 Mandate zulegen.

Der zweite Streich folgte sogleich: Bei den Nationalratswahlen am 9. Oktober fiel die SPÖ von 80 Mandaten auf 65, die ÖVP von 60 auf 52, die FPÖ stieg von 33 auf 42, die Grünen von zehn auf 13 und das Liberale Form erreichte als eigene politische Kraft zehn Mandate, verdoppelte also seinen Grundbestand von fünf ehemaligen FPÖ-Mandaten.

Die Wählerstromanalyse ließ bei der SPÖ alle Alarmglocken schrillen: Der Einbruch der Freiheitlichen in die SPÖ-Wählerschaft hat sich nicht nur fortgesetzt, sondern noch verstärkt. Der Anteil der Arbeiter an den FPÖ-Wählern war unter Haider von zehn Prozent (1986) auf 29 Prozent gestiegen.

Bei den Landtagswahlen am 13. März 1994 in Kärnten, Tirol und Salzburg hatten die Freiheitlichen durchwegs Stimmen und Mandate gewonnen. In Kärnten lautete das Wahlergebnis nach Mandaten folgendermaßen: SPÖ 14 (17), FPÖ 13 (11), ÖVP 9 (8). Die FPÖ blockierte bis in den Juni hinein die Wahl von Christoph Zernatto (ÖVP) siebenmal.

Die „F"

Mitte Jänner 1995 ließ Jörg Haider einen bunten Luftballon steigen: Er gründete die Bürgerbewegung „Bündnis Bürger '98" und benannte die Freiheitliche Partei Österreichs in „Die Freiheitlichen", abgekürzt: „F", um. Der Begriff „Partei", der die Österreicher längst verdrossen hatte, sollte abgeschafft werden – aber nur der Begriff, denn ohne Partei auch keine Förderungsmittel aus Steuergeldern.

In seiner manchmal wirklich umwerfenden Offenheit machte Haider gar kein Hehl daraus, dass die Bürgerbewegung ein Wahlkampfgag für die Nationalratswahlen 1998 war; diese Wahlen sollten die FPÖ in die Regierung bringen. Reiner Jux war die Gründung indes nicht. Die FPÖ stand vor dem Problem, dass ihr die

Eröffnung neuer Wählerschichten in den vergangenen Jahren fast zu gut gelungen war. Sie sammelte Abertausende von Protestwählern. Protestwähler aber sind politischer Flugsand, der bei den nächsten Wahlen schon wieder verweht sein kann. Wenigstens bis zu den von ihm als entscheidend betrachteten Wahlen 1998 wollte Haider diese Leute halbwegs an der FPÖ interessiert halten. Eine „normale" Partei würde dazu nicht im Stande sein. Deshalb das Konstrukt „F" und „Bündnis Bürger '98", das man sich als drei Kreise vorstellen muss: Den innersten Kreis bildeten die F-Mitglieder, also die Parteimitglieder. Der zweite Kreis war der sogenannte „Aktivkreis", in dem sich Nicht-F-Mitglieder sammelten, die aber auch keiner anderen Partei angehören durften und österreichische Staatsbürger sein mussten. Der dritte Kreis war der Info-Kreis, zu dem sich praktisch jeder anmelden konnte.

Der Gründung des Bündnisses war noch eine andere Inszenierung vorangegangen. Die Mandatare mussten einen „Vertrag mit Österreich" unterschreiben, der die Einkommensgrenze mit 60 000 Schilling netto festschrieb, die diese Grenze überschreitenden Gelder wurden in einen Sozialfonds einbezahlt, den Witzbolde als „Nessie-Fonds" bezeichneten: Wie das Ungeheuer von Loch Ness gab es den Fonds angeblich, aber gesehen hat ihn niemand.

Lange existierte das „F" nicht, im November 1996 wurde es wieder abgeschafft. Haider nannte als Grund: „Mir hat der Buchstabe F nicht gefallen."

Die Umwandlung der FPÖ in die F-Bewegung war nicht von einem Tag auf den anderen erfolgt, Haider hatte sie im Jahr 1994 wiederholt als zentrales Anliegen bezeichnet. Beim Wahlkampfauftakt am 9. September in Linz bezeichnete er die österreichische Demokratie als Opfer des Parteienstaates, man müsse – nach Schweizer Vorbild – den „Schritt von der Parteiendemokratie zur Bürgerdemokratie" machen. Dieser Schritt sollte in die „Dritte Republik" führen.

Das Modell für eine Dritte Republik sah im Wesentlichen folgende Punkte vor: der Bundespräsident den Vorsitz in der Regierung inne, Ausbau der direkten Demokratie und Initiativrecht für die Gesetzgebung beim Parlament. Heute erinnert sich, wie bei so vielen Aktionismen Jörg Haiders, kaum noch jemand an die Dritte Republik, ein anderer Politiker jedoch ist damit in das Buch der politischen Zitate eingegangen: Andreas Khol sah die FPÖ mit der Dritten Republik „außerhalb des Verfassungsbogens".

Es war vermutlich kein Zufall, dass Haider in den Jahren seiner Reformpläne ab 1994 wiederholt in die USA reiste – nicht nur um internationale Kontakte zu knüpfen, sondern auch um volkswirtschaftliche Studien zu betreiben. Dem Dokumentationsarchiv des Österreichischen Widerstandes schien diese Offensive bedenklich und es brachte eine Anti-Haider-Broschüre auf Englisch heraus.

Haider sollte nicht bis 1998 Zeit haben, um seine Bürgerbewegung funktionstauglich zu machen, die Bewährungsprobe kam viel früher, nämlich schon am 17. Dezember 1995, als die Regierung über die unnachgiebige Forderung des neuen Vizekanzlers Wolfgang Schüssel nach einem „Kassasturz" über das Budget stolperte.

Sieger der Wahl waren die Sozialisten, die ihren Mandatsstand von 65 auf 71 erhöhen konnten. Die weiteren Ergebnisse in Mandaten: ÖVP: 53 (52); FPÖ 40 (42); Liberales Forum 10 (11) und Grüne 9 (13) Mandate.

Die Medien jubelten über den FPÖ-Verlust und sagten das Ende Haiders voraus. Wie die Wahlen 1999 zeigten, war das falsch.

Die üblichen Nettigkeiten gab es auch: Zum dritten Mal in diesem Buch „pappt es im Hirn", dieses Mal in einem Ausspruch von Vranitzky am 6. Mai: Den Freiheitlichen könne kein Papp ins Hirn steigen, weil er nicht wisse, wo er dorthin steige und sich verirre.

Gemeinderat Peter Westenthaler hatte nicht die SPÖ, sondern einen Polizisten beschimpft, wollte aber keine Strafe zahlen.

Und dann sollte man nicht unerwähnt lassen, dass 1995 das Jahr war, in dem Haider am 14. August der „Deutschtümelei" eine Absage erteilte und die FPÖ zur patriotischen „Österreich-Partei" ausrief.

Im November 1995 trat John Gudenus als Abgeordneter zurück. Sein Kommentar zu den Gaskammern der Nazis hatte ihn offiziell politisch zu Fall gebracht – was ihn jedoch auch Jahre später nicht wirklich aus den Parteikreisen ausschließen und von neuerlichen verbalen Entgleisungen abhalten sollte.

Noch ein Nachtrag zu den Nationalratswahlen 1995: Am 24. Jänner 1996 musste Geschäftsführer Gernot Rumpold gestehen, dass er einen Termin für die Geltendmachung der Wahlkampfkostenrückerstattung versäumt hatte und der FPÖ 30 Millionen Schilling durch die Lappen gegangen waren. Am 15. März wurde Rumpold durch Karl Schweitzer abgelöst, aber am 20. November begnadigt und wieder in seiner alten Funktion eingesetzt.

Zwei Mandate kehren zurück

Zu Beginn des Jahres 1996 galt es, die Nachwehen des Krumpendorfer SS-Videos zu überstehen. In der Folge verbat SPÖ-Vorsitzender Franz Vranitzky den SPÖ-Abgeordneten, für die Funktion des Dritten Präsidenten des Nationalrates einen FPÖ-Kandidaten zu wählen; der ÖVP stellte er die Rute ins Fenster: Falls die ÖVP einen Freiheitlichen wähle, gebe es Konsequenzen.

So schlimm kam es nicht, aber Herbert Haupt, der offizielle Kandidat der FPÖ, war im Nationalrat nicht durchzubringen, an seine Stelle trat der Rechtswissenschafter Willi Brauneder, der sofort ins Kreuzfeuer der Kritik geriet, weil er auch in der als rechtsextrem geltenden Zeitschrift „Aula" publiziert hatte.

Am 8. Jänner hatte der Parteivorstand beschlossen, auf Beschwerden über Unregelmäßigkeiten zu reagieren, und Einspruch gegen das Ergebnis der Nationalratswahlen vom 17. Dezember zu erheben. Man hoffte, das 41. Mandat, das mit einem Überhang von nur 13 Stimmen an die ÖVP gegangen war, zurückzugewinnen. Der Verfassungsgerichtshof gab der Beschwerde statt und ordnete eine Neuaustragung in Reutte (Tirol) und in Donnerskirchen (Burgenland) an. Tatsächlich nahmen die Freiheitlichen der Volkspartei bei der Nachwahl am 13. Oktober dieses eine Mandat ab.

Der Wahl in Donnerskirchen war eine etwas fragwürdige Aktion Haiders vorangegangen. Er hatte den Donnerskirchnern – unabhängig vom Wahlausgang – einen Zuschuss von 800 000 Schilling für den Bau einer Kläranlage versprochen. Das Versprechen, das im Dezember eingelöst wurde, lohnte sich offenbar, denn die FPÖ erhöhte ihren Stimmanteil von 17,6 auf 33,5 Prozent.

Die FPÖ war nun im Nationalrat wieder mit 42 Mandaten vertreten, weil am 2. Oktober der Abgeordnete Reinhard Firlinger vom „Liberalen Forum" zur FPÖ übergetreten war. Begründung des Managers: Das LIF befasse sich zu viel mit Randthemen, die Wirtschaft spiele nur die „zweite Geige".

Die Wahlgänge am 13. Oktober verliefen für die FPÖ durchwegs erfolgreich. Bei den EU-Wahlen siegte die ÖVP mit Ursula Stenzel (7 Mandate) vor SPÖ und FPÖ (je sechs). Haider, der die EU-Wahlen als „Denkzettelwahlen" ausgerufen hatte, hatte auch den jüdischen Publizisten Peter Sichrovsky auf die FPÖ-Liste gesetzt. Sichrovsky wurde von der jüdischen Gemeinschaft und links stehenden Politikern als „Hofjude" und „Alibi-Jude" beschimpft. Ebenfalls auf der Kandidatenliste befand sich Daniela Raschhofer, die noch eine kontroversielle Rolle in der FPÖ spielen sollte.

Bei den Landtagswahlen in Wien erhöhte die FPÖ ihren Mandatsstand von 23 auf 29. Die SPÖ kam auf 43 Sitze (52) und verlor ihre absolute Mehrheit. An diese Wahl wird man sich aber aus einem anderen Grund erinnern – ein FPÖ-Slogan sorgte für große Aufregung: „Wien darf nicht Chicago werden."

Am 2. Juni hatten schon Landtagswahlen im Burgenland stattgefunden, bei denen die FPÖ ein Mandat von der ÖVP gewann und fünf Sitze erreichte.

Auf dem Bundesparteitag am 9. und 10. November wurden weitere wichtige personalpolitische Weichen gestellt: Susanne Riess-Passer, bis dahin stellvertretende Bundesparteiobfrau, wurde mit fast 90 Prozent zur geschäftsführenden

154

Bundesparteiobfrau und Peter Westenthaler zum Generalsekretär gewählt. Das Kernteam für die Wende 1999 war aufgestellt.

Thomas Prinzhorn, der im Dezember 1995 in den Nationalrat gewählt worden war, war als freiheitlicher Wirtschaftssprecher am 29. April zum ersten Mal prominent in Erscheinung getreten. Der Industrielle legte das Programm „Arbeit für Österreich" vor. Prinzhorn sollte für die FPÖ kein bequemer Partner sein, er behielt wie sein legendärer Vater seine Unabhängigkeit.

Im November intensivierte die FPÖ, die bei den Oktober-Wahlen wiederum in der Arbeiterschaft besonders erfolgreich gewesen war, ihre Bemühungen, im ÖGB Fuß zu fassen. Ein Bestreben, dem nicht allzu viel Erfolg beschieden war, am 1. Dezember begannen schließlich die Beratungen über die Gründung einer eigenen FPÖ- Gewerkschaft.

Vranitzkys Nachlass an Klima

Am 18. Jänner 1997 erklärte Bundeskanzler Franz Vranitzky – für viele überraschend – seinen Rücktritt. Was immer seine Gründe gewesen sind, die Person Jörg Haiders war gewiss einer davon. Haider hatte der SPÖ im Allgemeinen und ihrem Vorsitzenden im Besonderen schwere politische Niederlagen bereitet. Die Sozialdemokraten mussten mit ansehen, wie sie Stammwähler um Stammwähler an die verhasste FPÖ verlor, Haider einen persönlichen Triumph nach dem anderen feierte und die FPÖ zu der Arbeitnehmerpartei machte.

Mit Jörg Haider haben sich zahlreiche Autoren ihr Geld verdient. In der Regel genügte es allerdings, den Namen des Autors zu kennen, um zu wissen, was im Buch stand. Gelegentlich gab es aber Überraschungen, wie Hubertus Czernins „Der Haider-Macher – Franz Vranitzky und das Ende der alten Republik". Czernin gehörte zu jenen Publizisten, die üblicherweise am Dritten Lager kein gutes Haar ließen und schon gar nicht an Jörg Haider. Nicht so in diesem Buch – darin frisierte er dem Bärentaler geradezu jede Locke (um im Bild zu bleiben), während er Vranitzky die guten Haare auszupfte.

Czernins These ist sinngemäß, dass allzu viele Politiker, Autoren und Journalisten ihre Daseinsberechtigung davon ableiteten, dass sie über Haider schimpften: „Gegen die Freiheitlichen zu sein, hat längst schon sühnenden – und daher religiösen – Charakter." Czernin schreibt – in erster Linie auf Vranitzky zielend – weiter:

„Der Fehler, oder besser die politische Dummheit oder noch besser die Arroganz, lag darin, Haider nicht zuzuhören. Statt Haiders Systemkritik wahr- und aufzunehmen, übte sich die politische Klasse in vor allem semantischer Auseinandersetzung mit dem freiheitlichen. Wissenschafter und Publizisten überboten sich in mehr oder weniger zutreffenden Analogieschlüssen zwischen Haiders Sprache und jener der Nationalsozialisten, so als sei seine Kritik an spezifischen Entwicklungen in der Republik automatisch anrüchig, prinzipiell faschistisch oder quasi-faschistisch."

Die politische Klasse, wie Czernin sie nennt, schätzte auch die Wirkung ihrer chronischen Kritik völlig falsch ein. Die immer wieder zu hörende und zu lesende Behauptung, Haider verdanke seinen Aufstieg Halbwahrheiten und Lügen, ist ein Irrtum; für Haiders Erfolg waren die Wahrheiten maßgebend, die er – zum Unterschied von anderen – rücksichtslos aussprach. Darüber hinaus übersah die politische Klasse, dass mit dem Vorwurf der Halbwahrheit und der Lüge nichts getan ist; Halbwahrheiten und Lügen gehören für die Leute zu den Privilegien der Politiker; die Leute nehmen sie entweder gar nicht wahr oder lassen sie bestenfalls bei einem Ohr hinein und beim anderen gleich wieder hinaus. Was die Leute hingegen aufmerksam registrierten, waren jene Wahrheiten über das System, die Haider laut aussprach – und mehr und mehr sagten sich, dass er zwar ein Radaubruder sei, aber recht habe.

Der Vorwurf schließlich, Haider habe sich faschistischer oder nazistischer Sprache bedient, war für viele Leute ein Glasperlenspiel. Das meiste von dem, was die Intelligenzija und die Gutmenschen so empörte, wurde „draußen" allzu oft gar nicht wahrgenommen, weil es allzu oft den quasi alltagsfaschistischen Instinkten und Reflexen, die den Menschen mehr oder weniger eigen sind, entsprach: Misstrauen bis hin zu Abneigung gegen alles Fremde; Missgunst und Neid aufgrund tatsächlicher oder vermeintlicher Privilegien, die man selbst nicht erhält; Ungeduld mit den manchmal mühsamen, allzu oft auch fragwürdigen demokratischen Prozessen und den Kuhhändeln, die nichts anderes sind als das Ringen um Kompromisse; und natürlich ist schon der Taschendieb bei Wasser und Brot einzusperren, und das – sofern man selbst das Opfer eines solchen Kriminellen geworden war – am besten lebenslänglich. Solche quasi alltagsfaschistischen Einstellungen sind in allen Ländern und Lagern vorhanden; in Österreich wurden und werden sie in vollem Umfang aber nur den Freiheitlichen und ihren Sympathisanten angelastet; die Angehörigen aller anderen Lager dürfen in der veröffentlichten Meinung einen Freibetrag geltend machen.

Vranitzkys Botschaft im Nachlass an Klima war folgerichtig der Hinweis auf den quasi-religiösen Beschluss des SPÖ-Präsidiums von 9. Dezember 1996, keine Zusammenarbeit mit der FPÖ einzugehen. Klima parierte. Beim Bundesparteitag am 9. April in Linz resignierte der ehemalige Innenminister Franz Löschnak und trat als stellvertretender Parteivorsitzender zurück. Er hinterließ der Partei den Rat, einen anderen Umgang mit der FPÖ zu suchen: „Wir müssen mit der FPÖ inhaltlich reden. Nicht alles, was von den Blauen kommt, ist Dreck."

Die Worte Löschnaks verhallten ungehört. Die FPÖ blieb weiterhin ausgegrenzt, was doppelt schlimm war, denn die SPÖ war drauf und dran, durch den sogenannten Bankendeal (Bank Austria, CA) auch ihren Juniorpartner in der Koalition zu verlieren. Die FPÖ sah sich das Drama aus der ersten Reihe fußfrei an.

In Kärnten hatte Ende Februar eine Weisung von Landeshauptmann-Stellvertreter Karl-Heinz Grasser, offizielle Aufträge des Landes Kärnten nur an Baufirmen ohne ausländische Arbeitskräfte zu vergeben, für Aufsehen gesorgt.

Grund zur Freude hatte die FPÖ wieder bei den Landtagswahlen in Oberösterreich. Sie gewann zu ihren elf Mandaten ein zwölftes dazu, was ihr einen zweiten Sitz in der Landesregierung (auf Kosten der ÖVP) einbrachte.

Weniger Freude bereitete der FPÖ das von ihr eingebrachte Schilling-Volksbegehren, das im Dezember nur magere 254 077 Unterschriften bekam.

Noch weniger erfreulich waren die Ereignisse in Salzburg: Landesrat Karl Schnell wurde am 24. Oktober im Landtag durch einen Misstrauensantrag gestürzt. Einer seiner Mitarbeiter hatte sich aus einem fremden Computer Daten geklaut. Damit war der Beginn einer endlosen Krise der Salzburger FPÖ eingeläutet.

Um bei Salzburg zu bleiben: Am 16. August war einer der ganz Großen der FPÖ, Gustav Zeillinger, gestorben.

Haider droht mit Neugründung

Beim Neujahrstreffen 1998 am 11. Jänner wandte sich ein sorgen- und vielleicht schon ahnungsvoller Haider an das Parteivolk. Ein „Schlendrian" sei eingetreten, er vermisse das Feuer der Begeisterung und – bitte die Stricherlliste herausholen – er mache seinen Verbleib davon abhängig, ob diese Begeisterung beim nächsten Parteitag wieder spürbar werde.

Jörg Haider sah an der Schwelle des neuen Jahres auch „Leute, bei denen der Streit und die Geldgier im Vordergrund stünden". Hatte er das zweite Gesicht, oder wusste er schon, dass 1998 das Jahr des Peter Rosenstingl sein würde?

Am 18. Jänner diagnostizierte Karl-Heinz Grasser, dass Haider „zur Zeit nicht besonders motiviert sei", was keine Majestätsbeleidigung war, denn Haider selbst hatte eine Woche vorher erkennen lassen, dass er sich in einer politisch eher depressiven Phase befand. Grasser merkte aber auch an, dass Haider Fehler gemacht habe. Peter Westenthaler sah seinen Herren sehr wohl motiviert, demotivierend seien „überflüssige Wortspenden aus den eigenen Reihen". Grasser stellte umgehend klar, dass es zwischen ihm und Haider keinen Konflikt gebe. Am 3. Juni kehrte Grasser Haider und der Politik den Rücken und heuerte bei Frank Stronach an.

Am 20. Jänner brauchen wir schon wieder die Stricherlliste: Haider machte sein Verbleiben an der Spitze davon abhängig, dass ein interner Konflikt in der Tiroler FPÖ bereinigt werde.

Aber nicht nur das Wedeln mit den Rücktrittsschreiben wurde zu einem wiederkehrenden Motiv, im Sommer stellte sich heraus, dass auch Haiders Drohung aus dem Jahr 1985, er werde eine eigene Partei gründen, kein Einzelfall bleiben würde. Im August sagte er, er kämpfe um eine „neue Bewegung, in der es nicht um Posten, sondern um Themen gehe". Wenn das nicht mit der FPÖ zu machen sei, könne es auch eine „neue Bewegung" sein. Zunächst hatte man aber noch andere Sorgen.

Der Fall Rosenstingl

Am 1. Mai 1998 kam es nach langem Anlauf in der Donauhalle in Tulln zur Gründung der „Freien Gewerkschaft Österreich". Der Parteispitze war allerdings nicht nach Feiern zumute. Es wurde gemunkelt, dass der Abgeordnete zum Nationalrat Peter Rosenstingl, ein Steuerberater aus Niederösterreich, verschwunden sei – und mit ihm, frei nach einem Operntext, das ganze (oder fast das ganze Geld) der niederösterreichischen FPÖ. Rund 200 Millionen Schilling verschwanden in einem schwindelerregenden Karussell aus schlichter Gaunerei, fehlgeschlagenen Provisionen und raffgieriger Vermischung politischer oder gar öffentlicher Ämter mit privaten Interessen. Auch grobe Fahrlässigkeit war im Spiel und es blieb die Frage, was Haider gewusst hatte oder was er gewusst haben musste.

Rosenstingl war, wie sich nach dem Auffliegen des Skandals herausstellte, mit seiner Freundin Cornelia Gretsch nach Brasilien geflüchtet, wurde am 5. Juni 1998 festgenommen und knapp ein Jahr später nach Österreich ausgeliefert und zu sieben Jahren Haft verurteilt.

Neben Rosenstingl waren der niederösterreichische Landesparteiobmann Bernhard Gratzer und zwei weitere Abgeordnete zum Nationalrat, Erich Schreiner und Hermann Mentil (sie hatten Rosenstingl als Finanzgenie gerühmt), in die Affäre verwickelt. Wie Rosenstingl wurde auch Gratzer (ihm folgte als Landesobmann der Ex-ORF-Redakteur Hans-Jörg Schimanek) angeklagt und zu drei Jahren Haft, davon neun Monate unbedingt, verurteilt; Schreiner und Mentil verloren ihre politischen Funktionen.

Was wusste Haider? Der offiziellen Lesart nach wurde er an diesem 1. Mai von Gratzer über die Vorgänge in der niederösterreichischen FPÖ unterrichtet. Informierte Quellen behaupten aber, Haider sei schon Jahre vorher durch den St. Pöltener Unternehmer und FPÖ-Funktionär Heinrich Haltmeyer über fragwürdige

Vorgänge in der niederösterreichischen FPÖ informiert worden. Haiders Konsequenz: Haltmeyer verlor alle Parteiämter.

Eine weitere – skurrilere – Konsequenz Haiders war nach Auffliegen der Affäre die „gläserne Partei" und der „Demokratievertrag". Gläserne Partei sollte heißen, dass die Finanzgebarung der Partei jederzeit von jedermann zu durchschauen sein sollte, aber es gibt in Österreich wohl niemand, der sie jemals zu Gesicht bekommen hat. Es handelt sich vermutlich um Milch- oder Rauchglas.

Der „Demokratievertrag" sollte politische Funktionäre zur Einhaltung politischer Prinzipien, Versprechen und Vereinbarungen zwingen. Das bedeutete: Jeder Bürger konnte die FPÖ und ihre Mandatare auf gebrochene Wahlversprechen klagen. Es sind keine Verurteilungen bekannt.

Die zweite Rücktrittsdrohung des Jahres 1998 hatte Haider in Zusammenhang mit den Unstimmigkeiten in der Innsbrucker FPÖ ausgesprochen. Die Drohung funktionierte. Während sich in Tirol die Lage besänftigte, verdichteten sich im benachbarten Salzburg die Gewitterwolken.

Der Arzt Dr. Karl Schnell, ein überlebensgroßer Querschädel mit einem kräftigen Schuss Paranoia, hatte für die Politik eine gut gehende Praxis in Saalbach aufgegeben. Er wurde einer der treuesten Parteigänger Haiders. Er war Generalsekretär der Bundespartei, dann Salzburger Landesobmann und führte die kränkelnden Freiheitlichen 1994 zu einem schönen Wahlerfolg: Sie gewannen zwei Mandate und einen zweiten Sitz in der Landesregierung. Zum Landesrat gewählt, glaubte Schnell, weiterhin den wilden Oppositionellen spielen zu können, und es kam pausenlos zum Krach. Im Herbst 1997 stellte sich dann heraus, dass der Computer des Landeshauptmann-Stellvertreters Gerhard Buchleitners „angezapft" worden war. Der Täter wurde nie ermittelt, aber es gab wenige, die daran zweifelten, dass Schnell dahinter stand.

Auf Schnell dürfte die Abwahl durch den Landtag einen ähnlich verstörenden Eindruck hinterlassen haben wie Haiders Abwahl als Landeshauptmann 1991. Schnell fühlte sich überall und von allen verfolgt. Der selbstzerstörende Konflikt in der FPÖ Salzburg, einst eine Vorzeigegemeinschaft mit Persönlichkeiten wie Zeillinger, Leitner, Weilhartner, Steiner und vielen anderen, setzte sich mit Unterbrechungen bis in die jüngste Vergangenheit hinein fort.

Der Konflikt blieb nicht auf Salzburg beschränkt – er hatte eine der denkwürdigsten Episoden in der Geschichte der FPÖ zur Folge. Am 18. April trat Schnell als Landesparteiobmann zurück. Die Bundespartei hatte genug. „Königskobra" Susanne Riess-Passer fuhr nach Salzburg und suspendierte alle Funktionäre. Ihre Nachfolger auf Orts- und Bezirksebene sollten in einer basisdemokratischen Wahl bestimmt werden, die nächsten Führungsebenen auf einem Parteitag im Sommer.

Am 27. April fand in einem Wiener Hotel eine dramatische Sitzung statt. Nach einer stundenlangen Sitzung und Gesprächen mit Haider („Es muss Ordnung gemacht werden, sonst trete ich zurück!") kehrte Schnell in seine Funktion als Landesobmann zurück, die Suspendierung war aufgehoben worden. Schnell hatte sich verbal vor Haiders Füße geworfen: „Wir haben uns in Salzburg benommen wie die Kinder, aber unser Bundesobmann hat uns die Chance gegeben, in Salzburg noch einmal vernünftig zu werden. Es war heute nicht der starke Arm des Jörg Haider, sondern der verständnisvolle Arm des Jörg Haider." Der verständnisvolle Haider saß daneben und genoss die Anbetung.

Schnell durfte weitermachen, wurde aber unter eine Art Kuratel, bestehend aus Susanne Riess-Passer und Gernot Rumpold von der Bundespartei sowie Margot Hofer und Helmut Haigermoser von der Landespartei, gestellt.

Am 20. September wurde Schnell bei einem Parteitag mit 82 Prozent der Stimmen gewählt, was angesichts der chaotischen Lage der Partei gar nicht so schlecht war. Allerdings waren seine stärksten innerparteilichen Widersacher gar nicht erst erschienen.

Am 29. Oktober fand ein zweiter außerordentlicher Parteitag in Linz statt, bei dem Haider das Projekt der Flat Tax, ein Steuermodell des amerikanischen Ökonomen Alvin Rabushka, präsentierte. Dieses Steuersystem wurde zu einem von Haider immer wieder in die innenpolitische Diskussion gebracht, wurde aber, wie das bei Vorschlägen der FPÖ fast reflexartig passiert, abgelehnt, aber auch unvoreingenommene Experten empfanden es in weiten Teilen als unsozial.

Am 4. November verlor die FPÖ an Wirtschaftskompetenz: Thomas Prinzhorn legte seine politischen Funktionen zurück. Zwischen Prinzhorn und Haider war es zu gravierenden Meinungsverschiedenheiten über den FPÖ-Kurs gekommen.

Gegen Jahresende gab es wiederum einen Skandal: Der Oberste Gerichtshof bestätigte Urteile gegen den ehemaligen Generalsekretär Walter Meischberger und vier Mitangeklagte (darunter die Fußballer Stöger und Krankl). Meischberger, der nebenberuflich mit Kickern handelte, wurde wegen Anstiftung zur Steuerhinterziehung zu einer Geldstrafe von 500 000 Schilling verurteilt und im April 1999 aus der Partei ausgeschlossen.

Die Partei hatte in diesem Jahr auch einen schweren Verlust zu beklagen. Im Alter von nur 54 Jahren starb am 28. März der Wiener Landesparteiobmann Rainer Pawkowicz. Sein Tod wurde über das freiheitliche Lager hinaus betrauert.

Fast auf den Tag genau einen Monat vorher hatte die FPÖ noch Grund zum Feiern gehabt: Am 27. Februar fand ein Festakt zum 70. Geburtstag von Alexander Götz statt, dessen Verhältnis zur Partei sich wieder normalisiert hatte. Es gab viele schöne Worte, auch von Jörg Haider.

Die Wende – Nationalratswahl 1999

Zweitstärkste Partei

Die Worte zum Jahr 1999:

„Holger Bauer hat ausgerechnet, dass es, wenn sich der Trend der Wahl von 1979 fortsetzt, 88 Jahre dauert, bis wir zweitstärkste Partei sind."
Norbert Steger am 7. Jänner 1980

„Ich muss nicht in der Regierung sitzen. Ich kann auch in der Opposition sitzen. Opposition ist wichtig, ist schön und erhöht die Lebensqualität."
Wolfgang Schüssel am 8. August

„Wenn die FPÖ nach den Wahlen mitregiert, wird Europa nicht erschrecken."
Franz Fischler am 6. September 1999

„Das ist eine Regierung, deren Programm ich unterschrieben habe. Ich wäre ja ein Narr, wenn ich diesen historischen Erfolg durch ein Sperrfeuer zerstören würde."
Jörg Haider am 6. Februar 2000

Das Jahr 1999 war mit der Nationalratswahl, der Wahl ins Europäische Parlament und vier Landtagswahlen ein großes Wahljahr, zwei dieser Wahlen haben die österreichische Innenpolitik auf Jahre hinaus verändert.

Am 3. März hatte Haider mit einem triumphalen Wahlsieg den Sessel des Kärntner Landeshauptmannes zurückerobert und die selbstverschuldete Schmach des Jahres 1991 getilgt. Die FPÖ erhöhte ihren Stimmenanteil von 33 auf 41 Prozent, die Zahl ihrer Mandate von 13 auf 16 und wurde vor der SPÖ (sie verlor von 14 Mandaten zwei) und der ÖVP (mit acht Mandaten) zur stärksten Partei.

Für Haider war die Nationalratswahl 1999 jene Wahl, die die FPÖ in die Regierung bringen sollte. Es hatte schon behutsame Vorbereitungen gegeben: „In Zukunft werden wir darauf achten, nicht nur eine akzentuierte Oppositionspolitik zu betreiben, sondern auch Lösungen für die Probleme Österreichs anzubieten."

Der aggressive Dobermann Ewald Stadler wurde nach Niederösterreich abgeschoben, sein Nachfolger als Klubobmann wurde der sanfte Herbert Scheibner.

Zum Aufwärmen für die Nationalratswahlen hatten die Parteien am 13. Juni die EU-Wahlen zu schlagen. Für die Freiheitlichen wurden sie zu einer verunglückten Generalprobe. Die Partei stellte der ÖVP-Spitzenkandidatin Ursula Stenzel diesmal auch eine Frau entgegen, die Braunauer Berufsschullehrerin Daniela Raschhofer, die seit November 1996 im EU-Parlament saß. Die FPÖ hatte 1996 hervorragend abgeschnitten und mit sechs Mandaten gleich viel wie die SPÖ erreicht; Siegerin war Stenzel mit sieben Mandaten gewesen. Mit Raschhofer verlor die FPÖ ein Mandat an die SPÖ. Haider nutzte das Ergebnis, um die Partei wieder aufzuputschen und versprach: „Ich werde mich bis zum Umfallen einsetzen."

Auch Wolfgang Schüssel bereicherte den Wahlkampf durch wechselnde Versprechen. Während am 24. August für ihn noch galt: „Kein Gang in die Opposition", sah die Strategie am 7. September bereits ganz anders aus: „Wenn die ÖVP auf den dritten Platz zurückfällt, geht sie in Opposition."

Haider setzte am 31. August wieder ein personalpolitisches Signal: Der Industrielle Thomas Prinzhorn wurde zum Spitzenkandidaten der FPÖ ernannt. Prinzhorn hatte im November 1998 im Streit mit Haider seine politischen Ämter niedergelegt.

Den 9. und der 10. September nützte Haider, seine Liste mit bekannten Namen aufzuputzen: Abfahrtsweltmeister Patrick Ortlieb und die ORF-Moderatorin Theresia Zierler wurden als FPÖ-Kandidaten vorgestellt. Die beiden machten sich im Nationalrat jedoch kaum bemerkbar.

Am 3. Oktober 1999 wählten die Österreicher den Nationalrat. Das offizielle Endergebnis, das eine Woche später bekannt gegeben wurde, lautete: SPÖ 65 Mandate (1995: 71), FPÖ 52 Mandate (1995: 41), ÖVP 52 Mandate (1995: 53), Grüne 14 Mandate (1995: 9). Das „Liberale Forum" flog aus dem Nationalrat. Die FPÖ war zur zweitstärksten Partei geworden, lag 514 Stimmen vor der ÖVP. Sie hatte sowohl SPÖ wie auch ÖVP Wähler abgenommen, was vor allem für die SPÖ niederschmetternd war: Nach Meinungsumfragen hatten 39 Prozent der Arbeiter Haider gewählt und 37 Prozent die SPÖ.

Nach dem Wahltag pflegten die Parteien ihre Befindlichkeiten. Die SPÖ war weniger betroffen als beleidigt, wie es Potentaten immer sind, wenn sie ein vermeintlich ungerechtes Schicksal abstrakt; die ÖVP gedemütigt und Nägel kauend auf das offizielle Ergebnis hoffend, das sie vielleicht doch an zweiter Stelle stehen werde; die FPÖ zwar himmelhoch jauchzend, aber an ihrem Mut zweifelnd, Regierungsverantwortung zu übernehmen. Nur einer war voller Zuversicht – der Jörgl, der sich auch das zutraute; alle anderen relevanten Funktionäre waren kleinlaut und rieten ab.

Das Ausland reagierte von Tag zu Tag schockierter. Haider reagierte blitzartig und machte sich auf den Weg, um Europa zu beruhigen.

Derweil saß Bundespräsident Thomas Klestil in der Hofburg und dachte nach, wie eine Fortsetzung der großen Koalition zu bewerkstelligen sei. Das bedurfte Geduld, er musste die ÖVP zuerst von der Oppositionspalme herunterholen, auf der es sich Schüssel vorerst einmal gemütlich gemacht hatte, nachdem er vom dritten Platz nicht mehr weggekommen war.

Das Hauptproblem war das Verhältnis zwischen SPÖ und ÖVP, das sich über die Jahre der großen Koalition hinweg immer mehr verschlechtert hatte. Nach dem Banken-Deal war es an einem Tiefpunkt angelangt. Weichensteller war Finanzminister Viktor Klima gewesen, der im Jänner 1997 Franz Vranitzky als Bundeskanzler abgelöst hatte. Klima tat in dieser Funktion nichts, um die Beziehungen zum Koalitionspartner zu verbessern. Während der ersten EU-Ratspräsidentschaft behandelte er die ÖVP über alle Maßen schäbig.

Man sagte, Schüssel hätte eine Wachspuppe vom Vikerl auf dem Nachtkästchen und steche am Abend und am Morgen dreimal hinein.

Regierungsverhandlungen

Über die Regierungsbildung nach den Wahlen 1999 könnte man dicke Bücher schreiben – oder ein dünnes Heftchen. Das dicke Buch ist für den Fall nötig, dass der Autor den ganzen Zauber rund um die Sondierungsgespräche für bare Münze nimmt. Das Heftchen genügt für den Fall, dass sein Verfasser besonders vertrauenswürdigen Leuten glaubt, die behaupten, Schüssel und Haider hätten schon vor den Wahlen entsprechende Vereinbarungen getroffen. Schüssel dementierte dies übrigens in einem Gespräch für dieses Buch. Was hätte er auch sonst tun sollen?

Klima hatte zwei Optionen: die Fortsetzung der Koalition mit der ÖVP oder ein Minderheitskabinett mit Expertenbestückung. Als ihm die schwarzen Felle davonschwammen, war er sogar bereit, freiheitliche Fachleute aufzunehmen. Am 22. Jänner, also an dem Tag nach dem Abbruch der Verhandlungen mit der ÖVP, sagte Klima: „Wenn wir jetzt eine sozialdemokratisch geführte Expertenregierung bilden und die FPÖ zeigt im Parlament über Monate oder Jahre, dass man in Sachfragen gut und vertrauensvoll zusammenarbeiten kann, dann ist das ohne Zweifel ein Baustein der Glaubwürdigkeit." Ihm sei es nie vordringlich darum gegangen, Haider zu stoppen.

Haider machte sich derweil wieder einmal politisch landfein. Er hielt eine groß angelegte und medial aufbereitete Rede, in der er sich von allen „braunen Schatten" distanzierte, aber einräumte, dass es in der Vergangenheit einige Äußerungen zum Nationalsozialismus gegeben habe, die „unsensibel und missverständlich" gewesen seien. Auch zu dem als fremdenfeindlich kritisierten Wahlkampf der Wiener FPÖ ging Haider auf Distanz.

Es war genau das Verhaltensmuster, das man aus der Vergangenheit schon kannte und das man auch in Zukunft mehrfach wieder finden würde: Wenn es gerade nützlich und opportun erscheint, zelebriert Haider mannhaft Selbstkritik. Das Ablaufdatum der guten Vorsätze misst sich daran, zu welchem Zeitpunkt der nächste Sündenfall nützlich und opportun scheint. Glaubwürdig zu sein, ist keine Haidersche Kategorie. Bei ihm gebiert die Wahrheit oft alle paar Stunden eine Tochter. Leute, die mit Haiders Psyche vertraut sind, halten ihm jedoch zugute, dass er nicht zwangsläufig bewusst lügt, sondern in den Phasen der Einsicht tatsächlich an das glaubt, was er sagt. Die Anspielungen auf Dr. Jekyll und Mister Hyde(r) seien nicht nur ein Wortspiel, sondern Teil seines irrlichternden Wesens.

Am 28. Oktober fand ein erstes Gespräch zwischen Schüssel und Haider zum „gegenseitige Abtasten" statt. Am selben Tag traf Haider mit dem Bundespräsidenten zusammen, um die Vorstellungen der FPÖ für eine Regierungsbeteiligung darzulegen. Am 2. November fand das erste Zukunftsgespräch zwischen ÖVP und FPÖ statt. Auf der Tagesordnung stand das Verhältnis zur EU, ein Thema, das die Koalition noch viele Jahre verfolgen – und belasten – sollte. Teilnehmer aufseiten der FPÖ waren Haider, Riess-Passer, Prinzhorn, Scheibner, Westenthaler und Gorbach. Hinterher wurde von einem „offenen und ehrlichen Gespräch" berichtet – „trotz einiger Emotionen".

Am 25. November fand das dritte Zukunftsgespräch statt und erstmals schloss die FPÖ nicht aus, dem ÖVP-Obmann die Kanzlerschaft anzubieten. Haider: „Es wird auf unserer Seite keine Eitelkeiten geben." Schüssels Stellvertreterin Elisabeth Gehrer verkündete, die ÖVP werde sich der Verantwortung nicht entziehen.

Dann ging es Schlag auf Schlag: Am 4. Dezember einigten sich ÖVP und FPÖ über einen Konsolidierungskurs und am nächsten Tag kündigte Schüssel an, dass sich die ÖVP Regierungsverhandlungen nicht verschließen werde.

Am 8. Dezember beauftragte Klestil Klima mit der Regierungsbildung. Der Auftrag des Bundespräsidenten: eine Bundesregierung mit klarer, solider Mehrheit und mit Ansehen im In- und Ausland.

SPÖ und ÖVP verhandelten in neun großen Durchgängen. Zentraler Punkt der Verhandlungen war der katastrophale Zustand des Budgets. Die Gespräche scheiterten in der Nacht von 20. auf 21. Jänner 2000, obwohl ein praktisch unterschriftsreifes Papier vorlag. Das SPÖ-Präsidium wollte in einer dramatischen Nachsitzung jedoch die Forderung der ÖVP nach einem unabhängigen Finanzminister nicht erfüllen; aufseiten der SPÖ verweigerte der ÖGB-Vizepräsident Richard Nürnberger seine Unterschrift, auf der die ÖVP beharrt hatte. Die Gewerkschafter wollten die im Abkommen verankerte Anhebung des Mindestpensionsalters um zwei Jahre (auf 62 bzw. 57 Jahre) nicht akzeptieren. Die SPÖ hatte es der ÖVP nicht schwer gemacht, sich zum zukünftigen Koalitionspartner abzusetzen.

Die letzten Verhandlungsstunden standen unter dem Eindruck einer Meinungsumfrage: Erstmals in der Geschichte Österreichs war die FPÖ die stärkste Partei, wenn auch mit 31 Prozent nur denkbar knapp (SPÖ: 30 Prozent).

In der Öffentlichkeit hatte von der Bundespartei-Spitze der SPÖ öffentlich nur Innenminister Karl Schlögl für eine Verständigung mit der FPÖ geworben, aber es gab auch nicht-öffentlich Kontaktaufnahmen. So fand am 6. Dezember 1999 ein „Geheimgespräch" zwischen den Klubobleuten Peter Kostelka und Herbert Scheibner in Paris statt. Zwar wird geleugnet, dass es ein geheimes Gespräch gewesen sei, aber es wäre geheim geblieben, hätte es nicht einen zufälligen Beobachter gegeben. Kostelka und Scheibner hatten beschlossen, in der Pause einer Tagung der „Westeuropäischen Union" in Paris auf ein „Plauscherl" in ein nahe gelegenes Lokal zu gehen. In demselben Lokal aber saß, ungesehen von Kostelka und Scheibner, ein dritter Teilnehmer an den WEU-Gesprächen, Herbert Spindelegger von der ÖVP.

Öffentlichen Charakter nahmen die Gespräche erst nach dem Scheitern der Verhandlungen mit der ÖVP an. Es waren die Stunden von Innenminister Karl Schlögl. In einem Gespräch für dieses Buch erinnert er sich an die entscheidende Präsidiumssitzung:

„Ich habe in Gesprächen mit Klima, Fischer und ein paar anderen wichtigen Leuten in der SPÖ das Pouvoir bekommen, mit dem Haider zu reden. Ich habe Haider dann zwei, drei Fachminister als Gegenleistung für die Duldung einer SPÖ-Minderheitsregierung angeboten, aber er hat abgelehnt, es war ihm zu wenig. Er wollte eine Art Pakt haben, der von der SPÖ unterschrieben war. Er wollte eine schriftliche Vereinbarung über ein gemeinsames Budget, aber es müsse auch schriftlich festgehalten werden, dass die SPÖ die stille Duldung der FPÖ habe und ein paar Fachminister in die Regierung schicken könne. Dazu [Anm. d. Autors: zu einer schriftlichen Fixierung] war die SPÖ nicht bereit. Haider hat erwidert: ‚Bevor ich mich mit euch auf eine unsichere Geschichte einlasse, mache ich lieber eine sichere mit der ÖVP.'"

Schlögl hat sich in dieser Zeit kein besonders gutes Bild von Haider gemacht. In dem folgenden Zitat dient ihm auch das berühmt gewordene Spargel-Essen von Haider und Gusenbauer als Illustration:

„Das Problem ist, dass man dem Haider nicht vertrauen kann. Er ist ein Politiker, der mit dir eine Vereinbarung trifft und sie am nächsten Tag sofort bricht. Diese Erfahrung haben viele gemacht, übrigens auch der Gusenbauer. Ich glaube, dass Gusenbauer damals einfach ein Gespräch wollte, um auszuloten, wo es Berührungspunkte gab. Vielleicht, ich sage bewusst vielleicht, war es auch als möglicher Ansatzpunkt für eine Annäherung gedacht. Aber Gusenbauer ist desavouiert worden, weil Haider dieses Gespräch bekannt gemacht hat. Diese Erfahrung habe auch ich im Jahr 2000 gemacht."

Die Hoffnung Klimas, sich in ein Minderheitskabinett zu retten, währte praktisch nur einen Tag. Sowohl ÖVP als auch FPÖ lehnten ab und begannen am 25. Jänner Verhandlungen über eine schwarz-blaue Koalition. Zeitgleich begann die Europäische Union, mit ihren Maßnahmen gegen Österreich ernst zu machen. Aus Gründen der Übersichtlichkeit werden diese Sanktionen in einem eigenen Kapitel behandelt.

Die Verhandlungen von ÖVP und FPÖ gingen zügig voran. Nach nur sieben Tagen einigten sich die beiden Parteien auf ein Koalitionsprogramm, das dem Bundespräsidenten vorgelegt wurde. Unter dem Eindruck der Proteste aus dem Ausland wurde eine plakative Präambel vorangestellt, die Österreichs Bekenntnis zu den europäischen Werten bekräftigte.

Klestil sagte zwar in einem Interview, die blau-schwarze Regierung entspreche nicht seiner „Überzeugung", nahm die Angelobung dann aber mit Leichenbittermiene doch vor, nicht ohne einen symbolischen Akt des Widerstandes gesetzt zu haben: Er lehnte zwei von der FPÖ vorgeschlagene Minister ab: Hilmar Kabas, der als Verteidigungsminister gedacht war, und Thomas Prinzhorn, der ursprünglich erste Wahl für den Finanzminister gewesen war.

Dass Riess-Passer Vizekanzlerin werden würde, war relativ bald klar, Klubobmann sollte Herbert Scheibner bleiben, der erst einige Monate vorher in dieses Amt berufen worden war. Durch die Ablehnung Kabas' war dieser Plan hinfällig. Scheibner, der zehn Jahre lang im Landesverteidigungsausschuss des Nationalrates gesessen war (davon sieben Jahre als Obmann), wurde aus dem Parlament abgezogen und bekam sein Lieblingsregierungsamt: Er wurde Verteidigungsminister.

Klubobmann wurde Peter Westenthaler, der wie Scheibners Vorgänger Stadler etwas gröbere politische Umgangsformen pflegte. Im Gegensatz zu dem völlig unerziehbaren Stadler ließ sich Westenthaler aber von seinem ÖVP-Kollegen Andreas Khol einiges an Schliff beibringen.

In der Öffentlichkeit wurde der Eindruck lanciert, Klestil habe Kabas und Prinzhorn wegen fremdenfeindlicher Äußerungen abgelehnt. Kabas hatte die rassistischen Töne im Wiener Wahlkampf zu verantworten, der Grund für Prinzhorns Abstrafung soll ein skurriles Interview des Industriellen gewesen sein. Im September 1999 hatte er in einem Interview gesagt: „Asylanten und Ausländer haben eine ganze Reihe von Vorteilen. Sie bekommen zum Beispiel Medikamente zur

Hormonbehandlung vom Sozialamt gratis, um ihre Fruchtbarkeit zu steigern. Inländern wird das nur sehr selten gewährt."

Prinzhorn dementierte zwar, aber das Zitat war doch zu schön, als dass die Medien leichtfertig darauf verzichtet hätten. Man pflegte auch süffisant hinzuzufügen, dass Prinzhorn sieben Kinder mit fünf Frauen gezeugt habe.

Klestils fremdenfreundliche Intentionen in Ehren, aber informierte Kreise wollen von einem anderen Grund wissen. Klestil, dem eine ordentliche Portion Eitelkeit nicht abgesprochen werden konnte, sei beleidigt gewesen, weil sowohl Kabas als auch Prinzhorn den Bundespräsidenten wegen seines starrsinnigen Festhaltens an Klima kritisiert hatten. So hatte Prinzhorn gemeint: „Klestil hat sich schon eine blutige Nase geholt, wenn er auch einen blutigen Kopf will, soll er weiter gegen die Mauer des Bürgers rennen. Wenn er weiter gegen die Demokratie vorgeht, wird [er] seine Wunder erleben."

Kabas hatte in einer Aussendung indirekt sogar die Absetzung Klestils verlangt.

Wer nun meint, Haider sei über Klestils Akt unglücklich gewesen, irrt. Er passte durchaus in seine Pläne. Haider hatte Prinzhorn, dessen wirtschaftliche Kompetenz ein Trumpf im Wahlkampf war, zwar das Finanzministerium versprochen (die FPÖ hatte dieses Schlüsselministerium von Anfang an als Preis für ihre Zustimmung für einen ÖVP-Bundeskanzler gefordert), was von der Sache her eine mehr als vertretbare Option gewesen, von der Person her aber mit zwei Risiken verbunden war. Zum einen neigte Prinzhorn zu Temperamentsausbrüchen, zum anderen war er keiner, der sich von Haider etwas vorschreiben lassen würde.

Nachdem Prinzhorn zur Kenntnis hatte nehmen müssen, dass er nicht Finanzminister werden würde, nahm er sich kein Blatt mehr vor den Mund: Wenn er, Prinzhorn, von seiner politischen und persönlichen Integrität gut genug für das Amt des Zweiten Nationalratspräsidenten sei, hätte er auch für das Amt des Finanzministers gut genug sein müssen. Dies hätte Haider bei Klestil durchsetzen müssen. Der aber, so Prinzhorn, habe immer nur Grasser im Sinn gehabt. Es spricht vieles dafür, dass diese Version Prinzhorns ihre Richtigkeit gehabt hat.

Angelobung und Sanktionen

Dem ersten Kabinett der schwarz-blauen Koalition gehörten von seiten der FPÖ an: Vizekanzlerin Susanne Riess-Passer, Finanzminister Karl-Heinz Grasser, Sozialministerin Elisabeth Sickl, Verteidigungsminister Herbert Scheibner, Justizminister Michael Krüger, Staatssekretärin Mares Rossmann (Tourismus) und Staatssekretär Reinhart Waneck (Gesundheitswesen).

Die Umstände der Angelobung – die Proteste während der Zeremonie und in den Monaten danach – sind noch in Erinnerung, ebenso wie die Sanktionen der EU.

Doch weder Proteste noch Sanktionen haben denen geschadet, gegen die sie gerichtet waren, sondern vielmehr ihren Urhebern. Die Sozialdemokratie, die sich seit jeher den Anspruch anmaßt, die alleinige Hüterin der heiligen Flamme der Demokratie zu sein, zeigte ein anderes, ein böses Gesicht. Sie mobilisierte gegen eine demokratische und parlamentarische Entscheidung die Straße und das Verhalten mancher SPÖ-Minister gegenüber ihren Wende-Nachfolgern in den Minis-terien passte durchaus in eine mittelamerikanische Bananenrepublik.

An der FPÖ, gegen die sie in erster Linie gerichtet waren, haben die Sanktionen kaum Schaden angerichtet, im Gegenteil: Sie waren indirekt eher nützlich, weil sie erstens den Status der Gesamtregierung (und damit auch der FPÖ) gestärkt haben und zweiten das mediale Aufsehen mithalf, ihren recht holprigen Start als Regierungspartei zu verschleiern.

Sollte die FPÖ die Empörung der Bevölkerung über die Sanktionen jedoch als Unterstützung für sich bewertet haben, war das ein Missverständnis. Die überwiegende Mehrheit der Bevölkerung war gegen die EU und die Sanktionen, und nicht für eine sich ungerecht behandelt fühlende FPÖ.

Anders als die FPÖ konnte die ÖVP die Sanktionen zu einem Sympathiegewinn nutzen. Außenministerin Benita Ferrero-Waldner wurde eine Kultfigur der österreichischen Innenpolitik. Haider hingegen schaltete wieder einmal seinen politischen Verstand aus und überließ sich ganz seinem unkontrollierbaren Provokationswahn. Am 29. Jänner beschimpfte er Jacques Chirac, der in den vergangenen Jahren alles falsch gemacht habe, was man habe falsch machen können und er habe deshalb Wahlen verloren. Und die Belgier mögen sich zurückhalten, denn er, Haider, verlange auch nicht die Ablöse der korrupten politischen Regierung. Später kamen noch einige Bemerkungen dazu, wie die vom „Westentaschen-Napoleon".

Nicht dass ein einziges (Schimpf-)Wort Haiders auf gänzliches Unverständnis gestoßen wäre, aber bei allem Zorn über die Dummheit der EU waren die Österreicher nicht für eine Verschärfung des Konflikts. Beeindruckt hat sie der energische, temperamentvolle und in der Wortwahl kluge Kampf der Löwin. Haiders Tiraden hingegen gingen den Leuten allmählich auf die Nerven.

SPÖ-Vorsitzender Alfred Gusenbauer demonstrierte mit der Erklärung, die Sanktionen seien richtig, sein politisches Talent.

Der Bericht der Weisen, der im September die Aufhebung der Sanktionen empfahl, war ein Dokument der Binsenweisheiten: Er stellte fest, dass die FPÖ eine „rechtspopulistische Partei mit radikalen Elementen" sei, kritisierte fremdenfeindliche und nationalistische Untertöne und sah bei Justizminister Böhmdorfer Ansätze zur „Unterdrückung von Kritik". Damit war auch Böhmdorfers Verständnis („sicherlich verfolgenswert") für den Vorschlag Haiders gemeint, gegen österreichische Politiker, die gegen die Staatsinteressen verstießen und die Regierung kritisierten, Sanktionen bis hin zum Funktionsverlust zu verhängen. Welcher Teufel Böhmdorfer damals geritten hat, wird wohl auf ewig unerforscht bleiben (ein weiterer unakzeptabler Ausrutscher passierte Böhmdorfer, der ansonsten bestimmt nicht der schlechteste Minister der Koalition war, als er seine „private Meinung" öffentlich kundtat, dass Haider in der Spitzelaffäre über jeden Verdacht erhaben sei).

In dem Bericht der Weisen über die „Freiheitliche Partei" hieß es aber auch: „Wir haben den Eindruck gewonnen, dass das Verhalten der Minister der FPÖ in der Regierung seit Februar 2000 im Allgemeinen nicht kritisiert werden kann."

Möglicherweise handelte es sich hier um die erste dokumentierte Unterscheidung zwischen der guten Riess-Passer-FPÖ und der bösen Haider-FPÖ.

Kaum war die Regierung gebildet, kündigte Jörg Haider am 28. Februar seinen Rücktritt als Bundesparteiobmann an. Er trete zurück, weil er als Landeshauptmann ausgelastet sei („Man muss die eigenen Grenzen erkennen") und er wolle auch den Eindruck vermeiden, er sei der Schattenkanzler der FPÖ-Regierungsriege. In Gesprächen mit Journalisten nannte er einen dritten Grund: Eine FPÖ ohne Haider werde es im Konflikt mit der EU leichter haben.

Haider spielte beim Parteitag am 1. Mai in Klagenfurt mit offenen Karten. Er gab nicht vor, auf immer und ewig Abschied von der Bundespolitik zu nehmen, im Gegenteil, er schloss keineswegs aus, dass er bei den nächsten Wahlen die neue Bundesparteiobfrau Riess-Passer als Kanzlerkandidatin ablösen könnte. Jedoch: „Wenn diese Regierung gut arbeitet, braucht sie mich nicht."

Susanne Riess-Passer war klar, was das bedeutete: „Lieber Jörg, du kannst dich immer auf mich verlassen. Das ist immer noch die FPÖ von Jörg Haider, das wird immer deine Partei sein." Das war nicht die übliche Parteitagsrhetorik, das war Realismus, vielleicht schon gepaart mit vorbeugender Resignation. Susanne Riess-Passer kannte ihre Pappenheimer in- und auswendig.

Die Mattighofenerin Riess-Passer begann ihre politische Karriere nach ihrem Jusstudium in Innsbruck im Jahr 1987 als Bundespressereferentin der FPÖ. Sie war – wie übrigens ihre Landsfrau Daniela Raschhofer auch – eine Entdeckung des Oberösterreichers Norbert Gugerbauer. Dennoch ist Riess-Passer stets als Jörg Haiders politische Ziehtochter gesehen worden. Für die innenpolitischen Journalisten war sie bis 2002 eine professionelle Ansprechpartnerin. Dass sie gerne lachte, hat ihr den Job nicht erschwert. Andererseits hätten nur völlig unsensible Geister übersehen, dass sie auch anders konnte. Für diese Seite ihres Charakters erhielt sie später den Ehrentitel „Königskobra".

Riess-Passer diente Haider und der FPÖ in zahllosen Funktionen zwischen Wien, Straßburg und Innsbruck, zwischen Parteizentrale, Bundesrat und Nationalrat oder Landtag. Den nachhaltigsten Eindruck hat sie naturgemäß als Vizekanzlerin hinterlassen; als Parteiobfrau hat sie den Kampf gegen Haider zwar verloren, ihn aber – um im Bild zu bleiben – nachhaltig beschädigt.

An der Macht – feindliches Umfeld und Personalkarussell

Wie ist die Wende-Regierung zu beurteilen? Der Meinungsforscher Wolfgang Bachmayer ist in einer Bilanz zum fünften Jahrestag zu folgendem Schluss gekommen: „Es hat sich vieles nur in plakativen Ankündigungen erschöpft. In Summe ist aber mehr geschehen als früher, weniger als angekündigt und weniger als notwendig gewesen wäre."

Kann das als eine eher positive, denn negative Kritik verstanden werden? Dass eine Regierung mehr als frühere Regierungen getan hat, kann man nicht jeder Regierung nachsagen. Mit leeren Versprechungen und unerledigten Notwendigkeiten reiht sich die Wenderegierung unauffällig in die Regierungen aller Welt und aller Zeiten ein. Es trübt die Bilanz, dass so wichtige Reformen wie die Ambulanzgebühr, die Unfallrenten-Besteuerung, die Hinterbliebenenpensionen und die Reform des Hauptverbandes vom Verfassungsgerichtshof ganz oder teilweise aufgehoben wurden – aber man wird hinzufügen müssen, dass Oppositionen früherer Jahre nicht immer gleich zum Höchstgericht petzen gelaufen sind.

Die blauen Ministerinnen und Minister traten ihren Dienst mit zwei Handicaps an: Sie mussten sich, wie alle Regierungsneulinge, zuerst einmal orientieren. Diese Schwierigkeiten wurden durch die Reaktion des politischen und gesellschaftlichen Umfeldes massiv verschärft.

Diese Erfahrungen hatten schon Steger und seine Leute im Jahre 1983 gemacht. Auch sie hatten eine geradezu gleichgeschaltete linke veröffentlichte Meinung und den linken Zeitgeist gegen sich gehabt, obwohl der Pate dieses Bündnisses immerhin der große Bruno Kreisky gewesen war.

Im Falle der Koalition 2000 war die Reaktion der politischen Linken, vor allem der Gewerkschaften, und einer nicht weiter definierten Zivilgesellschaft (die offenbar den Monopolanspruch auf die Zivilisation erhebt, während alle anderen Gesellschaftsgruppen eine unzivilisierte Gesellschaft sind) von dumpfen Emotionen bestimmt, die weit über politische Gegnerschaft hinausgingen. Für die FPÖ gab es auf der Seite links der rechten Mitte kein Verständnis, wenn man von Schlögl und einigen Landespolitikern absieht.

So ganz aus dem Nichts war die hysterische Reaktion auf die Regierungsbeteiligung der FPÖ, die sogar eine europäische Krise ausgelöst hatte, natürlich nicht entstanden, denn die FPÖ, die 2000 in eine Regierung eintrat, war eine völlig andere als die von 1983. Das Monopol auf Hass lag nicht bei der Linken, in Wirklichkeit hatte erst Jörg Haider den Hass zu einer politischen Waffe der Zweiten Republik gemacht und ihn bedenkenlos in den Dienst der Wählermaximierung gestellt. Es hat sehr lange gedauert, ehe man Riess-Passer zugestand, eine eigene, sehr viel maßvollere Persönlichkeit zu sein.

Die Gewerkschaften waren von Anfang an die Speerspitze gegen die Reformpolitik, die – aus guten Gründen – sehr rasch und energisch in der Sozial- und Gesundheitspolitik ansetzte. Es waren dies Bereiche, die traditionellerweise zum Einflussbereich der Gewerkschaften gehörten. Das Bild von der herzlosen Regierung komplettierte Finanzminister Grasser, der wie ein Gemeindetrommler unentwegt das Nulldefizit verkündete. Dieses ambitionierte Ziel erreichte er allerdings nur einmal (2001), aber immerhin brachte er die Budgetdefizits unter Kontrolle – wenn auch manchmal durch kreative Buchführung. Eine Passage aus seiner Budgetrede ist in das politische Zitatenlexikon eingegangen: „Ein guter Tag beginnt mit einem sanierten Budget." Ansonsten griff er den Leuten ordentlich in die Tasche.

Die Gewerkschaften reagierten auf die Reformen, Sparmaßnahmen und Belastungen mit Ultimaten, Streiks, Streikdrohungen, Demonstrationen oder Tobsuchtsanfällen; ein besonderes Beispiel lieferte der Chef der Gewerkschaft „Hotel, Gastgewerbe und Persönlicher Dienst", Rudolf Kaske: „Wenn einmal dieses Arbeitslosenheer marschiert, dann brennt die Republik."

Als hätte die unfreundliche Umwelt nicht genügt, bereiteten sich die Regierungsneulinge auch selbst genug Schwierigkeiten. Eine erste publizitätsträchtige Panne gab es schon am 29. Februar. Justizminister Michael Krüger gab nach knapp dreiwöchiger Amtszeit seinen Rücktritt bekannt. Er war dem psychischen Druck des Amtes nicht gewachsen; dass er sich als Angehöriger einer Partei, die die Behauptung vor sich hertrug, ihre Mandatare hätten ein Armutsgelübde abgelegt, gleich bei Amtsantritt als Dienstwagen einen Jaguar gewünscht hatte, darf als eines der Symptome bewertet werden. Nicht besonders hilfreich war auch ein Interview gewesen, das Krüger gemeinsam mit seinem Freund, dem Spaßvogel und Journalisten Dieter Chmelar, gegeben hatte. Die beiden erinnerten sich darin ihrer amourösen Jugendstreiche. Krügers Nachfolger wurde Dieter Böhmdorfer, ein Mann mit Ecken und Kanten. Die schärfste Kante, an der sich seine Kritiker stießen, war seine Funktion als Anwalt von Jörg Haider. Böhmdorfer war kein Mitglied der FPÖ, man wird ihn als typischen Vertreter des Dritten Lagers sehen müssen.

Ende Oktober folgte der zweite Paukenschlag: Sozialministerin Elisabeth Sickl trat zurück. Sie war in ihrem Amt sachlich wie politisch überfordert gewesen. Eine Schwachstelle im zentralen Abschnitt der Reformfront konnte sich die Regierung nicht leisten und es gab zunehmend Kritik, auch aus den eigenen Reihen. Im Sommer klagte die Vizekanzlerin, die sich selbst im Kampf mit dem Drachen Bürokratie befand: „Ich kann die Positionen der Frau Sickl nicht mehr nachvollziehen." Sickls Nachfolger wurde Herbert Haupt.

Anfang November folgte dann der dritte Personalwechsel: Michael Schmid zog die Konsequenzen aus der Niederlage der FPÖ bei der Landtagswahl und trat zuerst als steirischer Landesobmann und gleich anschließend als Infrastrukturminister zurück (2001 trat er aus Streit um seine Ministerpension aus der FPÖ aus). Schmids Nachfolgerin wurde die Oberösterreicherin Monika Forstinger, die zunächst als keine schlechte Wahl erschien. Sie hatte Erfahrung im oberösterreichischen Landtag gesammelt, war Umwelt- und PR-Managerin in der Papierindustrie gewesen. Der Eindruck täuschte: Nach einer für alle Seiten eher quälenden Amtszeit von nur 15 Monaten trat sie im Februar 2002 zurück. Der Nachfolger der Bauerntochter Forstinger wurde der Bauer Matthias Reichhold.

Am 14. März hob der Parteivorstand die Obergrenze für Gehälter freiheitlicher Politiker von 60 000 auf 66 000 Schilling an. Es war eine „Lex Grasser": Der Jungstar der blauen Ministerriege, der bei Frank Stronach eine Menge Geld verdient hatte, hatte zu erkennen gegeben, dass er nicht daran denke, das populistische Armutsgelübde seiner Partei zu erfüllen. Eine Woche später revanchierte sich Grasser mit seinem ersten Budgetentwurf, der in nur vier Wochen erstellt worden war.

Am 18. April wurde dem Wiener FPÖ-Obmann Hilmar Kabas während eines Interviews auf offener Straße eine Torte ins Gesicht geschlagen. Der ORF filmte die Szene, weigerte sich aber, das Filmmaterial herauszugeben, das zur Identifizierung des Täters hätte führen können. Als Grund führte der ORF die Wahrung des Redaktionsgeheimnisses an.

Am 7. Mai geriet Kabas neuerdings ins Gerede, als er am Rande des Wiener FPÖ-Parteitages den Bundespräsidenten wegen seiner Haltung während der Sanktionen und der Regierungsbildung einen „Lump" nannte. Kabas reagierte auf den öffentlichen Aufschrei denkbar ungeschickt: „Das war eher ein Geblödel. Lump hab ich aber im Zusammenhang mit Klestil nicht gesagt. Es war so etwas wie Hump oder Dump, aber so genau weiß ich das nicht mehr."

Kabas sollte sich von diesem Unsinn nie mehr erholen (und auch dass er – dienstlich, wie er sagte – einem Bordell einen Besuch abgestattet hatte, wurde ihm immer wieder unter die Nase gerieben).

Der Salzburger Landesobmann Schnell war weniger zimperlich. Er kommentierte den Vorfall später so: „Lump ist da eigentlich ein harmloser Ausdruck. Wir alle kennen diesen Ausdruck. Lumpi nenn i mein Hund – des is a netta, liaba Falott."

Schnell wurde zu einer Geldstrafe von 100 000 Schilling verurteilt.

Aufsehen erregte am 22. Mai ein Besuch Haiders bei Libyens Revolutionsführer Muammar Gaddafi, offenbar die Folge der engen Beziehungen zwischen Gaddafis Sohn und Haider. Fünf Wochen später legte Libyen 350 Millionen Schilling bei der Kärntner Landes-Hypo an.

Am 29. Mai musste die steirische FPÖ-Landesrätin Magda Bleckmann einen Schicksalsschlag einstecken. Ein Bankräuber, der in Linz während eines Überfalles erschossen wurde, war ihr Ehemann. Bleckmann, die ein Baby erwartete, hatte von dem Doppelleben ihres Mannes keine Ahnung gehabt.

Am 29. August trug Ex-Finanzminister Rudolf Edlinger eine gelbe Krawatte mit blauen Schweinen und machte keinen Hehl daraus, wer oder was damit gemeint war. Edlinger hatte sich schon mehrfach in mehr als rüdem Ton über die Freiheitlichen geäußert und sollte dies auch in Zukunft tun.

Von der Spitzelaffäre zum Koalitionsstreit

Anfang Oktober behauptete der ehemalige Polizist Josef Kleindienst in mehreren Interviews und später in einem Buch, die FPÖ habe Polizisten für Spitzeldienste gekauft. Die personenbezogenen Daten seien illegal aus dem Zentralcomputer des Innenministeriums abgerufen worden. Kleindienst war Funktionär der AUF (Arbeitsgemeinschaft Unabhängiger und Freiheitlicher) gewesen, die bei Personalvertretungswahlen vor allem bei der Polizei sehr erfolgreich war. Kleindienst kam später zu beachtlichem Vermögen – durch Börsenspekulationen, wie er sagt.

Opposition und Medien stürzten sich auf die Enthüllungen. Ermittlungen wurden gegen Haider, Böhmdorfer, Kabas, Schnell, Partik-Pablé oder Stadler geführt, von gefälschten Unterschriften eines Haider-Leibwächters war die Rede. Von dem angeblichen Riesenskandal blieb eine Anklage gegen den Wiener FPÖ-Landesgeschäftsführer Michael Kreißl und gegen Kleindienst wegen Verletzung des Amtsgeheimnisses übrig. Das Gericht hatte es als erwiesen angenommen, dass Kreißl Kleindienst um Informationen über eine bevorstehende große Drogenrazzia der Wiener Polizei ersucht hatte. Das Urteil lautete auf je sechs Monate bedingter Haft. Der Oberste Gerichtshof verwies das Verfahren an das Erstgericht zurück. Kreißl wurde 2004 freigesprochen. Er starb wenige Monate später.

So wenig Substanz die Spitzelaffäre auch gehabt hatte, so hinterließ sie doch politische Spuren. Der FPÖ schien der Eifer von Innenminister Ernst Strasser, die Vorwürfe aufklären zu wollen, zu übertrieben. Man verdächtigte ihn offenbar, mehr gegen die FPÖ als gegen schwarze Schafe in der Polizei ermitteln zu lassen. Anführer der Kampagne war naturgemäß Haider, sogar Rufe nach Rücktritt des Innenministers wurden laut. Am 3. November sprach Riess-Passer von einer sehr ernsten Situation für die Koalition: „Wenn eine gedeihliche Arbeit unmöglich gemacht wird, muss man die Frage von Neuwahlen ernsthaft prüfen."

Am 9. November wurde bei einem geheimen Treffen in dem Heurigenort Hagenbrunn Frieden geschlossen. Zuerst tagte der Koalitionsausschuss, dann gab es ein gemeinsames Abendessen mit den ÖVP-Landeshauptleuten. Die Chronik vermerkte, dass auch Erzfeind Strasser gekommen sei – wenn auch mit Verspätung. Die Landeshauptleute wurden ermahnt, loyal zur Bundesregierung zu stehen. Betroffen fühlen durfte sich vor allem Niederösterreichs Erwin Pröll.

Kritik an der ÖVP hatte es in der FPÖ schon früher im Jahr 2000 gegeben. Die Freiheitlichen waren überzeugt davon, dass die ÖVP die von der Gesamtregierung beschlossenen unpopulären Maßnahmen – zum Beispiel im Sozialbereich – auf die FPÖ ablud. Es dürfte kein Zufall gewesen sein, dass eines der ersten Zeichen des Widerstandes von Haiders Vertrauensmann Reinhart Gaugg gekommen war, der am 8. Juni aus Protest gegen die geplanten Reformen die Sitzung des parlamentarischen Sozialausschusses verließ. Auch der Vorarlberger Landesobmann Gorbach äußerte Bedenken. Die Parole lautete: „Wir dürfen uns von der ÖVP nicht zu Tode umarmen lassen."

Gut zwei Wochen vor Riess-Passers Aufschrei am 3. November hatte schon Haider mit Neuwahlen gedroht. Die FPÖ hatte bei steirischen Landtagswahlen am 15. Oktober eine Schlappe erlitten und verlor drei ihrer sieben Mandate. Große Siegerin war Landeshauptfrau Waltraud Klasnic, die sechs Mandate hinzugewann (27); die SPÖ verlor zwei (19), die Grünen gewann eines (3), das LIF verlor seine beiden Mandate.

Haider hatte Ende Mai damit gedroht, die Koalition platzen zu lassen, falls die steirischen Wahlen schlecht ausgingen. Nach dem schlechten Wahlergebnis warf Haider der ÖVP Doppelstrategie vor. Klasnic hatte im Wahlkampf die bei Landeshauptleuten – besonders auch von Landeshauptmann Haider – beherrschte Strategie verfolgt, Wien für alles Schlechte verantwortlich zu machen; bei diesen Wahlen waren ihr die Studiengebühren ein Dorn im Auge gewesen. Haider machte für die Niederlage der FPÖ diese Doppelstrategie der ÖVP verantwortlich und warnte: „Wir sind nicht die Deppen der Nation. Wenn Schüssel seine Partei nicht in den Griff bekommt, sind Neuwahlen anzusetzen."

Am 3. Dezember kam bei den burgenländischen Landtagswahlen der nächste Schicksalsschlag, wenn auch nicht so katastrophal wie in der Steiermark: Die FPÖ verlor von ihren fünf Mandaten eines.

Am 25. März 2001 waren aller schlechten Dinge drei: Die FPÖ verlor bei den Wiener Landtagswahlen acht ihrer 29 Mandate; großer Wahlsieger war die SPÖ mit einem Zugewinn von 9 Sitzen (sie erreichte damit 52 Sitze), der es offenbar gelungen war, den Gemeindebau wieder zurückzuerobern. Anzeichen dafür, dass die Arbeitnehmer zur SPÖ zurückzukehren begannen, gab es auch im Mai 2001 bei den Arbeiterkammerwahlen.

Haider machte für den Wahlausgang den „technokratischen Stil" der Regierungsriege verantwortlich: „Wenn die FPÖ weiterhin eine erfolgreiche politische Kraft sein will, muss sie wieder Politik mit Herz machen." Das war eine Unterstützung jener Funktionäre, die das Ende des „Kuschelkurses mit der ÖVP" forderten. Medienberichte, dass Haider am Wahlabend überlegt habe, sich aus der Politik zurückzuziehen, wurden dementiert, aber kaum jemand zweifelte daran, dass an diesem Abend Haiders Geduld mit der Koalition zu Ende gegangen war. Wer etwas für Zahlenmagie übrig hat, wird folgende These für überzeugend halten: Haider hatte, als er 1999 den Eintritt in die Regierung verfügte, ausgerechnet, dass die FPÖ durch die Umstellung aufs Regieren in Kauf nehmen müsse, Stimmen zu verlieren. Der Anteil von 28 Prozent könnte bei den nächsten Nationalratswahlen auf rund 20 Prozent zurückgehen. Nun waren in Wien nicht Nationalratswahlen, sondern Landtagswahlen, aber die Zahlen stimmten exakt.

Der Auftakt zu den Wiener Landtagswahlen war das Neujahrstreffen der FPÖ in der Kurhalle Oberlaa gewesen. Die Versammlung war aber auch der Auftakt für den jahrelangen Konflikt um die Reform des Hauptverbandes der Sozialversicherungsträger. Bundesparteiobfrau Susanne Riess-Passer forderte die Ablösung des Verbandspräsident Hans Sallmutter: „Solche Leute brauchen wir nicht, wir brauchen Fachleute und Experten."

Das war einer der großen Fehler Riess-Passers in ihrer politischen Laufbahn gewesen, den sie durchaus selbst einsieht: „Die Sache mit dem Hauptverband habe ich verpatzt."

Haider witterte sofort die Gefahr, die Forderung nach Ablöse Sallmutters könnte als Postenschacher verstanden werden: „Die Regierung darf nicht die Intention des ‚Zwingt Rot raus, zwingt Blau rein' erwecken."

Gespräche mit den Sozialpartnern über die Hauptverbandsreform scheiterten und am 6. Juli beschlossen die Koalitionsparteien die Reform im Parlament. Politischer Kernpunkt: Spitzenfunktionäre aus Kammern und Interessensvertretungen sind vom Verwaltungsrat und der Geschäftsführung ausgeschlossen. Sallmutter war gekippt.

Im Oktober 2003 kippte der Verfassungsgerichtshof die Reform in wichtigen Punkten; auch die Unvereinbarkeitsbestimmung für Interessensvertreter erklärte er für verfassungswidrig. Ende 2004 reparierte die Koalition die Reform.

Das Jahr 2001 hatte man mit Pauken und Trompeten begonnen: Am 13. Jänner feierte die FPÖ den 40. Geburtstag ihrer Obfrau Susanne Riess-Passer, ein Ereignis, dessen Opulenz der Jubilarin bis heute nachgetragen wird. An die 400 Gäste fanden sich in Mautner's Kellergewölbe in Wien-Simmering ein und ließen die freiheitliche Vizekanzlerin hochleben. Nach dem Einzug der Jubilarin zu den Klängen von „Happy Birthday" ließ die routinierte Moderatorin Theresia Zierler zuerst die neun Landesparteiobleute auf die Bühne kommen. Vorarlbergs Hubert Gorbach attestierte dem Geburtstagskind, im vergangenen Jahr „Außergewöhnliches, ja geradezu Übermenschliches" geleistet zu haben. Auch wenn bei Geburtstagsfeiern gelegentlich zu sehr gelobhudelt wird, war Gorbachs beredter Respekt vor Riess-Passers „Geradlinigkeit, die in Richtung Härte geht", gewiss nicht geschmeichelt. Die Laudatio lieferte Jörg Haider, der, wie es Kärntner Brauch ist, mit sängerischer Begleitung angereist kam. Vorher bot der Kärntner Grenzlandchor ein „Grüß Gott", hinterher – verstärkt von Haider – die bekannte Kärntner Schmuseweise „I hab di gern". Das einfache Parteimitglied lobte an seiner Chefin das „hohe Maß an Loyalität, aber auch den kritischen Mut." Als Geschenk brachte Haider einen Wandteppich der Kärntner Künstlerin Kiki Kogelnik mit, der auf goldgelbem Grund blaue Masken zeigt. Die Glückwünsche des Koalitionspartners überbrachte Landwirtschaftsminister Willi Molterer. Riesenapplaus erhielt ÖVP-Altobmann Alois Mock, der sich mehrmals für eine Koalition seiner Partei mit den Freiheitlichen eingesetzt hatte.

Schon zwei Tage nach der Feier ließ Riess-Passer ihre Härte aufblitzen. Anders als Bundeskanzler Wolfgang Schüssel glaubte sie nicht daran, dass die angestrebte Verwaltungsreform nur auf dem Konsensweg zu erreichen sein werde, und sagte das auch in aller Deutlichkeit.

Am 28. März ließ Riess-Passer aber auch eine andere Qualität erkennen, die man mehr und mehr an ihr zu schätzen lernte: Bedachtsamkeit. Sie rief dazu auf, das Reformtempo zu drosseln: „Man soll sich nicht dem Zwang aussetzen, jede Woche eine Reform vorzulegen." ÖVP-Klubobmann Andreas Khol wusste offenbar, wer gemeint war. Das Motto „speed kills" hatte die Koalition zwar nicht umgebracht, ihr aber ein paar saftige Beulen verschafft. Nun trat auch Khol auf die Bremse: „Der erste große Reformstau hat sich aufgelöst."

Unter diesen Reformen befand sich auch das neue ORF-Gesetz. Es wird nicht überraschen, dass sich die Koalitionäre im Stiftungsrat, der das Kuratorium ablöste, die Mehrheit sicherten. Klubobmann Westenthaler hatte sich vorher noch mit dem amtierenden Generalintendanten Gerhard Weis angelegt. Er beschuldigt ihn, durch einen Vertrag mit den Zeitungsherausgebern dem ORF großen Schaden zugefügt zu haben. Mit seiner Forderung nach einer Klage blitzte er in den Parteigremien ab, was ihn erboste. Er bestritt, mit Rücktritt gedroht zu haben. Der Konflikt zog sich bis ins Jahr 2002.

Annus horribile

Königin Elisabeth II. bezeichnete 1992 als „annus horribile", das „schreckliche Jahr". Im März trennte sich Sohn Andrew von Ehefrau Fergie, im April ließen sich Tochter Anne und Mark Phillips scheiden. Am 24. November zerstörte ein Brand einen Teil von Schloss Windsor. Und im Dezember gaben Charles und Diana offiziell ihre Trennung bekannt.

Zehn Jahre später erlebte die „Freiheitliche Partei Österreichs" ihr schreckliches Jahr. Susanne Riess-Passer trennte sich von Jörg Haider, Karl-Heinz Grasser von der FPÖ und bei den Wahlen brannte mehr als die halbe Partei ab.

Was gemeinhin als Knittelfeld und die Folgen bezeichnet wurde, war die Schlacht zwischen Fundis und Realos, sublimiert in einer in der Politik nicht unüblichen Auseinandersetzung um Prioritäten. Oberflächlich ging es um Folgendes: Kann sich die Republik eine Steuerreform und/oder Abfangjäger – noch dazu vor dem Hintergrund eines katastrophalen Hochwassers – leisten? Schüssel und Grasser sahen keine Möglichkeit für eine Steuerreform, vor allem nicht nach dieser Naturkatastrophe – eine Ansicht, der sich Riess-Passer allmählich anschloss. Haider und die Knittelfelder, wie sie später genannt wurden, beharrten auf der Steuerreform auf Kosten der Abfangjäger und wären auch bereit gewesen, neue Schulden zu machen. Schüssel und Riess-Passer gaben dem Flugzeug Priorität, allerdings wurde die Zahl von 24 auf 18 reduziert.

Und so entwickelte sich das Katastrophenjahr Jahr 2002:

Westenthalers Favorit für den Posten des ORF-Informationschefs, Walter Seledec, fiel durch. Westenthaler zog sich in den Schmollwinkel zurück und wurde tagelang weder gesichtet noch gehört. Haider verspottete ihn als „Struwwelpeter mit etwas Seelenleid".

Während die Vizekanzlerin die USA besuchte, unternahm Haider im Februar eine „humanitäre Privatreise" nach Bagdad und traf mit Saddam Hussein zusammen.

Die Vizekanzlerin hatte alle Mühe, diese Reise in den USA zu verniedlichen. Struwwelpeter Westenthaler revanchierte sich: „Der Architekt des Erfolgsprojekts soll die Umsetzung zulassen!" Abgrundtief beleidigt kündigte Haider seinen „endgültigen Rückzug" aus der Bundespolitik an: „Ich bin schon weg!" Riess-Passer brach ihren Aufenthalt in den USA vorzeitig ab, um Haider gut zuzureden und Westenthaler die Struwwelhaare zu waschen. Haider ließ sich überzeugen: „Bin wieder da." Im Koalitionsausschuss allerdings ließ er sich allerdings von Hubert Gorbach vertreten. Riess-Passer wurde mit einer Generalvollmacht belohnt, von der sie umgehend Gebrauch machte: Sie schmiss Infrastrukturministerin Forstinger hinaus.

Im Mai flog Haider neuerlich in den Irak und brachte zwei an Krebs erkrankte irakische Kinder nach Klagenfurt, aus New York lud er 140 Kinder von Opfern des Terroranschlages vom 11. September zur Erholung nach Kärnten ein.

Wehrsprecher Wolfgang Jung brockte seiner Partei wieder eine einschlägige Diskussion ein: Er sei der Nationalität halber Deutscher. Riess-Passers Reaktion: „An der Staatsnation Österreich ist nicht zu rütteln."

Westenthaler begründete seine Entfremdung von seinem ÖVP-Kollegen Khol damit, dass dieser Absprachen über die ORF-Personalpolitik nicht eingehalten habe.

Reinhart Gaugg wollte stellvertretender Generaldirektor der Pensionsversicherung werden, aber im Nationalrat bleiben; Schüssel und Riess-Passer waren dagegen, später wurde ihm der Parteiausschluss angedroht.

Der Bundesparteitag in Wiener Neustadt im Juni sollte als Vorbote von Knittelfeld in die Geschichte eingehen. Haider versuchte, an die Spitze der Partei zurückzukehren, Riess-Passer blockte ab. Haider übte Kritik an der Regierungsarbeit: „Wir haben einiges gutzumachen, was den kleinen Mann betrifft." Riess-Passer wird mit 91 Prozent wieder gewählt.

Im Juli gab es einen Riesenwirbel um ein Treffen Haiders mit Vertretern des belgischen „Vlaams Blok" und der italienischen „Lega Nord". Riess-Passer übte an dem Treffen Kritik. Haider war sauer und kündigt an, die FPÖ im Wahlkampf nicht unterstützen zu wollen: „Ich bin nicht der Klempner." Er nahm seine Drohung wieder zurück, erwartete aber, dass jeder Minister den Kampf gegen die Privilegien verstärke. Und außerdem: „Es gibt ein unbeflecktes Lamm und das ist die Frau Vizekanzlerin."

Im August hatte Affäre Gaugg ein vorläufiges Ende. Er wurde in Klagenfurt von einer Polizeistreife gestoppt, verweigerte aber den Alkotest. Er zog sich aus der Pensionsversicherung und dem Nationalrat zurück.

Haider war wieder deprimiert. Er werde seine Partei im nächsten Wahlkampf nicht unterstützen: „Die bisherige Arbeitsteilung gibt es nicht mehr, dass die Regierung das vornehme Oberhaus spielt und die Kanalräumerbrigade die Schmutzkübelarbeit macht." Er halte nichts von einem Team-Wahlkampf: „Ich werde da nicht herumgschaftéln. Wenn es ganz schlecht ausgeht und die FPÖ aus der Regierung fliegt, erwarte ich, dass sich die Verantwortlichen vertschüssen, weil sie gescheitert wären."

Am 22. August brachte Haider einen Sonderparteitag ins Spiel: Nur ein Parteitag könne den Parteitagsbeschluss über die Steuerreform ändern. Riess-Passer lehnte ab: „Ein Sonderparteitag würde nur über personelle Fragen diskutieren."

Haider stellte seinen totalen Rückzug aus der Politik in Aussicht, wenn es zu keiner Steuerreform komme. Ein paar Tage später: „Ich werde niemanden mehr stören." Eine Wiederkehr sei freilich nicht ausgeschlossen: Nach einer verlorenen Wahl könne er sich als Sisyphus eine Rückkehr an die Parteispitze vorstellen, „um den Stein wieder nach oben zu bringen." Für Grasser gab es böse Worte: „Ein politischer Flachwurzler, der sein Leben lang immer im Wohlstand gelebt hat und daher auch nicht weiß, was es heißt, bescheiden leben zu müssen."

Die Delegiertenversammlung

Ewald Stadler erinnert sich im Gespräch für dieses Buch:

„Haider hat für den 27. August ein paar Leute auf den ‚Sternhof' im Mölltal, das Bauerngut der Familie Scheuch, eingeladen. Soweit ich mich erinnere, waren noch Ursula Haubner, Hilmar Kabas, Martin Strutz, Ernest Windholz, Hans Achatz und Petritz [Anm. d. Autors: Haiders langjähriger Pressesprecher] anwesend. Themen des Gespräches waren die Versäumnisse des Parteitages von Wiener Neustadt, die Idee des außerordentlichen Parteitages, aber auch die Frage der Obmannschaft. Der Antrag auf Einberufung des Parteitags wurde in den Laptop von Petritz diktiert und auf dem Drucker von Scheuch ausgedruckt. Haider hat es noch einmal vorgelesen und wir haben gecheckt, ob alle Punkte, die wir haben wollten, drinnen sind."

In der Folge mussten die Unterschriften von einem Drittel der Parteitagsdelegierten gesammelt werden; am Ende wurde das Quorum beträchtlich überschritten. Stadler berichtet:

„Mir wurde die Aufgabe gestellt, mit der Reputation des Volksanwaltes die Unterschriften zu sammeln und zu beglaubigen. Nach einigen weiteren Gesprächen gab Haider über Kabas die ausdrückliche Anweisung: ‚Den Antrag mit den Unterschriften einreichen.' Ich hatte in dem Prozess nur die Rolle eine Notars."

In der Nacht vom 3. auf den 4. September tagte in Wien der Parteivorstand, um einen Ausweg aus der Krise zu finden. Schon vor Beginn der Sitzung marschierte in der Bundesgeschäftsstelle eine von Stadler geleitete Delegation auf und überreichte den von 380 Delegierten unterschriebenen Antrag auf Einberufung des Sonderparteitages. Man konnte sich nicht einigen. Riess-Passer machte ihren Verbleib als Parteichefin und Vizekanzlerin davon abhängig, dass bis 9. September, dem statutengemäß letzten Termin für die Ausschreibung eines Sonderparteitages, eine ausreichende Anzahl von Unterschriften der Delegierten zurückgezogen werde. Riess-Passer fand prominente Unterstützung: Ihre Stellvertreter Herbert Scheibner, Peter Westenthaler, Hubert Gorbach und die Minister Karl-Heinz Grasser, Herbert Haupt und Matthias Reichhold wollten gleichfalls zurücktreten. Erwähnenswert war, dass sich der Vorstand bis auf zwei Gegenstimmen aus Oberösterreich (Hans Achatz und Karl Wimleitner) einmütig für einen Verbleib in der Regierung aussprach.

Haider nahm an der Vorstandssitzung nicht teil, ließ aber mitteilen, dass er versuchen werde, eine Einigung herbeizuführen. Er werde binnen 48 Stunden alle Delegierten, die für die Abhaltung des Sonderparteitages unterschrieben hätten, zusammenholen – für den 7. September nach Knittelfeld.

Am Vorabend der Delegiertenversammlung trafen einander Riess-Passer und Haider in Obdach, um doch noch einen Kompromiss zu finden. Die beiden arbeiteten ein Papier aus, das im Wesentlichen ohnedies Haiders Position stützte. Riess-Passer zog es vor, nicht nach Knittelfeld zu fahren, sondern nahm an einer Wahlveranstaltung im Burgenland teil.

Der Verlauf der Veranstaltung ist bereits wieder und wieder geschildert worden, vor allem das weitere Schicksal der Vereinbarung zwischen Riess-Passer und Haider. Der Kärntner Landesgeschäftsführer Kurt Scheuch trat auf die Bühne und zerfetzte das Papier demonstrativ. Er hatte offenkundig den als Metapher gebrauchten Befehl: „Zerreiß das in der Luft!", zu wörtlich genommen.

Von den mittlerweile über 400 Delegierten wurde schließlich die „Knittelfelder Vereinbarung" beschlossen, in der jene Bedingungen genannt wurden, unter denen ein Sonderparteitag verzichtbar sei: Einsetzung einer Steuerreformkommission, Bedingungen zur EU-Erweiterung, Verpflichtung von Verteidigungsminister Scheibner, vor einer Steuerreform keine Zahlungen für die Abfangjäger zu leisten, und die Rückkehr Haiders in die Bundesparteigremien. Die Delegierten erklärten auch, „unsere Mitglieder in der Bundesregierung, insbesondere die Frau Vizekanzlerin, in ihrem Bemühen zur Umsetzung des freiheitlichen Regierungsprogramms zu unterstützen".

An der Ausarbeitung der Vereinbarung waren auch die Minister Scheibner und Grasser beteiligt und viele Delegierte schworen Stein und Bein, dass die beiden den

Eindruck erweckt hätten, sie – und auch Riess-Passer – könnten mit den Bedingungen leben. Tatsächlich dürften sie sich nicht als politische Kraftbündel präsentiert haben. Die mittlerweile 400 Unterschriften blieben in der treuhändischen Verwaltung Stadlers.

Am Tag darauf, dem 8. September, traten Riess-Passer, Grasser und Westenthaler zurück, am 9. September kündigte Bundeskanzler Schüssel Neuwahlen an. Stadler ortete hier eine klar Strategie: „Schüssel hat das alles mit Riess-Passer abgesprochen. Die ÖVP hatte schon im August Werbeflächen für Herbst gemietet."

Gekämpft bis zuletzt?

Susanne Riess-Passer wurde von ihren politischen Gegnern und den Medien mit anerkennenden Worten verabschiedet, wie es eine Gegnerin von Jörg Haider erwarten konnte. Aber es war nicht alles leere Lobhudelei: Riess-Passer hatte das Ansehen der FPÖ in der Öffentlichkeit gemehrt.

Die Reaktion ihrer Freunde in der Partei auf Knittelfeld war widersprüchlich: einerseits Bedauern und Lob, andererseits aber auch Kritik, die von: „Selber schuld!", bis hin zu: „Es wäre nicht notwendig gewesen!", reichte. Man trug ihr nach, nicht nach Knittelfeld gefahren zu sein – ein Hauch von Feigheit vor dem Feind.

Unter den Knittelfeldern gab und gibt es differenzierte Meinungen. Hilmar Kabas, keineswegs der Hump oder Dump, zu dem er sich in den Augen der Öffentlichkeit gemacht hatte, sondern in Wirklichkeit ein durchaus kluger politischer Kopf, war einer der führenden Kräfte im Knittelfeld-Prozess. Gut vier Jahre später sagt er über die ehemalige Parteichefin:

„Riess-Passer hatte ein merkwürdiges Verhältnis zur Partei. Sie war immer in der Umgebung Haiders, der Eliten, und war in den Funktionsschichten nicht besonders beliebt. Wie sie Parteiobfrau geworden ist, hat sie es verabsäumt, das Verhältnis zur Partei neu zu ordnen. Sie war nicht eine, die auf die Parteifunktionäre zugegangen ist und es darauf angelegt hat, ihre Sympathie zu gewinnen. Wenn sie in einer Sitzung den Vorsitz führte, telefonierte sie ununterbrochen. Das wollen die Leute nicht. Wenn man drei Stunden den Vorsitz hat, dann muss man sich mit den Leuten auseinandersetzen. In Knittelfeld hat sie die Verantwortung weggeworfen, weil sie sich nicht mit der eigenen Partei auseinandersetzen wollte. Den Parteitag hätte sie aber mit großer Wahrscheinlichkeit gewonnen, wenn sie den Delegierten das erklärt hätte: ‚Schaut, wir haben zwar beim Parteitag in Wiener Neustadt diese Steuerreform beschlossen, einstimmig, samt dem Grasser, aber die ÖVP wollte sie nicht. Und dann ist das Hochwasser gekommen. Wir haben noch keine Ahnung, wie hoch wird der Schaden jetzt wirklich sein. Daher müssen wir das leider jetzt verschieben.' Das hätte jeder eingesehen. Das Gros der Leute hätte gesagt: ‚Das hat schon was für sich!' Riess-Passer hätte sich der Partei stellen müssen. Man muss sich mit den Funktionären, den Trägern der Willensbildung der Partei, auseinandersetzen, aber genau das wollte sie nicht."

Daniela Raschhofer gibt in einem Gespräch für dieses Buch ein anschauliches Bild von der Stimmung in der Partei:

„Viele von uns haben Riess-Passer im Vorlauf von Knittelfeld gesagt: ‚Geh hin!' Einen amtierenden Vizekanzler und Parteivorsitzenden abzuschießen ist nicht ganz so einfach. Aber sie hat immer geantwortet: ‚Was glaubt ihr, wie oft wir die Delegiertenlisten durchgegangen sind und gesehen haben: Das ist nicht zu gewinnen.' Kann sein, dass sie recht hatte, aber ich glaube, eine Parteiversammlung, insbesondere dann, wenn sie sehr groß ist, entwickelt eine eigene Dynamik. Rede und Gegenrede verändern die Befindlichkeit der Leute.

Wie so oft habe ich durch die Funktionäre in meinem Heimatbezirk viel von der Stimmung der Basis erfahren. Auch von der Unterschriftenaktion für Knittelfeld habe ich zuerst von den Funktionären vor Ort erfahren. Ich habe unendlich viele Anrufe bekommen und bin dann der Sache nachgegangen. Das war sehr interessant, denn es stellte sich heraus, dass gewisse Leute gar nicht kontaktiert wurden, andere schon. Man hat also die Mitglieder im Vorhinein ‚ausgesiebt', in pro und contra Knittelfeld oder besser gesagt, in jene, die man leichter oder nicht manipulieren konnte. Helga Moser [Anm. d. Autors: eine oberösterreichische Landtagsabgeordnete] hat die Funktionäre meines Bezirkes angerufen, aber nur einer hat unterschrieben. In guter Absicht, wie mir im Gespräch mit ihm klar wurde. Der Betreffende hat zu mir gesagt: ‚Ich will, dass sie nicht streiten und habe mir gedacht, da kann man einen Kompromiss erzielen.' Ich bin davon überzeugt, dass viele in der Überzeugung nach Knittelfeld gefahren sind: ‚Hinterher geht's wieder gut.' Es gab also einige Drahtzieher, die genau wussten, was sie machten, der Großteil der Parteibasis erwartete aber ein Ende des innerparteilichen Streits."

Riess-Passer begründet ihre Abwesenheit in Knittelfeld so:

„Ich war nicht eingeladen und Haider hat mir gesagt: ‚Du brauchst dir keine Sorgen zu machen. Das erledige ich morgen.' Grasser und Scheibner waren deshalb dort, weil Knittelfeld ja nicht als Revolution deklariert wurde, sondern als Diskussion über Steuerreform und Abfangjäger, und die beiden waren die zuständigen Minister. Ich war am Vorabend mit Haider in Obdach, da haben wir einen genauen

Ablauf der Veranstaltung vereinbart, genau, wie das ablaufen soll, mit Handschlag, haben schriftlich das Papier gemacht, aber es war halt dann ganz anders."

„Bei allem Respekt: Sie haben den Haider und seinen Umgang mit Zusagen doch schon lange gekannt."

„Ich habe ja nicht gesagt, dass ich es geglaubt habe. Deshalb wollte ich es schriftlich haben, denn auf mündliche Vereinbarungen vertraute ich nicht mehr. Es war ausgemacht: Haider spricht als Erster und sagt: ‚Ich habe gestern Abend mit der Susanne eine Lösung gefunden.' Diese Lösung hätte mehr sein Gesicht gewahrt, denn die einzige Bedingung, die ich in dem Papier gestellt hatte, war die, dass sie [Anm. d. Autors: die Delegierten] die ständige öffentliche Kritik an der Regierungsmannschaft bedauern und sich zum Regierungsprogramm bekennen. Ansonsten war alles darauf abgestellt, seine Position darzustellen."

„Ich habe den Eindruck, dass Sie nicht wirklich zum Kampf entschlossen waren."

Dies wehrt Riess-Passer sehr energisch ab: „Doch, ich habe gekämpft bis zuletzt, darauf lege ich großen Wert. Aber in Knittelfeld war nichts mehr zu machen."

Haider erinnert sich

Haider sagt heute, dass es für die Ablehnung der von Riess-Passer erwähnten Bedingung einen wichtigen Grund gegeben habe: „Die in der Präambel festgehaltene Feststellung, dass Kritik an der Arbeit der Regierung parteischädigend ist, war brandgefährlich, was wir zuerst übersehen hatten. Deshalb wollten Scheuch oder Kabas das Abkommen nicht unterzeichnen." Man habe die Formulierung also wieder herausgenommen: „Das war aber auch schon alles, alles andere wurde beschlossen, wie es abgesprochen war." Auch Haider übt Kritik daran, dass Riess-Passer nicht nach Knittelfeld gekommen war: „Es wäre ihr kein Stein aus der Krone gefallen, wenn sie statt zu einer Bezirksversammlung in Burgenland nach Knittelfeld gekommen wäre, wo es um die Linie der Partei gegangen ist."

Haider hatte sich schon nach Knittelfeld in mehr oder weniger dunklen Andeutungen ergangen. In dem Gespräch für dieses Buch, das einen Tag nach seiner Aussage vor dem Eurofighter-Untersuchungsausschuss geführt worden ist, sagt er: „Damals sind wir kritisiert worden, weil wir diese komische Abfangjägerpriorität nicht akzeptiert haben. Heute macht man einen Untersuchungsausschuss, um die zu kriminalisieren, die uns kritisiert haben. Zumindest für die Kanzlerpartei muss diese Abfangjägergeschichte so wichtig gewesen sein, dass sie die Regierung in die Luft gesprengt hat – nachdem sie sich versichert hat, dass ein paar Spieler von uns wegzubrechen waren und dass einer dabei war, der eine entscheidende Rolle bei der Typenentscheidung gespielt hat."

Haider meint den damaligen Finanzminister Karl-Heinz Grasser.

Warum es schiefgegangen ist

Zweimal war die FPÖ (BZÖ) an der Regierung beteiligt, zweimal ist es schiefgegangen. Die Erklärung für das Scheitern der rot-blauen Koalition liegt auf der Hand: Die schwächliche Vorstellung der FPÖ-Regierungsriege bedrohte die Existenz der Partei; Haider rettete die Partei, indem er die Regierung opferte.

Die Frage, warum Schwarz-Blau gescheitert ist, wird seit Jahren von Psychoanalytikern, Politikern und sonstigen Adabeis tiefsinnig erörtert. Ich weiß keine Antwort, aber an dieser Stelle sollen Berufenere zu Wort kommen, die mir ihre Antworten diktiert haben.

Susanne Riess-Passer

„Die Partei war inhaltlich, oder besser gesagt psychologisch bzw. emotionell nicht vorbereitet. Wir hatten eine Funktionärsgeneration, die nichts anderes kannte, als dem Wählern gute Botschaften zu überbringen. Die große Ernüchterung nach dem Regierungseintritt war mehrfach: Erstens schwächte sich der mediale Gegenwind im In- und Ausland nicht nur nicht ab, sondern er nahm sogar noch zu. Zweitens waren die Funktionäre in den Ländern und Gemeinden überwiegend nach wie vor in der Opposition und wurden daher auch kein bisschen besser behandelt als zuvor. Und drittens mussten sie sich auch noch rechtfertigen für Maßnahmen der Regierung, die nicht immer populär waren.

Es hätte auch nur funktionieren können, wenn die Partei die Regierungsarbeit generell aus Überzeugung mitgetragen hätte. Und das wiederum hätte vorausgesetzt, dass auch Haider sich voll dazu bekennen hätte müssen. Bei den populären Initiativen hat das auch wunderbar geklappt. Wenn es schwierig wurde, naja, das ist ja bekannt.

Haider selbst hat in der Vorstandssitzung am 2. Februar 2000, als wir das Regierungsprogramm beschlossen haben, glasklar analysiert, dass wir bei einem Regierungseintritt kurzfristig ein Drittel unserer Wähler verlieren würden, aber mittel- und langfristig die Chance hätten, neue Wählergruppen anzusprechen. Aber es ist das eine, von Wahlniederlagen zu reden, es ist etwas anderes, sie auch tatsächlich zu erleben. Als es nach 13 Jahren zum ersten Mal einen Wahlabend ohne FPÖ-Sieg gab, und vier Monate später wieder einen, hat die Partei das sehr schwer verkraftet. Wir [Anm. d. Autors: die Regierung] haben die ständige Verunsicherung nicht wirklich in den Griff bekommen. Ich hatte die Glaubwürdigkeit noch nicht, da ich noch keine Wahl gewonnen hatte. Sobald die Zweifler den Eindruck gewonnen hatten, Haider selbst zweifelt auch, war die Unsicherheit nicht mehr zu bremsen. Als sie das Gefühl hatten, Haider, distanziert sich von manchen Entscheidungen in der Regierung, sind alle Dämme gebrochen."

Nicht gelten lässt Frau Riess-Passer die in der FPÖ – auch von Haider – verbreitete Ansicht, die ÖVP habe die FPÖ zu Tode umarmt:

„Das ist eine besonders dumme Dolchstoßlegende. In einer Koalition muss man Kompromisse finden. Die FPÖ war gewöhnt, 100 Prozent, wenn nicht 110 Prozent von allem zu fordern. Die FPÖ hat es nicht verstanden, das, was wir erreicht haben, die 50 oder 60 Prozent, als Erfolg zu verkaufen. Das konnte die ÖVP perfekt. Wir haben uns mit durchaus ansehnlichen Erfolgen selbst kaputt gemacht, weil wir immer viel mehr wollten. Aus dem Dilemma bin ich nie herausgekommen."

Jörg Haider

Die Frage an Jörg Haider lautete:

„*Sie haben drei Regierungen ruiniert: Rot-Blau, Rot-Schwarz, Schwarz-Blau. Zufrieden mit der Bilanz?*"

Die Feststellung, er habe Rot-Blau und Rot-Schwarz ruiniert, nimmt er mit dem Schnurren des Katers zur Kenntnis, der eben den Kanari verspeist hat. Schwarz-Blau aber will er nicht vernichtet haben. Der Sturz der Koalition Schüssel/Riess-Passer sei erfolgt, um unter den nun zu klärenden Umständen den Ankauf der Eurofighter durchzusetzen. Ansonsten äußert sich Haider in dem Gespräch über seine Haltung zur Regierung eher gedämpft und wortkarg. Sabotiert habe er sie jedenfalls nicht:

„Man sagt, ich habe gestört. Ich habe nicht gestört. Ich hatte als Landeshauptmann eine Region zu vertreten und das habe ich getan. Wenn sich heute Pröll, Voves oder Burgstaller zu Wort melden, schreibt kein Mensch, die stören schon wieder, wie sie es beim Haider getan haben. Wenn es notwendig war, wie bei der Besteuerung der Unfallrenten, habe ich eingegriffen. Später hat Riess-Passer selbst zugegeben, dass das [Anm. d. Autors: die – später reparierte – Besteuerung der Unfallrente] ein Fehler war."

„Man sagt, Sie hätten Jörg Haider am ausgestreckten Arm verhungern lassen und solcherart ruiniert."

„Ich sehe das anders: Meine Aufgabe als Bundeskanzler war es, die Regierung flott zu halten und sich nicht durch Zwischenrufe irritieren zu lassen, so sehr diese im Einzelfall etwas für sich gehabt haben mögen. Haider, und das war legitim, hat darauf geschaut, dass sein Projekt – er wollte beweisen, dass die FPÖ regieren kann – gut rennt, und wenn er Sorgen gehabt hat, dass das eine oder andere nicht so gut läuft, war es legitim, dass er das gesagt hat. Wir haben oft und vertrauensvoll und gut miteinander geredet und deshalb werden sie von mir nur ausgewogenen Statements hören."

„Auch zu Knittelfeld?"

„Bis Knittelfeld hat die FPÖ nur ein Drittel verloren, nach Knittelfeld war alles anders. Man muss in der Politik Nerven behalten. Die These, die Regierung hat die FPÖ zertrümmert, ist falsch. Es war auch nicht der Personalmangel, der die FPÖ aufgerieben hat, die haben hervorragende Leute gehabt; Riess-Passer, Grasser, Westenthaler, Scheibner, Haupt, Haubner, Gastinger, die können sie in jedes Kabinett aufnehmen."

Und zum Schluss des Gesprächs präsentiert Wolfgang Schüssel den Jammer des Dritten Lagers in der Nussschale:

„Einer der Hauptmängel des Dritten Lagers ist der mangelnde Zusammenhalt. Das sind lauter Monaden, Einzeller, die Monade Thomas Prinzhorn, die Monade Max Walch, den ich liebe, den hätte ich gern bei mir im Klub gehabt, die Monade Herbert Haupt, der wirklich ein Original ist. Das Dritte Lager hat große Begabungen, die könnten viel bewirken, aber wenn sich das gegeneinander richtet, ist es paralysiert."

Spaltung einer Partei – Knittelfeld und seine Folgen

Ein Nachfolger für Riess-Passer

Nach ihrem Rücktritt als Bundesparteiobfrau übergab Riess-Passer die Geschäfte an ihren Stellvertreter Herbert Scheibner. Für den 21. September wurde ein Sonderparteitag im burgenländischen Oberwart einberufen. Nach einer kurzen resignativen Phase – er fühle sich nach dem Desaster von Knittelfeld, das seinem Bekunden nach ein Versöhnungsversuch gewesen sei, nicht als geeigneter Kandidat – erklärte sich Haider doch zu einer Kandidatur bereit und blies umgehend ins Signalhorn: „Es wird meine Aufgabe sein, gemeinsam mit dem Spitzenkandidaten, meinen Freunden und Funktionären jene Dynamik zu entwickeln, dass nicht wieder rot-schwarze Verhaltensweisen kommen." Der angesprochene Spitzenkandidat war Herbert Haupt.

Drei Tage später, am 13. September, war alles wieder anders: Er werde nicht kandidieren. Möglicherweise störte ihn, dass Verteidigungsminister Scheibner sich nur sehr halbherzig vom Euro-Fighter distanzierte. Jedenfalls nannte Haider als Grund die Beschaffung der Abfangjäger: „Die bisherigen Mitglieder und die sie umgebenden Lobbys und Interessensgruppen haben nun die Möglichkeit, ihre Linie in der Gesamt-FPÖ durchzusetzen und einen für die ÖVP maßgeschneiderten Koalitionspartner darzustellen."

Aber bei Haider ist selten etwas endgültig, schon gar nicht in seinen resignativen Phasen. Man konnte nie sicher sein, ob er auf tatsächliche oder von ihm vermutete Ereignisse rational oder irrational reagieren würde. Zwei Tage später machte Haider für seinen Rücktritt von der Kandidatur nämlich nicht mehr die bekannten politischen Waschlappen in seiner Partei verantwortlich, sondern einen unbekannten Erpresser. Er teilte der Öffentlichkeit mit: „Ich weiche der Gewalt!" Am 13. September sei ein Mann auf ihn zugegangen und habe ihm gedroht: „Herr Dr. Haider, behindern Sie den Kauf der Abfangjäger nicht und passen Sie auf ihre Familie auf!" Die Reaktion der politischen Öffentlichkeit reichte von Skepsis über unverhüllten Unglauben bis hin zu besorgtem, verständnislosem Kopfschütteln. Es dürfte nur wenige gegeben haben, die Haiders Behauptung zum Nennwert genommen hatten.

Immerhin hatte die Partei in der Person von Matthias Reichhold einen neuen Obmann-Kandidaten. Der Kärntner Reichhold, ein treuer Knappe Haiders, war von seinem Ritter zwischen Klagenfurt, Wien und Brüssel von einem Job zum anderen gehetzt worden. Am 21. September wurde Reichhold in Oberwart mit 92 Prozent der Stimmen zum Obmann der FPÖ gewählt; die Massenrücktritte machten auch die Neuwahl der Stellvertreter-Riege notwendig: gewählt wurden Haupt (96 Prozent), Magda Bleckmann (81 Prozent), Thomas Prinzhorn (72 Prozent) und der oberösterreichische Arbeitnehmervertreter Max Walch, der zu einem der populärsten und auch von politischen Gegnern geschätzten FPÖ-Politiker wurde.

Haider verschaffte dem Neuen keinen besonders guten Start: Er brüstete sich damit, dass Reichhold dank seiner, Haiders, Unterstützung gewählt worden sei. Das war in der in Knittelfelder und Anti-Knittelfelder gespaltenen Partei nicht unbedingt hilfreich und so wiederholte Reichhold in seiner Parteitagsrede mehrmals: „Ich bin keine Marionette."

Am 31. Oktober trat Reichhold wegen einer Herzerkrankung als Bundesparteiobmann zurück; die Besorgung der Geschäfte übertrug er Herbert Haupt.

Anfang November hatte Haider eine aktive Phase. Er warf Riess-Passer, Grasser und Westenthaler vor, sie hätten sich nur die Taschen vollgestopft, stünden im Wahlkampf aber abseits. Auch erging sich neuerdings in dunklen Andeutungen, dass die drei beim Abfangjäger-Geschäft die Hand aufgehalten hätten, und fuhr wiederum in den Irak.

Am 5. November kam es zum Fernsehduell Schüssel gegen Haupt. Die Diskussion endete für den designierten Obmann und seine Partei katastrophal. Haupt demonstrierte, was den Blauen die jahrelangen Kampfrufe gegen die EU-Osterweiterung, insbesondere gegen den Beitritt Tschechiens wegen Temelin und der Beneš-Dekrete wert waren – gar nichts, wenn man dadurch aus der Regierung flog.

Haupt erklärte seinem Kontrahenten, dass die FPÖ nach dem derzeitigen Stand der Verhandlungen der Ost-Erweiterung nicht zustimmen werde. Schüssels Reaktion: „Damit das klar ist, Sie nehmen sich aus dem Spiel." Das Veto wäre auch ein Bruch des gemeinsamen Regierungsprogramms: „Dort steht nichts drin von Beneš-Dekreten."

Haupt erkannte sofort die Gefahr und zog sich auf allgemeine Floskeln zurück.

Ungeachtet dessen setzte die FPÖ ihre Kampagne gegen die EU-Erweiterung fort, die Praxis sah jedoch anders aus: Am 9. Juli 2003 stimmte der österreichische Nationalrat einstimmig – also auch mit den Stimmen der freiheitlichen Abgeordneten – zu.

Die Freiheitlichen hatten von Anfang an die Entschlossenheit des Koalitionspartners unterschätzt, die EU-Erweiterung durchzubringen – trotz Temelin, trotz der Beneš-Dekrete. Allerdings stand Schüssel wegen des Atomkraftwerkes Temelin, in dem dann eine Panne nach der anderen passieren sollte, selbst unter innerparteilichem Druck. Ihm war aber klar, dass die Tschechen zu nichts zu zwingen waren, und er setzte auf Verhandlungen. Im November 2001 wurde der sogenannte „Melker Prozess" in Kraft gesetzt. Die Tschechen erklärten sich bereit, weitere Sicherheitsmaßnahmen zu treffen; Österreich behielt sich bis zum Wirksamwerden dieser Vorkehrungen die Zustimmung zum Energie-Kapitel der Erweiterungsverträge offen. Haider und seine Gefährten erkannten in ihren Oppositionsfantasien nicht, dass Melk für sie die Chance barg, unter Wahrung des Gesichts einen realistischeren Kurs einzuschlagen. Eine Kampagne gegen ein Atomkraftwerk und Tschechien schien ihnen ein für die Wahlen vielversprechendes Populismuspotenzial zu enthalten. Erstaunlicherweise hatten sie aus ihrem Debakel bei der Volksabstimmung zu Österreichs EU-Beitritt nichts gelernt.

Niemand hat unter der Schizophrenie der freiheitlichen Europa-Politik mehr gelitten als Daniela Raschhofer. Die aus einer traditionell freiheitlichen Innviertler Familie stammende Politikerin kam 1996 ins EU-Parlament, 1999 war sie Spitzenkandidatin. Je länger Raschhofer in Brüssel und Straßburg arbeitete, desto mehr entfernte sie sich von der Partei. Sie litt mehr noch als ihre Kolleginnen und Kollegen der anderen Parteien darunter, dass die europäische Politik nach der innenpolitischen Brauchbarkeit bewertet wurde:

„Ich habe oft versucht, auf Entwicklungen in Brüssel aufmerksam zu machen, meist vergeblich. Im politischen Alltag vor Ort ist man näher dran und sieht die Auswirkungen auf die nationale Politik und die parteipolitische Positionierung oft früher. Interesse für europäische Politik gab es dann, wenn ein Thema in Österreich bereits für die Medien relevant wurde. Zwei Kernthemen der FPÖ waren die Beneš-Dekrete und Temelin. Auch da kann man einen Maximalstandpunkt vertreten oder schauen, was durchsetzbar ist. Die Junktimierung der Erweiterung mit den Beneš-Dekreten war falsch. Davon bin ich nach wie vor überzeugt. Ich habe folglich die Parteilinie verlassen und damit den Sündenfall par excellence begangen. Im Konflikt zwischen Parteiloyalität einerseits und der Inanspruchnahme der Freiheit meines Mandats andererseits war ich sehr zerrissen. Ich erinnere mich an eine Situation sehr genau. Am Dienstag war Ministerratsitzung, in der die Regierung der Erweiterung zugestimmt hat, und am Mittwoch war die Abstimmung in Brüssel. Ich habe Haupt am Telefon gesagt: ‚Du kannst doch nicht allen Ernstes von mir erwarten, dass ihr in der Regierung am Dienstag dafür stimmt und ich am Mittwoch in Brüssel dagegen.'"

Die Haltung der FPÖ zu Temelin war nicht weniger unrealistisch als die zu den Beneš-Dekreten, was auch Raschhofer so sieht: „Ich habe gesagt: ‚Ihr könnt doch den Leuten nicht versprechen, dass Temelin zugesperrt wird, weil ihr die Schließung in Brüssel nicht durchsetzen könnt.'"

Am 8. November passierte Unerhörtes: Bundeskanzler Schüssel forderte Grasser auf, in sein „Kompetenzteam" überzuwechseln, am 12. November sagte Grasser zu und stellte seine Parteimitgliedschaft ruhend. In der FPÖ herrschte Bestürzung, Haider – und nicht nur er – sprach von „Verrat". Schüssel hatte wieder einmal seinem Ruf als abgefeimter politischer Fuchs alle Ehre gemacht: Die Kaperung des Musterschwiegersohns der Nation war ein Geniestreich.

Am 24. November machte Schüssel die ÖVP nach langen, langen Jahren wieder zur stärksten Partei. Sie erhöhte ihren Mandatsstand von 52 auf 79; für die FPÖ ging es im freien Fall nach unten: Sie sackte nach der Auszählung der Wahlkartenstimmen von 52 Mandaten auf 18 ab, der Stimmenanteil sank auf 10,6 Prozent. Das waren weit größere Verluste, als Haider sie als Preis für die Regierungsbeteiligung genannt hatte – er war 1999 davon ausgegangen, dass von den 27 Prozent mindestens 20 Prozent übrigbleiben würden. Bei allen Gefahren und Unwägbarkeiten, Meinungsumfragen und Wahlergebnisse miteinander zu vergleichen – unter 20 Prozent war die FPÖ bis Knittelfeld in Riess-Passers Regierungstagen nicht gefallen.

Haupt entschuldigte sich bei den Mitgliedern und Funktionären, vor allem aber bei den Wählern für den schlechten Wahlausgang: „Streit und gegenseitige Kränkungen waren ausschlaggebend dafür."

Am 25. November kann wieder die Stricherlliste gezückt werden: Haider kündigt seinen Rücktritt als Landeshauptmann an. Der resignativen Phase folgte umgehend eine aktive: Er ließ sich von seinen Parteifreunden überreden zu bleiben.

Nach der Wahlkatastrophe reagierte die Parteiführung panisch. Grasser, Westenthaler und der Ex-Abgeordnete Haigermoser wurden aus der Partei ausgeschlossen, auch einzelne Landesparteiorganisationen sprachen Ausschlüsse aus. An der Basis ernteten die Parteigranden dafür keinen Applaus, im Gegenteil. Haupt, der in dieser heiklen Situation offenbar der richtige Mann in der richtigen Funktion war, reagierte blitzschnell und richtig: Er hob die Ausschlüsse mit sofortiger Wirkung auf („Ich denke nicht daran, eine Blutspur durch die Partei zu ziehen") und lud alle – auch Riess-Passer – zum außerordentlichen Bundesparteitag für den 8. Dezember nach Salzburg ein.

Ganz hatte Haupt die Partei freilich nicht im Griff: Die Landesparteien Salzburg (Obmann Schnell) und Niederösterreich (Windholz) nützten die Gelegenheit, um es ihren alten Rivalen und Kritikern Haigermoser und Hans-Jörg Schimanek heimzuzahlen und wohl auch vom desolaten Zustand ihrer Organisationen abzulenken.

Haigermosers Ausschluss erfolgte wegen eines kritischen Aufsatzes in einer Zeitschrift des „Lucona"-Aufdeckers Hans Pretterebner, in dem es zur Lage nach Knittelfeld einleitend in Anlehnung an ein Zitat von Kurt Tucholskys hieß: „Auch abertausende Herzensfreiheitliche suchen zurzeit die Seele, die politische Seele, die weltanschauliche Seele."

Haigermoser ist ein Beispiel dafür, wie man in der FPÖ mit Leuten umgeht, die der Parteispitze unangenehm werden. Der Kaufmann aus Elsbethen, der nicht von oben und von der Seite eingestiegen war, sondern eine schon als Kind begonnene Ochsentour absolviert hat, hatte ein Mundwerk wie ein Scherenschleifer, wie seine politischen Gegner nur allzu oft erfahren mussten; aber er ließ sich auch von den Parteifreunden nichts gefallen und sagte, was notwendig war. Haigermoser kannte seine Pappenheimer: „Die Freiheitlichen waren immer schwierige Menschen. Querköpfe, nicht leicht zu handhaben, aber wenn es um etwas gegangen ist, waren sie da."

Nach Bekanntwerden der Parteiausschlüsse erklärte übrigens auch Georg Mautner-Markhof den Austritt aus der FPÖ.

Ende November trat – mitten in die Vorbereitungen für den Parteitag – der ehemalige Klubobmann Norbert Gugerbauer auf den Plan. Es sei in dieser kritischen Phase der Partei notwendig, für die Parteispitze eine Teamlösung zu suchen; er sei bereit, seinen Beitrag zu leisten. In der Amtspartei machte sich Angst vor einem Putsch breit, Haider und Haupt waren alarmiert, in der augenblicklichen Stimmung war Gugerbauer kein zu unterschätzender Gegner, aber der zuckte zurück:

„Ich glaube, dass die FPÖ zum jetzigen Zeitpunkt noch nicht so weit ist, dass sie sich wirklich von der Person des Kärntner Landeshauptmanns inhaltlich und auch personell emanzipiert. Ich habe, ehrlich gesagt, wenig Glück gehabt, für diese Überlegungen Persönlichkeiten zu finden, die das mittragen."

Der Parteitag verlief dann ohne Zwischenfälle, aber Gerüchte hatte es bis zuletzt zuhauf gegeben. Haupt wurde mit 88 Prozent der Delegiertenstimmen gewählt, kein übles Ergebnis in Anbetracht der Zerrissenheit der Partei.

Im Jahr 2003 setzte die FPÖ den Weg in den Abgrund unverdrossen fort. Das politische Vehikel waren nicht mehr Steuerreform und Abfangjäger, sondern die Pensionsreform, derentwegen Haider einen pausenlos Kleinkrieg gegen Herbert Haupt führte.

Das Jahr hatte mit der Gründung des „Club Jörg" durch Ewald Stadler begonnen, in dem sich die Knittelfelder Anhänger des Bärentalers gegen die Anti-Knittelfelder sammeln sollten. Haider dementierte ein in diesem Zusammenhang aufgetauchtes Gerücht, eine eigene Partei zu gründen, drohte aber schon ein paar Wochen später mit der Sezession der Kärntner Landes-FPÖ und einem eigenen Kärntner FPÖ-Klub im Nationalrat.

Haider ließ an seinen Ambitionen keinen Zweifel: Er wollte selbst wieder die Partei übernehmen und auch Bundeskanzler werden, wie er auch am 27. Mai unterstrich: „Das ist kein Traum, sondern in Anbetracht der Politik von Schüssel eine Notwendigkeit." Am 17. September sollte es dann heißen: „Ich verspüre keinen wirklichen Drang, wieder Bundesparteiobmann zu werden." Er warf Haupt vor, eine per Handschlag getroffene Vereinbarung, dass er [Haider] im Herbst wieder Parteiobmann werde, nicht einhalten wolle. Haupt richtete Haider am 29. Juni kühl aus: „Die Entscheidung [Anm. d. Autors: über einen Führungswechsel] liegt bei mir. Ich lasse mich nicht mobben."

Für Haupt waren es schwere Wochen und Monate. Er hatte einen Zweifrontenkrieg zu führen, denn er sah sich scharfen Angriffen und Massendemonstrationen seitens des ÖGB gegen die Pensionsreform ausgesetzt. Und Haider versuchte auch noch andere Verbündete zu gewinnen: Am 9. Mai traf er den SPÖ-Vorsitzenden Alfred Gusenbauer zum legendär gewordenen Spargelessen in Gleisdorf, um sich mit ihm über die Pensionsreform zu unterhalten. Gusenbauers Beschreibung seines Treffens mit dem Erzfeind: „Ein Probelauf." So viel Harmonie zwischen Gusenbauer und einem Spitzen-Blauen gab es erst wieder 2007, als der SPÖ-Chef und Bundeskanzler Verständnis für die wehrkampfsportlichen Jugendaktivitäten des FPÖ-Obmann Straches äußerte.

Nach katastrophalen Niederlagen der FPÖ bei den Landtagswahlen in Oberösterreich (vier statt zwölf Mandate) und Tirol (zwei statt sieben Mandate) errang Haider einen Teilsieg über Haupt: Hubert Gorbach löste Haupt als Vizekanzler ab, Ursula Haubner, die Schwerster Haiders, wurde geschäftsführende Obfrau; Haupt blieb Obmann und Sozialminister.

Strache wird aufmüpfig

Im Jahr 2004 fanden vier für die Zukunft der FPÖ wichtige Wahlen statt. Am 6. März wurde Heinz-Christian Strache als Nachfolger von Hilmar Kabas zum Obmann der Wiener FPÖ gewählt; einen Tag später feierte Jörg Haider bei den Kärntner Landtagswahlen einen Triumph; am 13. Juni erlitt die FPÖ bei den Wahlen in das Europäische Parlament eine Schlappe und am 3. Juli wurde Ursula Haubner zur Nachfolgerin von Herbert Haupt als Bundesparteiobfrau der FPÖ gewählt. Es war der letzte Bundesparteitag vor der Abspaltung des BZÖ.

FPÖ-Bundesparteiobmann Haupt sprach nach der Wahl Straches, der angesichts der Verwerfungen im freiheitlichen Lager mit 84,6 Prozent achtbar abgeschnitten hatte, von einer „harmonischen Übergabe", aber schon wenig später war diese Harmonie schon wieder getrübt. Klubobmann Herbert Scheibner erreichte nicht die vorgeschriebenen 50 Prozent und flog aus dem Vorstand.

Üblicherweise hätte man bei Straches Ergebnis nicht von 84,6, sondern von gerundeten 85 Prozent gesprochen. Aber genau auf diese 0,4 Prozent sei es angekommen, erzählt der spätere Wiener BZÖ-Vorsitzende Günther Barnet:

„Es war vereinbart, einen Parteivorstand zu wählen, in dem sich alle Seiten [Anm. d. Autors: Knittelfelder und Anti-Knittelfelder] vertreten fühlen. Diese Vereinbarung besagte auch, dass Strache 85 Prozent bekommen sollte. Wir [Anm. d. Autors: die Anti-Knittelfelder] haben gesagt, dass wir diesen Prozentsatz nicht garantieren könnten, weil wir von anderen Delegierten wüssten, dass sie Strache nicht wählen würden. Tatsächlich haben diese 0,4 Prozent gefehlt. Daraufhin haben Straches Jünger – Martin Graf, Michael Kreißl, Wolfgang Jung und Harald Stephan – die Parole ausgegeben: Jetzt lassen wir die anderen durchfallen."

Am Tag danach, am 7. März, wählte Kärnten einen neuen Landtag. Haider erwies sich wiederum als unvergleichlicher Wahlkämpfer: Die FPÖ gewann noch 0,4 Prozent an Stimmen, wenn auch nicht an Mandaten (16) dazu und blieb mit Abstand die stärkste Partei. Am gleichen Tag löste bei den Salzburger Landtagswahlen die SPÖ die ÖVP als stärkste Partei und Gabi Burgstaller als Landeshauptfrau Franz Schausberger ab. Für die FPÖ gab es – angesichts des desolaten Zustandes der Schnell-Partei vermutlich verdiente – Prügel: drei statt sieben Mandaten.

Die EU-Wahlen am 13. Juni endeten hingegen mit einer schweren Niederlage. Der offizielle Partei-Kandidat Hans Kronberger wurde durch Andreas Mölzer, der einen Vorzugsstimmenwahlkampf geführt hatte, gekippt. Von fünf EU-Mandaten war eines geblieben.

Obmann Haupt bat um Vertrauen für die FPÖ, seine Geschäftsführerin Haubner sprach sich gegen eine Personaldiskussion aus. Strache sprach Klartext: Neubeginn und eine totale Regenerierung seien nötig. Am 15. Juni beschloss der Parteivorstand die Ablöse Haupts durch Haubner bei einem Parteitag am 3. Juli.

Am 18. Juni schied Böhmdorfer aus dem Amt, am 25. Juni kam Karin Miklautsch. Strache, der nach seiner Wahl zum Wiener Landtagsobmann mehr und mehr aufmüpfig wurde, nannte das „einen ersten Schritt, einen ersten Generationswechsel", aber: „Das kann doch nicht alles sein." Das fand auch Haubner: „Das derzeitige Modell – Parteichefin Haubner, Vizekanzler Hubert Gorbach, Konsulent Jörg Haider – ist nicht das Führungsmodell der Zukunft."

Am 28. Juni wurde der FPÖ-Kandidat Josef Moser, ÖBB-Manager und ehemalige Klubdirektor, vom Nationalrat zum Rechnungshofpräsidenten gewählt und Volksanwalt Stadler kündigte an, dass er beim Parteitag zum stellvertretenden Bundesparteiobmann gewählt werden wolle. Strache fand böse Worte für Moser: „Es entspricht nicht meinem sozialen Gewissen, einen Gagenkaiser in den Rechnungshof zu entsenden."

Haider wiederum hatte an Stadlers Ankündigung etwas auszusetzen: „Wir brauchen kein System von Taliban und Fundamentalisten."

Das zu sein, bestritt Stadler am 3. Juli beim Bundesparteitag in Linz: „Ich vertrete hier keinen Flügel, ich vertrete keinen Geschichtsverein und ich bin kein Taliban – ich bin ein Freiheitlicher." Haubner wurde mit 79 Prozent zur Parteiobfrau gewählt, ihre Stellvertreter wurden der Oberösterreicher Steinkellner (70 Prozent) und Heinz-Christian Strache (75 Prozent).

Stadler hatte auf seine Kandidatur verzichtet. Er war mit der Leitung der „Freiheitlichen Akademie" abgefunden worden, ein durchaus einflussreiches Amt, weil mit vielen öffentlichen Geldern verbunden.

Herbert Haupt (geboren 1947), der in Linz von Ursula Haubner abgelöst wurde, hatte die Partei in schwerer Zeit übernommen. Er war ohne zu zögern eingesprungen, nachdem Riess-Passer-Nachfolger Reichhold 2002 nach wenigen Wochen zurückgetreten war.

Haupt hatte als Sozialsprecher seiner Partei einen guten Ruf; seine Bilanz als Sozialminister ist umstritten. Wolfgang Schüssel sagt, Haupt habe mehr erreicht als viele seiner Vorgänger. Für die politisierende und die schreibende Klasse war Haupt hingegen ein schrulliger Chaosminister.

Faktum ist, dass Haupt tatsächlich mehr zustande gebracht hat als viele seiner Vorgänger. Das trifft auch für die Pensionsreform zu, die er unter schwierigsten Bedingungen durchgesetzt hatte, gegen den erbitterten Widerstand der Gewerkschaften – und seiner eigenen Parteifreunde. Es stimmt auch, dass der Verfassungsgerichtshof viel auszusetzen hatte, aber dabei ist zu berücksichtigen, dass die Materie ungeheuer kompliziert ist, dass selbst die legistisch versierten Beamten im Sozialministerium nicht alles vorhersehen konnten. Auch für Behinderte hat er viel getan und erreicht.

Es war von Haupt ein Fehler, sich von Haider in die Rolle des Vizekanzlers drängen zu lassen, der ständig in der Öffentlichkeit präsent sein muss. Haupt war kein Mann fürs Fernsehen. Er hat später die Patenschaft für ein Nilpferd im Schönbrunner Tiergarten übernommen, weil es sein Wappentier sein könnte. Ein Stück Selbstironie, das man so manchem Standlbesitzer am Jahrmarkt der politischen Eitelkeiten gewünscht hätte.

Sein wichtigstes Handicap war seine Sprache. Er leide, so wurde gesagt, als Folge seiner unheilbaren Hepatitis C an Sprachstörungen, die ihn akustisch schwer verständlich machten. Er verschärfte dieses Handicap dadurch, dass er in unentwirrbaren, langen Sätzen sprach, die er oft auch mit der bald berühmten Floskel „in aller Klarheit" einleitete.

Herbert Haupt diente Haider überall, wo er eingesetzt wurde: im Nationalrat, im Sozialministerium, als Dritter Nationalratspräsident, aber auch als Vizekanzler und als Parteiobmann. Aber man weiß, was Haider auch mit den Treuesten der Treuen macht, wenn er sie nicht mehr braucht oder glaubt, sie stünden ihm im Weg.

Wie so oft bei Haider setzte er sich dadurch ins Unrecht, dass er an sich richtige Lösungen mit unsauberen Mitteln durchzusetzen versuchte. Auch in der FPÖ hatte sich bald die Meinung durchgesetzt, dass in der unglückseligen Tele- und Medienkratie Haupt in so exponierter Stellung eine Belastung war. Die kurz nach seiner Wahl zum Obmann einsetzende Kampagne, ihn loszuwerden, empfand er, es wurde in der Chronologie des Jahres 2003 erwähnt, als Mobbing – und er ließ Haider lange Zeit auflaufen, was dessen Laune naturgemäß nicht verbesserte.

Nach seiner Ablöse als Vizekanzler und Parteiobmann blieb er Sozialminister, obwohl Haider das Ressort gerne für seine Schwester requiriert hätte. Aber auch da stellte sich Haupt taub: Er wollte noch die Pensionsharmonisierung verwirklichen. Sein Lieblingsprojekt war das Bundestierschutzgesetz, dass er gegen erheblichen Widerstand der ÖVP durchsetzte.

Herbert Haupt ertrug alle Kritik, alle Häme und alle Demütigungen mit einer Gelassenheit, die Außenstehenden erstaunlich vorkommen musste. Sie war nicht erstaunlich, Haupt hatte bereits Schlimmeres erlebt: Neben seiner Hepatitis C hatte er mehrere schwere Auto- und Tauchunfälle überlebt – er war, wie man so sagt, dem Tod mehrmals von der Schaufel gesprungen. Die Meinungen über ihn sind unterschiedlich, aber eines kann man ihm nicht absprechen: So bieder der Tierarzt- und Tierfreund auch aussah – er war einer der härtesten Knochen, den die österreichische Politik gekannt hat.

Buben behaupten, jüngere Schwestern seien eine Strafe des Himmels. Ursula Haubner weiß, dass ein jüngerer Bruder eine Strafe des Teufels ist, wenn er Jörg heißt. In der Familie Haider sind die extravaganten Gene offenbar alle über Sohn Jörg ausgestreut worden, während Schwester Ursula mit einer Lebensportion Hausverstand ausgezeichnet wurde. Das politische Gewerbe lernte Haubner (geboren 1945) in der Gemeindestube von Bad Hall (Oberösterreich), wo sie als Hauswirtschaftslehrerin tätig war. 1994 wurde sie in den Bundesrat entsandt, zwei Jahre später ging sie in den Landtag und wurde 1997 Landesrätin für Frauenangelegenheiten, Umweltschutz und Konsumentenschutz.

Ihre bundespolitische Karriere begann im Februar 2003, als sie als Staatssekretärin ins Sozialministerium berufen wurde. Im Jänner 2005 wurde sie Haupts Nachfolgerin als Sozialministerin.

Ursula Haubner, die, anders als ihr Bruder, nie an der Nazi-Zeit angestreift ist, übernahm die FPÖ in einer Zeit, als diese schon ein Haufen weit verstreuter Scherben war. Das wusste sie nur zu gut und sie warnte vor Sektiererei und reinen Lehren. Aber statt dreinzufahren wie eine Donnergöttin, versuchte es die zweifache Mutter und vierfache Großmutter noch einmal im Guten: „Es ist kein Streit gewesen, sondern eine gewisse Unsicherheit in der Partei." Ihr Motto: „Ich bin eine, die ein großes freiheitliches Herz hat."

Haiders Herausforderer

Der Landesobmann und eben neu gewählte stellvertretende Bundesparteiobmann Strache versprach Ursula Haubner seine Unterstützung. Seinen Aufruf zur Geschlossenheit der Partei befolgte er aber nicht. Er begann, Jörg Haider herauszufordern. Gegenstand der beginnenden Auseinandersetzung war der EU-Beitritt der Türkei, gegen den Strache sich schon mehrmals ausgesprochen hatte.

Am 5. August brach Stadler eine sich über Wochen hinziehende Diskussion los. Unterstützt von Strache und Mölzer forderte Stadler eine Urabstimmung innerhalb der FPÖ. Generalsekretär Uwe Scheuch und Klubobmann Scheibner witterten die durch laut Scheuch „überflüssige Sommerloch-Diskussion" aufziehende Gefahr und versuchten diese abzublocken.

Wenig später schaltete sich Haider ein: „Die FPÖ hat in der Frage des EU-Beitritts der Türkei überhaupt kein Entscheidungsrecht. Ich verstehe die Debatte nicht."

Strache konterte, dass die FPÖ-Linie klar definiert sei und die Unterstützung der meisten Österreicher finde.

Am 13. August erwies sich Strache als gelehriger Meister seines Vorbildes Haider und warf der FPÖ den Sezessionshandschuh hin. Doch sollte die Partei diesmal nicht am Kärntner, sondern am Wiener Wesen genesen: „Mein Ziel ist es, dass es mit der freiheitlichen Kraft durch ein Wiener Modell wieder aufwärtsgehen kann."

Am 17. September sprach sich Haider für einen EU-Beitritt der Türkei aus.

Am 20. September schoss Strache mit schwerem Geschütz über die Pack: Er drohte als stellvertretender Parteiobmann mit einem Bruch der Koalition, sollte sich Bundeskanzler Schüssel für einen Beitritt der Türkei aussprechen. Er erinnerte Haider an den einschlägigen FPÖ-Vorstandsbeschluss: „Dieser ist bindend, auch für einfache Parteimitglieder. Haider erkennt offenbar nicht die Probleme, die durch eine unverantwortliche Zuwanderungspolitik entstanden sind."

Am 23. September wurde es folkloristisch. Haider nannte Politiker, die gegen den Beitritt eintraten, „Hornochsen"; Strache konterte postwendend: „Diese Meinung bleibt eine Einzelmeinung. Wir sind als Wiener Freiheitliche nicht bereit, Grundsätze über Bord zu werfen." Haubner versicherte, sie beziehe den Hornochsen nicht auf sich.

Im Oktober suchte sich Strache mit dem alten Streitthema einen neuen Duellgegner. Bei einem Treffen von Burschenschaftern in Salzburg wurde er wegen seiner Äußerungen zur Türkei von einem Arzt heftig kritisiert. Strache, ein wehrhafter Geselle – wie sich später auf Jugendfotos erwies –, forderte den Arzt zu einem Duell nach burschenschaftlichem Ritual. Gefochten wurde Ende November in der in Mittelschüler-Vereinigungen üblichen entschärften Form mit stumpfen Klingen und Schutz für Kopf, Hals und Unterleib, Zielfläche ist nur der Oberkörper. Das Duell fand am 28. November, dem ersten Adventsonntag, in Oberösterreich statt; die Kontrahenten gingen unversehrt und in Frieden auseinander.

Die Medien hatten aber ihren Knochen und die Verbindungen Straches zu den Burschenschaftern sollte bis heute ein Thema bleiben. Barnet glaubt, Strache sei nur Wiener Obmann geworden, weil zwei Burschenschaften es so wollten, die „Aldanen" und „Olympen", die bestimmten, was in Wien passierte.

Im November 2006 sorgte übrigens der steirische FPÖ-Abgeordnete Wolfgang Zanger mit seinem Plädoyer für Mensuren sogar für eine kurzfristige Diskussion darüber, Duelle für Jugendliche zu verbieten.

Lothar Höbelt, in diesem Buch schon einmal zum Thema Burschenschafter zitiert, glaubt, dass derlei Rituale zur Erprobung des Mannesmutes ohnedies nicht viel Zukunft haben, weil die Rekrutierung immer schwieriger werde:

„In dem Alter sind die meisten Burschen darauf aus, Mädchen kennenzulernen, und nicht mit dem gleichen Geschlecht Bier zu trinken. Die, welche hingehen, sind sehr charakterfest, oder – ich sage das jetzt sehr boshaft – es ist ihnen gerade ein Mädchen davongelaufen. Ich sehe – mit oder ohne Mensur – die Schwierigkeit, Frauen aufzunehmen, schon ein, die hat der CV genauso. Denn wenn die Mädchen dort als gleichberechtigt auftauchen, verbieten die Ehefrauen der Alten Herren ihren Angetrauten, die Abende dort zu verbringen. Es würde nur mehr geflirtet und nicht mehr den Belehrungen der Alten Herren gelauscht."

Was sonst noch passierte im Jahr 2004: Bei den Vorarlberger Landtagswahlen im September verlor die FPÖ sechs von ihren elf Mandaten.

Das Ende beim Italiener – Gründung des BZÖ

Am 4. April 2005 saßen zu Mittag drei Herren in einem bekannten italienischen Restaurant in der Nähe der Wiener Oper: Heinz-Christian Strache, Hilmar Kabas und der Unternehmer Gerhard Bauer. Sie waren mit Jörg Haider verabredet, um mit ihm über die Zukunft der FPÖ zu sprechen. Haider ist ein großer Liebhaber der italienischen Küche, an diesem Tag dürfte es ihm jedoch an Appetit gefehlt haben, denn er erschien mit einer dreiviertelstündigen Verspätung. Er setzte sich nieder und wurde sofort von Kabas umhegt: „Ich habe ihm die Speisekarte gereicht und gesagt: ‚So, Jörg, jetzt such' dir auch was aus!' Aber er hat gesagt: ‚Nein, ich habe keine Zeit!' Und dann hat er uns mitgeteilt, dass unser Gespräch obsolet sei, er müsse zu einer Pressekonferenz.“

Strache schildert Haiders Ankunft in dem Restaurant so:

„Er war sehr nervös, sehr blass, mit schlechtem Gewissen. Er hat uns drei mitgeteilt, dass der gemeinsame Weg zu Ende sei. Wir haben ihn nach den Gründen gefragt, aber er hat uns keine Antwort gegeben. Er hat fast Tränen in den Augen gehabt und hat fluchtartig seinen Platz verlassen.“

Um 15.30 Uhr gaben Jörg Haider, Ursula Haubner, Hubert Gorbach, Generalsekretär Uwe Scheuch und Klubobmann Herbert Scheibner in der Urania die Gründung des „Bündnisses Zukunft Österreich“ bekannt. Haubner sagte, sie habe seit ihrer Wahl zur Parteichefin alles versucht, „Einigkeit, Geschlossenheit und Integration in die Partei zu bringen, zerstörerische Kräfte hätten dies verhindert“. Haider untermauerte seine Pläne: „Wir werden einen neuen Weg ohne Behinderungen und Heckenschützen gehen. Das wird kein Weg der sturen ideologischen Götzenanbetung.“

Wann ist der Spaltpilz gesät worden? Als die FPÖ 2000 aus der Opposition in die Regierung wechselte und Haider in Susanne Riess-Passer eine populäre Konkurrentin erhielt? In Knittelfeld, als die Regierungsgegner mobil machten? Oder doch erst 2005, als Haider bemerkte, dass die FPÖ einer finanziellen Katastrophe entgegenging und er sich, unter Zurücklassung der finanziellen Verantwortung, in eine schuldenfreie Zukunft retten wollte?

Oder vielleicht gar schon im Jahr 1985, als er – im Zuge seines Konflikts mit Steger – zum ersten Mal davon sprach, eine neue Partei zu gründen? Haider wollte immer alles für sich haben und nicht teilen.

Nach dem Linzer Parteitag war das Klima zwischen Haider und dem Kreis um Strache, Stadler und Mölzer immer schlechter geworden. Zu scharfen Auseinandersetzungen kam es vor allem um die Frage des EU-Beitritts der Türkei. Strache forderte die Besinnung auf die Grundsätze der FPÖ und erhielt von Haider die

Antwort, dass die politischen Inhalte von 1986 bis 1999 überholt seien. Strache: „Wörtlich hat er gesagt: ‚Die Marke freiheitliche Partei ist tot.' Ich habe geantwortet: ‚Die Marke Haider ist tot.'"

Neben den politischen Diskrepanzen störte es Strache zunehmend, dass es seit 2001 keinen ordentlichen Bundesparteitag gegeben hatte, seit damals der Vorstand also nicht mehr entlastet worden war. Das sei, glaubte Strache, wegen der schlechten finanziellen Situation durchaus beabsichtig gewesen. Er habe nach seiner Wahl in Linz zum Bundesparteiobmann-Stellvertreter mehrfach die Übersendung der Finanzunterlagen gefordert, was aber – und auch das erst nach Androhung einer Klage – Ende 2004, Anfang 2005 nur unvollständig erfolgt sei: „Ich hatte den Eindruck, dass nach meinem eingeschriebenen Brief mit der Klagsdrohung bei Haider der Plan entstanden ist, sich aus der Partei zu verabschieden, die Schulden zurückzulassen und sich selbst aus der Verantwortung zu stehlen."

Auch Kabas hatte den Verdacht, dass die Parteispitze den finanziellen Status verschleierte: „Wir hatten den Eindruck, dass wir – auf gut Wienerisch gesagt – am Faden gehalten wurden." Und auch er warf der Regierung vor, auf freiheitliche Schwerpunkte vergessen zu haben. Er nannte als Beispiel den Fall eines Serben, der mit einer Sozialversicherungsnummer nach und nach weibliche Familienmitglieder zur Niederkunft nach Wien gebracht habe: „Da hat eine Frau in vier Monaten zwei Kinder zur Welt gebracht. Der Serbe war bei seiner Vernehmung ganz erstaunt und hat gefragt: ‚Warum denn ich, so machen es doch alle!'" Daraufhin sei der Sozialminister aufgefordert worden, eine Schätzung vorzulegen, wie hoch die Kosten im Sozial- und Gesundheitsbereich für Leistungen ohne Versicherungsanspruch seien: „Weder Haupt noch Haubner haben sich darüber getraut."

Barnet bestreitet energisch, dass der finanzielle Zustand der Partei verschleiert wurde:

„Der Finanzreferent Detlef Neudeck hat bei jeder Vorstandssitzung die Zahlen auf den Tisch gelegt und vorgerechnet, dass bis zum Ende der Legislaturperiode die Schulden getilgt sind. Das haben alle im Vorstand gewusst, aber draußen haben einige Vorstandsmitglieder den Leuten etwas anderes gesagt."

Die Unzufriedenheit der Parteibasis mit der Regierungsarbeit der FPÖ lastet Barnet der ÖVP an:

„Die ÖVP hat die Medien angesteuert und ihnen gesagt, wo sich die FPÖ nicht durchgesetzt hat, aber sie hat ihnen nicht gesagt, wo wir uns durchgesetzt haben. Das haben viele unserer Funktionäre dann weiter getragen. Sie wollten aus der Regierung hinaus, weil sie glaubten, dass man durch Oppositionspolitik Stimmen bei den Sozialfaschisten im Gemeindebau im zehnten Bezirk gewinnen kann. Das war bewusst eine sozialnationale Strategie. Diese Gruppe der Knittelfelder hat sich gesagt, den Strache stellen wir vorne hin, der ist fesch, kann reden und zwar das, was wir ihm sagen."

Der Konflikt eskalierte. Als Haider bei einer Vorstandsklausur am 7. und 8. März 2005 in Klagenfurt die Gründung einer neuen „lässigen, flotten und junge Partei" ankündigte, trat Strache als Obmann-Stellvertreter zurück: „Ich will dem Haider-Dream-Team nicht im Weg stehen." Auch Stadler ging. An eine Spaltung der Partei, sagt Kabas, habe aber auch damals „keiner von uns gedacht".

Zwischen Haider und Strache gab es nach der Klausur mehrere Aussprachen, die letzte Mitte März, bei der die beiden zu einer Übereinkunft fanden: Haider sollte Obmann, Strache geschäftsführender Obmann werden. Die „Ressortverteilung" zwischen den beiden wurde in dem Papier folgendermaßen festgelegt:

„Haider soll das Management der freiheitlichen Regierungsmitglieder und des freiheitlichen Parlamentsklubs besorgen. HC Strache hingegen wird die programmatische, strategische, organisatorische und werbliche Ausrichtung der Partei in Hinblick auf die anstehenden Wahlen 2006 und darüber hinaus übernehmen."

Ferner: „Das Finanzreferat ist künftig nach dem Vier-Augen-Prinzip doppelt zu besetzen." In einem Gedächtnisprotokoll merkt Strache an, dass Haider ihm einen „Staatssekretär und einen Minister" angeboten habe. Nach dieser Aussprache fuhr Haider für zwei Wochen ins Ausland. Er forderte Strache auf, bis zu seiner Rückkehr Stillschweigen zu bewahren.

Einvernehmen, wenn auch nicht schriftlich festgehalten, hatte auch darin bestanden, dass Andreas Mölzer nicht aus der FPÖ ausgeschlossen werden dürfe. Um den ehemaligen Parteiideologen hatte es wieder einmal Krach gegeben. Mölzer hatte Kritik an Haider geübt und die FPÖ als „marginalisierten und ohnmächtigen kleinen Partner in der Mitte-Rechts-Koalition" bezeichnet. Ihm drohte nun der Ausschluss aus der Bundespartei (aus der Kärntner Partei war er schon ausgeschlossen). Die Übereinkunft hielt nicht lange. Bei einer Vorstandssitzung am 30. März wurde Mölzer vom Bundesparteivorstand ausgeschlossen; die nötige Zweidrittel-Mehrheit wurde aber erst nach kreativer Auslegung der Statuten erreicht. Nach dem Übertritt von Ursula Haubner zum BZÖ wäre die FPÖ-Obmannschaft an den nach dem Rücktritt von Strache einzig verbliebenen Bundesparteiobmann-Stellvertreter Herwig Steinkellner gefallen, der aber lehnte ab. Die interimistische Führung ging somit an das dienstälteste Vorstandsmitglied Hilmar Kabas. Kabas: „Plötzlich war die heiße Kartoffel in meiner Hand." Und eine heiße Kartoffel war es in der Tat!

Am 7. April 2005 ging Hilmar Kabas als der Mann in die innenpolitische Geschichte ein, der Jörg Haider aus der FPÖ ausschloss.

Und auch das verdient Erwähnung: Hilmar Kabas berief für den 23. April einen Parteitag nach Salzburg ein – den ersten ordentlichen FPÖ-Parteitag seit vier Jahren.

Die Situation nach der Abspaltung stellte sich ähnlich chaotisch dar wie 50 Jahre zuvor, als der VdU in die neue „Freiheitliche Partei" übergegangen war. Damals war nur der VdU Kärnten geschlossen in die neue Partei übergetreten – und auch die Kärntner FPÖ trat praktisch geschlossen in das BZÖ über, behielt aber die Bezeichnung „Die Freiheitlichen in Kärnten" bei. Der Vollständigkeit halber sei erwähnt, dass Kriemhild Trattnig und ihr Bruder Alois Huber (aus dem legendären Huber-Clan) an einer FPÖ Kärnten festhielten.

Auch Steinkellner hat offenbar überlegt, die oberösterreichische FPÖ ins BZÖ einzubringen, wie es Barnet schildert:

„Steinkellner hätte eine geringe, aber ausreichende Mehrheit gehabt, die Landesgruppe ins BZÖ zu überführen. Aber er hat sich gefürchtet. Es hätte einiger Persönlichkeiten bedurft, die ihn unterstützt hätten, wie Daniela Raschhofer, aber die war schon durch Post-Knittelfeld abgeschreckt und nicht mehr an Bord."

Anders als Barnet ist Kabas nicht davon überzeugt, dass Steinkellner eine Mehrheit gehabt hätte, im Gegenteil: „Steinkellner hat gemerkt, dass die Oberösterreicher gegen Haider sind, hat zurückgerudert und gesagt: ‚Wir machen uns selbstständig.'" Diese Selbstständigkeitserklärung, sagt Kabas, habe ihn zum statutenmäßigen Handeln gezwungen und er habe Steinkellner ausschließen müssen. Als neuer Obmann wurde der Linzer Gemeinderat Werner Neubauer eingesetzt, der daraufhin versuchte, die Parteizentrale zu besetzen. Der Ausschluss und die Ereignisse rundherum führten dazu, dass ein Landesparteitag die Trennung von der Bundes-FPÖ absegnete. Für Kabas war es kein politischer Beschluss gewesen, sondern ein Anti-Wien-Reflex: „Die Oberösterreicher haben sich gesagt, wir genügen uns selber, die Wiener – also die Bundespartei – wollen uns ohnedies nur in die Tasche greifen, weil sie so hohe Schulden haben."

Dieser Reflex hielt aber nicht lange an: Sehr bald sprach sich die Basis für eine Wiedervereinigung mit der Bundes-FPÖ aus. Im September trat Steinkellner zurück und gab sein Amt an den Schärdinger Steuerberater Lutz Weinzinger ab. Am 14. Jänner 2006 beschloss ein Landesparteitag die Rückkehr in die Mutterpartei.

Noch eine andere Landespartei hatte sich zunächst für selbstständig erklärt – die Vorarlberger. Unmittelbar nach Bekanntwerden der Spaltung erklärte Landesparteiobmann Dieter Egger noch am 4. April: „Die FPÖ Vorarlberg wird den organisatorischen, rechtlichen und finanziellen Rahmen schaffen, der uns Eigenständigkeit sichert." Diese blitzartige Reaktion war nicht verwunderlich, denn in Vorarlberg fanden am 10. April Gemeinderatswahlen statt; geholfen hat die

„Unabhängigkeitserklärung" übrigens nichts, es gab schmerzhafte Niederlagen. Wie in Oberösterreich heilte aber auch in Vorarlberg die Zeit alle Wunden und am 24. März 2006 schloss sich die Vorarlberger FPÖ wieder der Bundes-FPÖ an.

In den anderen Bundesländern gab es unterschiedliche Reaktionen: Im Wesentlichen geschlossen blieb die FPÖ im Burgenland, in Niederösterreich und in Salzburg; ähnlich in Tirol, wo sich allerdings zwei Landtagsabgeordnete für unabhängig erklärten. In der Steiermark spaltete sich unter der Führung des Haupt-Vertrauten Gerald Grosz eine BZÖ-Landesgruppe ab, in Wien gründete der parlamentarische Klubdirektor und Scheibner-Vertraute Günther Barnet eine BZÖ-Landesgruppe und nahm fünf Landtagsabgeordnete mit.

Es war erstaunlich, wie rasch die FPÖ zu einer organisatorischen Normalität zurückfand. Zur Verbesserung des Verhältnisses zwischen der Bundespartei und den Landesparteien dürfte auch beigetragen haben, dass Strache die Länder von einigen zentralistischen Fesseln, die ihnen Haider angelegt hatte, wieder befreite.

Noch im April erledigten die beiden Parteien jeweils in Salzburg die statutarischen Anforderungen. Am 17. April fand der Gründungskonvent des BZÖ statt; Haider wurde in offener Abstimmung zum Bündnisobmann, Hubert Gorbach zum geschäftsführenden Obmann gewählt. Eine Woche später wurde Heinz-Christian Strache bei einem ordentlichen FPÖ-Bundesparteitag mit 90 Prozent zum Bundesparteiobmann gewählt.

Einigermaßen kompliziert wurde nach der Spaltung die Lage im Parlamentsklub. Eine unzweideutige Konsequenz zog zunächst nur die Niederösterreicherin Barbara Rosenzweig, die ein klares Bekenntnis zur FPÖ à la Strache und Mölzer ablegte und sich vom Koalitionsabkommen lossagte. Ihre 17 Kollegen waren entweder der FPÖ oder dem BZÖ zugeneigt, sie einte aber ihr Bekenntnis zur Regierungsbeteiligung. Mit der Zeit wurde es für die Abgeordneten, die aus Ländern mit klarer FPÖ-Ausrichtung kamen, schwieriger, sich zur Koalition zu bekennen – dies sollte sich im Frühjahr 2006 im Konflikt um Helene Partik-Pablé und zwei ihrer Kollegen dramatisch zeigen.

Blau statt Orange

Im innenpolitischen Zirkus gab es wenig Zweifel, dass die Zukunft dem BZÖ gehören würde. Haider hatte zwar an Reputation verloren, aber kaum jemand glaubte, dass Strache und seine Burschenschafter-FPÖ mit Stadler und Mölzer ein ernsthafter Gegner sein würde. Ein erstes Anzeichen, dass die Auguren dabei waren, sich zu irren, gab es bei den steirischen Landtagswahlen am 2. Oktober: Sowohl die Blauen als auch die Orangen flogen aus dem Landtag. Während die FPÖ den Einzug mit 4,6 Prozent der Stimmen aber nur ganz knapp verfehlte, wurde das BZÖ (1,7 Prozent) vernichtend geschlagen.

Eine Woche später wurde die FPÖ bei den burgenländischen Landtagswahlen stimmen- und mandatsmäßig halbiert, behielt aber zwei Sitze im Landtag. Das BZÖ hatte es nicht einmal geschafft anzutreten.

Der große Knall kam aber dann am 23. Oktober bei den Wiener Landtagswahlen, als Strache und seine FPÖ 14,9 Prozent der Stimmen erzielten, was zwar einen Verlust von 5,3 Prozent und acht Mandaten (es verblieben 13) bedeutete, aber mehr als ein beachtliches Lebenszeichen darstellte, vor allem in Vergleich zum BZÖ, das 1,2 Prozent erhielt und damit noch hinter den Kommunisten blieb.

Im Jahr 2005 war es auch zu den – in einem früheren Kapitel schon erwähnten – Eklats um John Gudenus mit seinen Gaskammer- Äußerungen und Siegfried Kampl („brutale Naziverfolgung" und „Deserteure, die zum Teil Kameradenmörder waren") gekommen. Kampl trat zwar aus dem BZÖ aus, beharrte aber auf seinem Sitz im Bundesrat und wollte auch den Kärnten im zweiten Halbjahr 2005 zustehenden Vorsitz im Bundesrat einnehmen. Um das zu verhindern, beschloss der Nationalrat ein eigenes Gesetz, der den Landtagen Umreihungsmöglichkeiten eröffnet. Dadurch konnte das BZÖ Kärnten statt des ursprünglichen „Listenführers" Kampl den nachgereihten Landtagsabgeordneten Peter Mitterer als Präsidenten entsenden.

Das bestimmende Ereignis des Jahres 2006 waren naturgemäß die Nationalratswahlen am 1. Oktober, aus der überraschenderweise die SPÖ als Sieger hervorging. Schon keine Überraschung mehr war – nach den Ergebnissen des Jahres 2005 – das Abschneiden der FPÖ, die 21 Mandate (drci mehr als 2002) erreichte. Ein kleiner Wermutstropfen war, dass die Blauen um 532 Stimmen von den Grünen stimmenmäßig auf den vierten Platz verdrängt wurden. Der nachfolgende Rechtsstreit zur Wahl des Volksanwaltes wurde für die stimmenstärkeren Grünen entschieden.

Das „BZÖ – Liste Westenthaler" (in Kärnten trat das Bündnis unter der Bezeichnung „Die Freiheitlichen in Kärnten – Liste Jörg Haider – BZÖ" an) musste sich mit sieben Mandaten begnügen. Das parlamentarische Überleben des BZÖ wurde in Kärnten sichergestellt: Von den gesamtösterreichisch 193 539 abgegebenen Stimmen (4,11 Prozent) stammten allein 81 574 aus Kärnten.

Westenthaler, eines der Opfer von Knittelfeld, hatte sich nach einigem Hin und Her entschlossen, Spitzenkandidat zu werden; im Juni löste er Haider als Bündnischef ab. Westenthaler dürfte bald klar geworden sein, dass mit dem „lässigen" (Haider) Orange nicht viel zu gewinnen war, und er kehrte zu alter Farbe (blau) und altem Namen (freiheitlich) zurück. Zwischen FPÖ und BZÖ wurde verbissen um die kleinsten Vorteile gekämpft (Sitz in der Bundeswahlbehörde; Platz und Aufschrift auf dem Stimmzettel).

Knapp vor den Wahlen traf das BZÖ ein harter Schlag: Justizministerin Karin Gastinger verließ das BZÖ. Am Wahlabend soll ihr Sprecher Christoph Pöchinger von einem Leibwächter Westenthalers dafür Prügel bezogen haben.

Frau Gastinger (geborene Miklautsch) war am 25. Juni 2004 Nachfolgerin von Böhmdorfer geworden. Man begegnete der parteifreien Juristin aus Kärnten zunächst mit Verwunderung und Erstaunen, aber sie erwarb sich bald Ansehen auch bei politischen Gegnern. Sie war übrigens die erste Frau, die während ihrer Amtszeit als Ministerin ein Kind zur Welt brachte.

Haider führte den Wahlkampf 2006 in Kärnten vorwiegend mit dem Ortstafel-Konflikt. Dass wir das Thema bisher ausgeklammert haben und es auch hier nur kurz behandeln wollen, hat einen triftigen Grund: Die Auseinandersetzung um die slowenische Minderheit in Südkärnten ist kein spezifisches Kapitel einer Geschichte der FPÖ, sondern ein Kapitel der Geschichte Kärntens. Politiker aller Parteien und Vertreter beider Volksgruppen haben diesen Konflikt allzu oft nur nach den Geboten der Opportunität genutzt.

Der Grenzlandkonflikt zwischen Slowenen und Deutschen ist uralt, aber der aktuelle Konflikt begann mit der Unterzeichnung des Staatsvertrages und dem schlampig formulierten Artikel 7, der die Rechte der slowenischen Minderheit in Kärnten und der kroatischen im Burgenland regelt. Bis Anfang der 70er Jahre geschah so gut wie nichts, was de facto bedeutete, dass Österreich den Staatsvertrag nicht erfüllt hatte. Die Slowenen und ihre mächtige Schutzmacht Jugoslawien wurden unruhig. Im Jahr 1972 wurde ein Gesetz beschlossen, das 205 zweisprachige Ortstafeln vorsah, mit deren Montage im September desselben Jahres begonnen wurde. Es kam zu dem beschämenden Ortstafelsturm – der Preis dafür, dass die Bundespolitik (unterstützt vom SPÖ-Landeshauptmann Hans Sima) glaubte, die Meinung der Mehrheit der Kärntner Bevölkerung ignorieren zu können. Der erste Ortstafelstürmer war übrigens ein sozialistischer Bürgermeister gewesen.

1976 wurde nach mühsamen Verhandlungen und einer völlig unsinnigen „Volkszählung besonderer Art" das Volksgruppengesetz beschlossen, das einige Jahrzehnte halbwegs Ruhe schuf. Vielfach vergessen wurde, dass es in den Jahren vor dem Volksgruppengesetz ein Dutzend Bombenanschläge von beiden Seiten gegeben hatte. Sie richteten glücklicherweise nur Sachschaden an.

Das Verhältnis zwischen dem FPÖ-Obmann und späteren Landeshauptmann Jörg Haider und den Slowenen war zunächst gar nicht so schlecht, was man vom Verhältnis zwischen ihm und dem Verfassungsgerichtshof, vor allem dessen damaligen Präsidenten Ludwig Adamovich, nicht behaupten konnte. Schon im Juli 1987 hatte Haider die Verfassungsrichter als Privilegienritter bezeichnet. Am 28. Dezember 1989 hatte der Verfassungsgerichtshof ein Erkenntnis zu den Kärntner Minderheitenschulen veröffentlicht, das dem Landeshauptmann nicht gefiel: „Es ist gefährlich und schürt Emotionen." Der Gerichtshof trete als Gesetzgeber auf, was ein „Mißbrauch" seiner Kompetenzen sei. Der Verfassungsgerichtshof war für Haider weniger Rechtsinstrument als ein verlängerter Arm der Politik.

Dass die Lage im Dezember 2001 eskalierte, war nicht – unmittelbar – die Schuld Haiders, sondern die des ÖVP-Klubobmannes Andreas Khol, der Jahre zuvor den Slowenenfunktionär Rudi Vouk auf die Idee gebracht hatte, absichtlich mit überhöhter Geschwindigkeit durch das nur einsprachig beschilderte Ortsgebiet von St. Kanzian zu fahren, um ein Gerichtsverfahren zu erzwingen. Das war eine Provokation, die den Konflikt unnötig verschärfte. Der Verfassungsgerichtshof wurde tätig, Haider legte sich mit Adamovich an, dieser hob den Fehdehandschuh auf. Ab Dezember 2005 wiederholte sich das unschöne und gefährliche Spiel zwischen Haider und dem Adamovich-Nachfolger Karl Korinek.

Nach der Abspaltung von der FPÖ trieb Haider den Konflikt weiter voran, denn es war klar, dass ein Grundmandat in Kärnten die einzige Chance für das parlamentarische Überleben des BZÖ war. Der Ortstafelstreit war ein Erfolg versprechendes Wahlkampfthema. Die FPÖ hielt sich hingegen eher zurück.

Für die FPÖ hatte das Jahr 2006 übrigens nicht sehr glücklich begonnen. Am 9. März verließen die Abgeordneten Helene Partik-Pablé, Max Hoffmann und Detlef Neudeck die Partei, was ihr über 100 000 Euro an Fördergeldern für die „Freiheitliche Akademie" kostete. Die drei – insbesondere Frau Partik-Pablé – behaupteten, vom neuen Parteiobmann Strache unter Druck gesetzt worden zu sein, was dieser im Gespräch für dieses Buch vehement bestritt: „Ich habe Frau Partik-Pablé über alle Maßen pfleglich behandelt."

Am 13. März folgte dann eine politische Genugtuung: Das EU-kritische Volksbegehren „Österreich bleibt frei" wurde von fast 260 000 Personen unterschrieben – kein Triumph, aber ein beachtliches Lebenszeichen.

Gegen Jahresende zeigte sich aber, dass die FPÖ intern noch nicht ganz konsolidiert war. Ewald Stadler, zunächst mit Andreas Mölzer eine Art Geburtshelfer Straches, entwickelte mehr und mehr eigenbrötlerische Ideen. Er begann, die Freiheitliche Akademie, zu dessen Präsidenten er 2004 zum Dank für versprochenes Wohlverhalten gemacht worden war, zu seiner persönlichen, katholisch-fundamentalistischen Machtbasis auszubauen, indem er unter anderem statutenwidrig Nicht-FPÖ-Mitglieder in die Akademie aufnahm. Strache, der Stadler als „nicht teamfähig" bezeichnet, sah darin zu Recht eine Herausforderung und reagierte umgehend. Um die Herrschaft entbrannte ein Statuten-Streit; praktisch wurde der

Konflikt dadurch gelöst, dass die FPÖ das „Bildungsinstitut der FPÖ" gründete, das nun die öffentlichen Förderungsgelder erhält. Um 250 000 Euro Förderungsmittel aus dem Jahr 2006, die in der Akademie verblieben sind, wird prozessiert.

Stadler rächte sich auf spektakuläre Art und Weise – durch die Veröffentlichung der Wehrsport-Fotos, die Strache und die FPÖ in der Öffentlichkeit wieder einmal ins braune Eck rückten (im Gespräch für dieses Buch legt Strache Wert auf die Feststellung, dass seine Sportskameraden damals durchwegs unbescholten gewesen seien). Die Angelegenheit wurde durch Ehrenobmann Kabas untersucht, sein Bericht war für Stadler belastend.

Der mehr und mehr eskalierende Konflikt wurde Anfang März auf ungewöhnliche Art und Weise vorerst beigelegt: Stadler kam einem offenbar drohenden Parteiausschluss zuvor und trat selbst aus der FPÖ aus, der Kabas-Bericht wurde nicht veröffentlicht. Stadler blieb allerdings Mitglied des FPÖ-Nationalratsklubs. Hinter diesem „Kompromiss" stehen handfeste finanzielle Interessen. Durch Stadlers Ausscheiden hätte die FPÖ 400 000 Euro Klubförderung im Jahr verloren; Stadler sicherte sich durch den Handel die Infrastruktur für seine Abgeordnetentätigkeit.

Strache ist sich im Klaren darüber, dass Stadler ein finanzielles Druckmittel gegen seine ehemalige Partei in der Hand hat, aber politisch hat Strache diesen Machtkampf gegen seinen alten Mitstreiter zunächst für sich entschieden.

Die Scherben nach der Trennung sind noch nicht ganz weggeräumt. Den öffentlichkeitswirksamen Prozess gegen die frühere Bundesobfrau Susanne Riess-Passer hat die FPÖ verloren. Riess-Passer waren ungerechtfertigte Ausgaben von Parteigeldern in Höhe von 600 000 Euro vorgeworfen worden. Und auch andere Verhandlungen um die gemeinsame Vergangenheit von Blau und Orange wird es in Zukunft geben – rechtliche, finanzielle, aber auch, wie manche Beobachter meinen, politische, die – wer weiß? – mit einem Vergleich enden könnten.

Nachschrift

Ein Thema, das in diesem Buch nur andeutungsweise behandelt wurde, ist die Gesundheit Jörg Haiders. Tatsächlich gibt es Berichte, dass Jörg Haider an manisch-depressiven Zuständen leide. Dieses Thema soll hier nicht weiter behandelt werden. Ich habe ihn danach gefragt und seine Antwort war: „Ich bin gesund!"

Auch sein Privatleben soll beeinträchtigt, die Ehe mit Frau Claudia gefährdet gewesen sein. Das Ehepaar hat dazu selbst in einer Pressekonferenz Stellung genommen und alle Spekulationen zurückgewiesen. Diese Erklärungen sind vom Autor zur Kenntnis zu nehmen.

Literatur- und Quellenverzeichnis

a) Publikationen:

Bailer-Galanda, Brigitte/Neugebauer, Wolfgang: Haider und die „Freiheitlichen" in Österreich. Berlin: Elefanten Press 1997

Czernin, Hubertus: Der Haider-Macher. Franz Vranitzky und das Ende der alten Republik. Wien: Ibera & Molden 1997

Fischer, Heinz: Reflexionen. Wien: Kremayr & Scheriau 1998

Fischer, Heinz: Wendezeiten. Ein österreichischer Zwischenbefund. Wien: Kremayr & Scheriau 2003

Freiheitliche Partei Österreichs (Hrsg.): Meilensteine des Aufstiegs. 35 Jahre Freiheitliche Partei Österreichs. Wien: Neue Freie Zeitung 1991

Grillmayer, Dieter: National und liberal. Die Geschichte der Dritten Kraft in Österreich. Wien: Edition Genius 2006

Haider, Jörg: Die Freiheit, die ich meine. Frankfurt am Main u. a.: Ullstein 1993

Haider, Jörg: Befreite Zukunft jenseits von links und rechts. Menschliche Alternativen für eine Brücke ins neue Jahrtausend. Wien: Politica Edition Ibera & Molden, 1997

Hanisch, Ernst: Der lange Schatten des Staates. Österreichische Gesellschaftsgeschichte im 20. Jahrhundert. Hrsg. von Herwig Wolfram. Wien: Ueberreuter 1994 (Österreichische Geschichte; 1890–1990)

Höbelt, Lothar: Von der vierten Partei zur dritten Kraft. Die Geschichte des VdU. Graz: Stocker 1999

Höbelt, Lothar: Defiant Populist. Haider and the politics of Austria. West Lafayette: Purdue Univ. Press 2003

Höbelt, Lothar: Das nationalfreiheitliche Lager in Oberösterreich nach 1945. Unveröffentlichtes Manuskript

Kraus, Herbert: Untragbare Objektivität. Politische Erinnerungen 1917 bis 1987. Wien München: Amalthea 1988

Luther, Kurt Richard: Die Freiheitliche Partei Österreichs (FPÖ) und das Bündnis Zukunft Österreichs (BZÖ). Keele: Keele University 2005 (Keele European Parties Research Unit [KEPRU]; Working Paper 22) (abrufbar unter http://www.keele.ac.uk/depts/spire/Working_Papers/KEPRU/Luther%20 KEPRU%20WP%2022%20FINAL.pdf, Stand 7.5.2007)

Mölzer, Andreas: Jörg! Der Eisbrecher. Jörg Haider und die Freiheitlichen – Perspektiven der politischen Erneuerung. Klagenfurt: Suxxes 1990

Mölzer, Andreas: Und wo bleibt Österreich? Die Alpenrepublik zwischen deutscher Einigung und europäischem Zusammenschluß. Berg am See: Verl.-Gemeinschaft Berg 1991

Mölzer, Andreas (Hrsg.): Was bleibt von der dritten Kraft? Wien: W3-Verl.-Ges. 2005

Olah, Franz: Die Erinnerungen. Wien u.a.: Amalthea 1995

Palme, Liselotte: Androsch. Ein Leben zwischen Geld und Macht. Wien: Molden 1999

Pelinka, Anton: Die kleine Koalition. SPÖ – FPÖ, 1983 – 1986. Wien: Böhlau 1993 (Studien zu Politik und Verwaltung; 48)

Piringer, Kurt: Der VdU 1949 – 1956. Eine Dokumentation. Wien: Freiheitliche Akademie 1999

Piringer, Kurt: Die Geschichte der Freiheitlichen. Beitrag der Dritten Kraft zur österreichischen Politik. Wien: Orac & Pietsch 1982

Piringer, Kurt: Chronologie der FPÖ. Daten und Fakten. Wien: Freiheitliches Bildungswerk (ab 1995: Freiheitliche Akademie) 1993 ff

Reimann, Viktor: Die Dritte Kraft in Österreich. Wien u. a.: Molden 1980

Reiter, Erich: Programm und Programmentwicklung der FPÖ. Wien: Braumüller 1982 (Österreichische Schriftenreihe für Rechts- und Politikwissenschaft; 5)

Reiter, Erich: Der Atterseekreis innerhalb der Freiheitlichen Partei. In: Österreichisches Jahrbuch für Politik 1982. Hrsg. von der Politischen Akademie der ÖVP. Wien: Verlag für Geschichte und Politik 1983

Reiter, Erich: Die Europapolitik der Freiheitlichen. In: Österreichisches Jahrbuch für Politik 1992. Hrsg. von der Politischen Akademie der ÖVP. Wien: Verlag für Geschichte und Politik 1993

Reiter, Erich: Zur Entwicklung der FPÖ vor und nach der EU-Volksabstimmung. In: Österreichisches Jahrbuch für Politik 1994. Hrsg. von der Politischen Akademie der ÖVP. Wien: Verlag für Geschichte und Politik 1995

Reiter, Erich/Frischenschlager, Friedhelm: Liberalismus in Europa. Wien/München: Herold 1984

Rumpler, Helmut: Eine Chance für Mitteleuropa. Bürgerliche Emanzipation und Staatsverfall in der Habsburgermonarchie. Wien: Ueberreuter 1997 (Österreichische Geschichte; 1804-1914)

Stiftung Dokumentationsarchiv des österreichischen Widerstandes (Hrsg.): Handbuch des österreichischen Rechtsextremismus. Wien: Deuticke 1994

Stüber, Fritz: Ich war Abgeordneter. Die Entstehung der freiheitlichen Opposition in Österreich. Graz/Stuttgart: Stocker 1974

Stüber, Fritz: Ich hab's gewagt. Gedichte und Balladen. München: Bogenverlag 1964

Sully, Melanie A.: The Haider phenomenon. New York: Columbia Univ. Press 1997 (East European monographs; 484)

Vranitzky, Franz: Politische Erinnerungen. Wien: Zsolnay 2004

Wandruszka, Adam: Österreichs politische Struktur. Die Entwicklung der Parteien und politischen Bewegungen. Hrsg. von Heinrich Benedikt. Wien: Verlag für Geschichte und Politik 1954 (Geschichte der Republik Österreich)

Worm, Alfred: Ein Streitgespräch mit Jörg Haider. Wien: Ueberreuter 2005

Zöchling, Christa: Haider. Licht und Schatten einer Karriere. Wien: Molden 1999

b) Internetquellen:

www.aeiou.at – Das österreichische Kulturinformationssystem

c) Persönliche Interviews des Autors mit folgenden Personen:

Androsch, Hannes	Kabas, Hilmar	Scheibner, Herbert
Barnet, Günter	König, Fritz	Schlögl, Karl
Blecha, Karl	Krünes, Helmuth	Schmidt, Heide
Frischenschlager, Friedhelm	Löschnak, Franz	Schüssel, Wolfgang
Götz, Alexander	Mölzer, Andreas	Scrinzi, Otto
Haider, Jörg	Ofner, Harald	Stadler, Ewald
Haigermoser, Helmut	Raschhofer, Daniela	Steger, Norbert
Hirnschall, Erwin	Reiter, Erich	Strache, Heinz-Christian
Höbelt, Lothar	Riess-Passer, Susanne	

Als weitere Quellen dienten zahlreiche Beiträge in österreichischen Tageszeitungen, Nachrichtenmagazinen und im ORF.